国家社科基金
重大项目成果

对外汉语教学语法丛书

◎**总主编** 齐沪扬

心理动词

李劲荣 ◎**主编** ｜ 叶 琼 ◎**著**

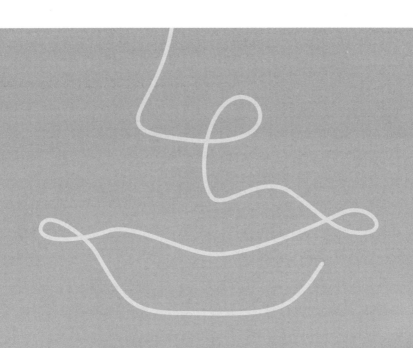

北京语言大學出版社
BEIJING LANGUAGE AND CULTURE
UNIVERSITY PRESS

© 2024 北京语言大学出版社，社图号 24081

图书在版编目（CIP）数据

心理动词 / 李劲荣主编；叶琼著. -- 北京 ：北京
语言大学出版社，2024. 6. --（对外汉语教学语法丛书/
齐沪扬总主编）. -- ISBN 978-7-5619-6569-6

Ⅰ. H195.3

中国国家版本馆 CIP 数据核字第 2024697DB4 号

心理动词

XINLI DONGCI

排版制作：北京光大印艺文化发展有限公司

责任印制：周　燚

出版发行：北京语言大学出版社

社　　址：北京市海淀区学院路 15 号，100083

网　　址：www.blcup.com

电子信箱：service@blcup.com

电　　话：编 辑 部　8610-82303647/3592/3395
　　　　　国内发行　8610-82303650/3591/3648
　　　　　海外发行　8610-82303365/3080/3668
　　　　　北语书店　8610-82303653
　　　　　网购咨询　8610-82303908

印　　刷：北京联兴盛业印刷股份有限公司

版　　次：2024 年 6 月第 1 版　　　印　　次：2024 年 6 月第 1 次印刷

开　　本：787 毫米 × 1092 毫米　1/16　　印　　张：15.75

字　　数：246 千字

定　　价：82.00 元

PRINTED IN CHINA

凡有印装质量问题，本社负责调换。售后 QQ 号 1367565611，电话 010-82303590

总　序

　　摆在读者面前的，是国家社科基金重大项目"对外汉语教学语法大纲研制和教学参考语法书系（多卷本）"（17ZDA307）的所有成果。这些成果包括大纲系列 4 册、书系系列 26 册、综述系列 8 册，以及选取研究过程中发表的一部分优秀学术论文集辑而成的论文集 1 册，共计 39 本著作，约 700 万字。这个项目的研制，历时 5 年有余，参加的研究人员多达 50 余人，来自国内和海外近 30 所高校。

　　2017 年 11 月，全国哲学社会科学工作办公室正式公布"2017 年度国家社科基金重大项目立项名单"。2018 年 4 月 14 日，国家社科基金重大项目"对外汉语教学语法大纲研制和教学参考语法书系（多卷本）"的开题报告会举行。2019年 8 月，2017 年度国家社科基金重大项目中期检查评估报告提交，2023 年 1 月召开课题结项鉴定会。

　　根据专家组意见，特别是专家组组长赵金铭教授两次谈话的意见，按照全国哲学社会科学工作办公室立项通知书上的要求，本项研究牢固树立问题意识、创新意识和精品意识，立足学术前沿，体现有限目标，突出研究重点，注重研究方法，符合学术规范。项目的执行情况、所解决的问题和最终成果如下：

　　大纲、书系和综述是主要的研究成果。三类不同的成果面对的读者是不一样的：大纲是给教师教学与科研使用的，同时也顾及学习汉语、研究汉语的一些国际学生；书系主要是给在一线教学的对外汉语教师看的，以解决这些教师在教学过程中的实际问题为目的；综述是对大纲和书系的补充，主要面向对外汉语教师、汉语国际教育专业研究生和本科生，以及需要进一步了解、研究相关领域的群体，为这些人继续研究相关问题提供材料和方法。三种不同的读者群体决定了三类成果的不同写法。

1. 大纲研制

大纲研制的最终成果是两套大纲：分级大纲（初级大纲和中级大纲）和分类大纲（书面语大纲和口语大纲），共 4 册。语法大纲不局限于语法知识本身，而是以学习者语言能力的培养为目标。凡是能促进学习者语言能力的语法项目都应析出为大纲的项目。语法项目的编排依据的是语法形式，使用条件式来描述细目的功能。使用条件式有利于促进语法知识转化为语言能力。

分级大纲中语法项目的等级不宜简单理解为语言本身的难度区分，更应理解为习得过程性的内在要求。以促进学习者生成语言能力为目标，支持学习者语言能力生成的语法项目都应列目，项目编排以语法结构为基础，细目的描写以促进语言能力生成为重。大纲体现习得的过程性，总体上为螺旋形呈现。

目前对外汉语教学和科研依据的都是通用语体的语法大纲，至今尚没有分语体的大纲问世，这种状况显然与发展迅速的第二语言教学事业不相适应。书面语语法大纲和口语语法大纲的研制，填补了大纲研究的空白，在今后的教学指导、教材编撰、汉语水平测试等方面，都能发挥很大的作用。

2. 书系研发

我们在全国范围内分三批次遴选和推荐了撰稿人，这些撰稿人都有长期从事对外汉语教学的经历，且都是语法专业背景出身。从目前情况看，学术界和教学界都需要这一类书，这套书也具有填补空白的作用。而且，这套书是开放性的，条件成熟了可以再继续做下去，达到 30 本到 50 本的规模，甚至再多一些都是可能的。

书系的研发应以"语法项目"作为书名，不求体系完整，成熟一本撰写一本；专业性不能太强，要考虑到书系的读者需求，他们阅读这本书是为了解决教学上的问题，除了必要的理论阐述和说明之外，要尽量早一点儿切入到教学中去；提出的问题要切合教学实际，60～80 个问题，其实就是这本书的目录，有人来查，很快就能对症下药，找到自己想要的东西；提的问题要有针对性，要有实用性，针对学生的水平等级，围绕这个语法项目，把教学上可能遇到的问题按等级排序。总之，这是一套深入浅出的普及性小册子，一定会受到广大对外汉语教师的欢迎。

3. 综述编著

按照标书要求，阶段性成果包括两套综述汇编。编著这两套综述汇编，首先是项目研制的需要，是和大纲研制、书系研发互相支撑、互相配合的；其次是近 20 年的综述汇编，学术界和出版界均尚无相关成果问世，很多研究者迫切需要这方面的资料；最后是这套综述汇编的写法与其他综述成果不同，两套综述不仅仅是"资料汇编"，里面更有很多作者的评议和引导，是"编著"类的"综述"，这类"综述"其实是不多的。这样的写法比目前在做的或者已经出版的"综述"要科学得多，实用得多。

综述分为两套：《近 20 年对外汉语语法教学研究》和《近 20 年汉语作为第二语言语法习得研究》。综述的主要读者应该是研究者，是关心该领域的研究者，作者收集的材料要尽可能齐全，作者所做的分析要有依据，作者做出的解释要能让研究者信服。两套综述都能做到对相关问题做出梳理，述评结合，突出评价的学术性、原创性和实用性，力图使读者对相关论题有一个全面的认识和深刻的思考，并为进一步的研究提供方向。

对上述这些成果的介绍只能点到为止，事实上，具体到每一本著述，都是有必要重点介绍的。好在每套书都另有主编，请读者自行阅读每套书的主编写的"序"吧。我这里还想向读者介绍的是这些著述的作者们，没有他们，这些成果难以问世。

本项课题涉及面广，研究人员多，在最初填写招标书时我们已经意识到了："本项研究工程浩大，……大纲和书系非一校之力可完成，将集中全国不同高校共同承担。"本课题前后参加研究的人员有50多人，分布在国内及海外近30所高校。如何将这些研究人员组织起来，集思广益，凝神聚力？课题组在"集全国高校之力"上，下了大力气。

原先设想由某个高校具体负责某块项目研究，但该想法在实际操作中遇到了问题。开题报告会后，课题组调整后的组织方式体现出优势来。四个研发小组的组长取代了原来子课题负责人的职位和功能，优势体现在：他们面对的是具体的项目，而不是具体的研究人员；他们针对项目选取研究人员，而不是为已有的研究人员配备研究内容；他们可以从全国高校选择自己相中的研究人员，而不需采取先满足校内再满足校外的程序和方式。人尽其才，物尽其用，效率提高，质量保证，自然是意料之中的结果。例如，书系组的20多位作者来自15所高校，综述组的作者来自12所高校。这是第一个方面。

第二个方面，就是充分利用会议的机会，将会议定位于有目标的会议、有任务的会议，让会议开出成效来。自课题立项之后，围绕着课题的研究进展，课题组已经开过多次会议。一是一年一度的"教学语法学术讨论会"，课题组所有人员都参加，至今已经开过多届：淮北（2017）、扬州（2018）、南宁（2019）、黄山（2020），等等。二是一年多次的课题专项讨论会，有需要就开。如在杭州，就分别开过综述组、数据平台组、书系组的专项讨论会；在南京、上海都开过大纲组的专项讨论会；2020年7月，在腾讯会议上开过两次大纲组的专项讨论会；等等。这些会议目标明确，交流便捷，解决问题能力强，时间跨度短，是联络不同高校研究人员的好方式。

这套书的所有主编和作者都十分尽力。对外汉语教师的工作量很大，大多数人都有每周10节以上的课时量；况且，大多数人的手上还有自己的科研项目要做，还有自己指导的研究生的论文要看，还有各自的不同研究论文要写。种种忙碌和辛苦之中，要挤出这么多时间和精力，去从事另外一块研究任务，还是高标准、有要求、无报酬的研究任务，如果没有一种对对外汉语教师这个职业的由衷热爱，没有一种为对外汉语教学事业做点儿贡献的精神支撑，他们是断然不可能接受这样的研究任务的。更何况有些作者接受了两项不同的研究任务，研究强度和研究压力可想而知。因此可以这么说，这些成果渗透着作者们的辛劳，饱含着作者们的心血，每一本都是"呕心之作"，这样的赞誉是得当的。

北京语言大学出版社是这个项目的合作者和推动者。项目立项不久，出版社和课题组就有过接触。出版社前后两任社长和总编辑都向课题组表过态，希望这个课题的所有成果能在北京语言大学出版社出版，出版社愿意为课题的宣传、推广、出版尽责任，做贡献。2020 年 1 月，课题组和出版社有过进一步的密切联系，敲定了详细的合作计划。2022 年 3 月，出版社申报的"对外汉语教学语法丛书"成功入选 2022 年度国家出版基金资助项目。这些成果的出版，没有出版社的支持是做不到的。

再次感谢在漫长的研究过程中给予我们支持、帮助的所有老师和朋友。

对于这套教学参考语法书系，这里想重点介绍下这套书系的编撰特点和编撰原则。编撰特点可以归纳为以下四点："设计理念要接受多元的语言学理论指导""编撰方针是两种语法分析方法的结合""结构框架要考虑本体研究和教学研究的需要""问题设计要以'碎片化'语法为主"。关于这四点的具体阐述就不再展开了，事实上读者通过这四点已经可以大致了解这套书系的编撰理念了。入选的 26 本专著选取了不同的语法项目作为书名，面对不同的主题，每本书都会在不同层面、不同角度、不同对象上反映出这套书系的整体面貌和阐述形式，以及结构框架和问题设计，值得一读。

这套教学参考语法书系两个必须遵守的编撰原则是普及性和实践性。普及性原则体现在要做到对读者进行语法知识的普及。语法知识普及要考虑两个方面的问题：一是理论知识的普及，一是语法术语的普及。书系的编写还要遵守实践性的原则，这个原则体现在三个方面：一是面向教学实践，二是面向教师群体，三是面向教学语法。这套书系不以学术高度与理论深度为目标，而以是否能够解决实际问题为标准。出版这样的系列丛书尚属首次，相信普及性原则和实践性原则会使这套书系更接地气，更受欢迎。

教学参考语法书系研发是和汉语教学语法大纲研制平行的、互相支撑的一项研究，书系是以大纲为参照编写的，作为本体研究和教学研究的重要工具书，是对大纲的深化和阐述。书系书目的确定，编写方式的确定，以至于作者队伍的确定，都尽量做到和大纲的研制同质同步。当然，由于书系服务的目标人群和大纲不完全一样，作者会更多地关注语法教学的实效性，对具体问题的一些处理，可能会有与大纲不同的地方，这一点也是需要说明的。

谨以此作为总序。

齐沪扬

初稿于 2020 年 7 月

二稿于 2022 年 5 月

三稿于 2022 年 12 月

序

在汉语作为第二语言教学的进程中，词类教学的景况用"冰火两重天"来形容并不为过：虚词是"火"，实词是"冰"。也就是说，虚词一直是汉语语法教学的重点内容，实词（除量词外）向来只充当"配角"。形成这一局面自然与词类本身的特点有关。从汉语自身看，汉语的虚词虽然相对封闭，但种类多样，用法灵活，功能强大，个性特征十分鲜明，由此成为二语学习者不易掌握的习得难点；而实词尽管开放，但词类内部的共性特征相对较突出，二语学习者可以以"类"的方式习得。从语言之间的类型比较看，实词是语言共性的一个表现，虚词则体现的是语言之间的类型差异，因为不管哪种语言，一般都有实词（特别是名词和动词），但是，不是每种语言都有虚词（尤其是语气词和助词等），共性易习得，差异难习得。

尽管如此，汉语实词的类型特征仍不该被忽视。比如，数词有"二"和"两"之分，概数义的词语又有"多""把""来"和"左右""上下""前后"等不同表达；形容词分为性质形容词和状态形容词两大类，性质形容词又有单音节和双音节的区别，体现出了音节（形式）和意义之间的紧密关联；动词并不严格区分及物与不及物，动词的体范畴特征复杂以至于对"了""过""着"的选择存在较多制约；名词经常直接做定语，光杆名词因不同语境可以有多种指称功能；等等。教学实践表明，以上这些特征都是二语学习者的难点，也因此产生了"今天有两百把人参加了考试""你比她漂漂亮亮""他总是说话不算数，我讨厌了他""周末，我常常去看一部电影"等各种偏误。

　　本专辑正是基于此而编写的。其中，名词、数词、量词和形容词这四类词采取的是整体概览的做法，动词因为内部的复杂性而暂时只选择对心理动词加以细观，因此最终形成了《名词》《数词》《量词》《形容词》《心理动词》这五本专书。本专辑各书均以问题为导向，分别从理论知识、习得偏误和教学方法三个方面进行介绍，力求体现作为教学参考用书的三个基本原则：普及性、实用性、针对性。一是普及性。专书主要是为从事国际中文教育的一线教师编写的，不追求理论深度，而是着重为其普及各词类的相关语法知识，且这些知识在学界已达成基本共识。二是实用性。首先是常用，即涉及的知识点为各词类的基本语法项目，并且注重学生容易出现偏误的情况；其次是典型，即一些非典型的且尚未被认定为汉语语法基本规则的项目暂不考虑。三是针对性。针对不同水平、不同等级的二语学习者的习得情况，专书在内容上也尽量按照初、中、高三个等级顺序进行安排。

　　当然，本专辑各书也有自具特色之处。《名词》尝试将百科知识纳入到语言知识中来，运用百科知识解释与名词相关的语言现象；《数词》巧妙地将语言与文化相结合，尽显汉语数词丰富的文化蕴意；《量词》着眼于认知观念，力图揭示量词对名词的选择以及量词和名词之间搭配的认知理据；《形容词》注重"形式聚焦"教学，强调在交际活动中引起学习者对语言形式特征的注意；《心理动词》讲究词汇与语法并重，推崇"语法知识词汇化"的教学理念。这些特色体现了各专书作者针对不同词类特征所做出的努力探索。

　　既然是尝试，是探索，就不可避免地还存在这样或那样的问题，还留有这样或那样的不足，殷切盼望学界同人批评指正。同时，也真诚希望本专辑的出版，能够为一线尤其是本土中文教师教授汉语实词提供切实有益的帮助，能够让实词教学逐渐"火"起来。

李劲荣

2022 年 5 月

目　录

引　言　/　1

宏观理论篇　/　11

1. 什么是心理动词？　/　11

2. 心理动词和形容词有什么不同？　/　15

3. 心理动词和助动词有什么不同？　/　19

4. 心理动词有哪些语义小类？　/　23

5. 心理动词有哪些语法功能？　/　33

6. 心理动词的"体"有什么特点？　/　37

7. 心理动词可以重叠吗？　/　44

8. 心理动词怎么带宾语？　/　47

9. 心理动词的配价有什么特点？　/　55

10. 心理动词的自主性特点是什么？　/　59

11. 心理动词与程度副词组合的理据是什么？　/　63

12. 心理动词通常带哪些趋向补语？　/　67

13. 心理动词怎么表达致使？　/　73

14. 心理动词怎么表达被动？　/　79

15. 多义心理动词有哪些类别？　/　83

微观分析篇　/　91

16. 为什么说"有点儿发毛"，不说"很发毛"？　/　91

17. 为什么说"很抗拒参加"，不说"很拒绝参加"？　/　95

18. 为什么说"很热爱"，不说"很深爱"？　/　99

19. 为什么说"不太认为"，不说"不很认为"？　/　102

20. 为什么说"很不喜欢"，不说"很不讨厌"？　/　106

21. 为什么说"老大不高兴"，不说"老大高兴"？　/　110

22. 为什么说"这件事感动了我"，不说"这件事激动了我"？　/　114

23. 为什么"我想死你了""你想死我了"意义相同？　/　119

24. 为什么"恨得他牙痒痒"有歧义？　/　124

25. 怎么理解"把＋宾语＋X＋坏了"？　/　129

26. 为什么"小心碰头""小心别碰头"意义相同？　/　133

27. 为什么"待见"多用于否定？　/　138

28. 怎么理解"NP_1＋讨厌＋NP_2""NP_2＋很讨厌"？　/　143

29. 怎么理解"可＋X"？　/　148

30. 怎么理解"发愁＋原因宾语"？　/　152

31. 怎么理解"沉迷（于）游戏"中"沉迷"的及物性？　/　155

32. 怎么理解"否定语素＋X"构成的心理动词？　/　160

33. 怎么理解"$X_单$＋于"和"$X_双$＋于"？　/　165

34. 怎么理解"发＋X"类心理动词？　/　169

35. 怎么理解"X + 得慌"？　/　173

36. 怎么理解"高兴 + X"？　/　177

37. 怎么理解"怀疑 + X"？　/　181

38. 怎么理解"想 + N + V"？　/　187

39. "讨厌""嫌弃""嫌"有什么不同？　/　191

40. "恨不得""巴不得"有什么不同？　/　197

41. "以为""当"有什么不同？　/　202

42. 怎么理解话语中的"你知道"？　/　209

43. 怎么理解话语中的"我想"？　/　214

44. 怎么教"了解"和"理解"？　/　219

45. 怎么教"感到"和"觉得"？　/　224

参考文献　/　229

后记　/　235

引　言

齐沪扬教授的国家社科基金重大项目"对外汉语教学语法大纲研制和教学参考语法书系（多卷本）"（17ZDA307）包括两大研究内容：一是研制对外汉语教学语法大纲，二是编写一系列教学语法参考书。前者旨在重新审视对外汉语教学语法体系，后者则以大纲为基础，采取"一点一书"的形式，每个知识板块编写一本书，以此两相结合，纲举目张，力求为国际中文教育提供全面的教学参考和指导。《心理动词》是该书系的组成部分之一。

一、选题原因

动词是句法结构和语义结构的核心，动词自身的性质特点会对其所支配的各个成分的数量、位置、语义关系产生制约，从而形成不同的句法结构。

与状态动词、趋向动词等一样，心理动词也是汉语动词的一个次类，同时也是动词范畴中的非典型成员。与作为典型动词的动作动词相比较，心理动词在时、体、量、否定、句法功能、配价特点、句式选择等方面，呈现出一系列不同的特点，因此，有必要对心理动词进行独立的探讨和深入的分析。

由于处于动词范畴的边缘位置，在范畴界定上，心理动词与其他词类，主要是与形容词、助动词纠缠不清。而且，心理动词内部也并非均质，在语义特点、带宾语能力、所带宾语种类、与程度副词的组合能力等方面呈现出范畴内部的不均衡性。此外，对于心理动词所表达的"心理"活动范围的认识，学界的看法也很不一致。因此，心理动词不仅有研究的必要，且需要研究的疑难问题颇多。

二、研究现状

吕叔湘在《中国文法要略》（1982）中，将动词分为四类——"活动"动词、"心理活动"动词、"不很活动的活动"的动词、"简直算不上活动"的动词，首次将心理动词列为动词的一个小类。此后，作为一个动词类别，心理动词受到越来越多学者的重视，研究成果主要体现在以下几个方面：

（一）范围与界定研究

心理动词的界定通常采取形式与意义相结合的原则，在具体操作上存在鉴定框架的差异及宽严之别，如下面几类形式框架：

范晓、杜高印、陈光磊（1987）：（很 + __ ）+ 宾语。

周有斌、邵敬敏（1993）：主（人）+ |很 + 动词| + 宾语；主（人）+ 对 + O + 很 + 动词。

胡裕树、范晓（1995：245）补充框架：（很 + __ ）+ O $_{[N/V]}$ ；__ + O $_{[V]}$。

王红斌（2002）：从潜意识里 / 在潜意识里 / 暗暗地 / 默不作声地 / 满心地 / 潜意识地 + V；N（人）+ 不 / 没 V + 和 / 跟 / 同 + N + 一起 + 其他；让 / 使 / 叫 + 人 + V +（小句）宾语。

丰竞（2003）：主（人）+ 在心里 +（很）+ 心理动词 + 宾语。

研究者们尝试用一条或几条鉴定式来提炼心理动词，使心理动词有规律可循。然而，心理动词究其根本是一个语义范畴，其内部成员有典型与非典型之分，很难找出适用于所有内部成员的、整齐划一的形式特征。事实上，除了"爱、恨、喜欢、讨厌、羡慕、妒忌、嫌弃、想念"等作为心理动词基本没有异议外，研究者们在非典型的心理动词，尤其是与其他词类之间存在模糊边界的心理动词的认定上存在较大分歧。如周有斌、邵敬敏（1993）根据其鉴定框架考察《汉语动词用法词典》，确定了 73 个心理动词；同样是考察《汉语动词用法词典》，乔丽彩（2006）确定了 87 个心理动词；劳勤（2007）确定了 94 个心理动词；此外，文雅丽（2007）考察《现代汉语词典》得出了 765 个心理动词。

可见，在心理动词的范围与界定这一基本问题的认识上，学界尚未形成共识。

（二）分类研究

心理动词的分类也趋向多元化，如：

卢福波（1994）三分法：感外性心理动词、感内性心理动词、感知性心理动词；

胡裕树、范晓（1995）二分法：状态心理动词、行为心理动词；

周有斌、邵敬敏（1993）三分法：真心理动词、次心理动词、准心理动词；

张幼军（1998）二分法：正向心理动词、反向心理动词；

张京鱼（2001）二分法：状态心理动词、使役心理动词；

王红斌（2002）三分法：心理状态动词、心理活动动词、心理变化动词；

丰竞（2003）六分法：感觉动词（感觉）、情感动词（喜欢）、意愿动词（希望）、思维动词（思考）、认知动词（认识到）、判断动词（认为）；

徐睿、王文斌（2005）六分法：情绪类心理动词、情感类心理动词、感知类心理动词、认知类心理动词、意动类心理动词、使役类心理动词。

这样，研究者持不同的标准，通过不同的切入角度，得出的心理动词的类别五花八门，这也进一步折射出心理动词内部的异质性。

（三）带宾语问题研究

心理动词带宾语问题包括探讨心理动词能不能带宾语以及能带什么样的宾语。胡裕树、范晓（1995）根据带宾语情况将心理动词分为四类：只能带体词性宾语的心理动词、只能带谓词性宾语的心理动词、既能带体词性宾语也能带谓词性宾语的心理动词、不能带宾语的心理动词。

（四）与程度副词的组合研究

部分心理动词能够受程度副词修饰，这是心理动词区别于典型动作动词的一个显著特点。相关研究主要包括程度副词的程度级差，以及对心理动词的选择性研究（王红斌，1998）、被程度副词修饰的动词的语义特点研究（杨德峰，2014）等。

（五）心理动词或句式的微观研究

有关心理动词的微观研究主要包括：单个词的句法语义研究，如伊藤大辅（2007）对"高兴"的分析；近义词辨析研究，如陶炼（2004）对"巴不得"和"恨不得"、许光灿（2014）对"以为"和"认为"的比较研究；相关构式或话语标记研究，如王连盛、吴春相（2019）对"V$_{心理}$＋死"格式的研究，刘俊（2007），储泽祥、程书秋（2008）对"想＋N＋V"格式的考察。

（六）教学研究

教学研究集中在习得和偏误分析上，主要围绕近义心理动词的使用偏误，这些偏误大致可以分为遗漏、误加、误代、错序四种类型。这一类研究主要体现在硕士、博士学位论文中。

三、存在的问题

（一）对基本问题认识模糊

心理动词是什么？心理动词如何界定？心理动词怎么分类？对于这些基本问题的认识，研究者之间分歧很大。心理动词本身是一个基于意义建立起来的动词次类，共有的形式特征少，内部差异显著，如：一些心理动词能被"很"修饰，一些则不能被"很"修饰；一些心理动词能带宾语，一些则不能带宾语，另有一些则必须带宾语；能带宾语的心理动词有些带体宾，有些带谓宾，有些既能带体宾也能带谓宾，还有一些只能带小句宾语。此外，有些心理动词可以用"没"否定，有些只能用"不"否定；有些心理动词可以重叠，有些则不能重叠；有些心理动词可以带体标记"了、着、过"，有些心理动词带体标记不自由；有些心理动词可以用于被动句，有些则不可以用于被动句；等等。

对于一个语义语法范畴，依靠一条鉴别式鉴别出所有心理动词，作为语法规则是经济的，但同时也可能是武断的，其结果是心理动词的范围被人为缩小化，或被过度扩大化，研究者也很难达成共识。本书将对现有研究成果做合理的吸收与剔除，对心理动词的鉴定不落在单一的鉴别式上，不刻意缩小，也不任意扩大，注重鉴定规则的可操作性与可接受性。

（二）对心理动词的系统性研究不足

尽管越来越多的研究者开始关注心理动词，但由于研究者对心理动词的看法很不一致，造成心理动词研究的整体滞后。对心理动词的研究散见于一些论文，或在探讨其他语法问题时附带提及，目前还没有针对心理动词进行系统性研究的专著。本书兼顾知识梳理和教学实用，力图深化心理动词的本体研究，并为心理动词的对外汉语教学提供切实的参考。

四、编写原则

作为心理动词的对外汉语教学语法参考书，本书的适用对象主要有两类：一类是从事对外汉语教学的教师，一类是具有一定汉语水平的非母语汉语学习者或研究人员。

本书编写遵循以下原则：

（一）体系性

本书对汉语心理动词的范围与界定、语法功能、带宾语能力等基本问题做了分析与梳理，旨在帮助读者进一步熟悉心理动词的知识体系和理论框架。本书的知识梳理不排除一定程度的理论思考，这些理论思考可以帮助教师或研究人员从宏观上把握心理动词语法表现上的一般性与特殊性。

（二）延展性

在知识点分析中，无论是宏观理论篇，还是微观分析篇，都注重知识的延展性，即关注心理动词的某一句法表现与相关现象的关联性。

如在宏观理论篇中，我们对心理动词与程度副词组合的问题进行了探讨，心理动词可以受程度副词修饰，而受程度副词修饰的不仅仅有心理动词。我们在讨论心理动词时，会延展到心理动词之外还有什么样的动词（甚至名词）可以受程度副词修饰，心理动词与这些动词（或名词）又有什么共同的语义特点。再如，在讨论心理动词如何表达致使时，我们会讨论语言表达致使的主要手段是什么，其他动词怎么表达致使，心理动词表达致使的一般性和特殊性是什么。我们也会思考汉语心理动词在表达致使方面，与英语有何差异等相关问题。

对微观知识点的分析也力求不囿于在心理动词内部谈心理动词，如对数量不少的"X＋于"类心理动词的分析："X＋于"主要可以表达哪些语义？哪些心理动词可以进入"X＋于"？进入"X＋于"后，哪些心理动词与"于"融合成一个词，哪些组合成一个短语词？哪些"X＋于"中的"于"可以省略，省略后的语法后果是什么？在汉语语法系统中，还有哪些介词在动宾关系中可以省略？再如，对"待见"只用于否定的现象进行分析时，我们会关注词汇自带的"大量"和"微量"的语义特点与肯定、否定是如何关联的；除"待见"之外，还有哪些概念意义接近的心理动词存在语义程度上的差异；对于"待见"这样的微量语义词，汉语主要有哪些否定手段等。

语法系统是各语法要素互相关联的有机系统，各个知识点之间可以互相激活，构成一个规则网络。心理动词所表现出的句法或词法特点绝不是孤立的，对心理动词的描写和解释应当立足于大的汉语语法体系之下。

（三）规范性

教学语法不同于理论语法，理论语法旨在对目前认知不一致或认识不充分的语法问题进行深入探索并有所发现，强调对语言理论、方法的运用和发展，重在创新；而教学语法重在规范性和稳定性，要求描写得当，解释贴切。应该说，教学语法是将理论语法研究成果中较为稳定的部分析取出来，并在教学实践中加以推广和验证。作为教学语法书，本书对心理动词的描写和解释关注的是，已被较多讨论且认识较为成熟的语言现象。对于尚未被充分认识，或认识上有较大难度的语言现象以及分歧较大的理论问题，本书暂不作纠缠，以期阅读和使用起来更加容易。

（四）句法与词法并重性

语法研究容易重句法，轻词法；语言教学中，词汇教学常常是教学中的薄弱环节。然而，从心理动词的实际偏误我们发现，由词汇理解不准确导致的使用偏误占据了偏误总量的较大比重，尤其在表达相近心理活动的心理动词的选择上，偏误很常见。汉语母语者看到一条词典释义时，会同时激活自己的经验、感受、背景知识，并把自己头脑中的百科知识和已经内化了的语法规则全部带入进去，因此，当面对一组近义概念词时，汉语母语者很清楚什么时候该用 A，什么时候该用 B。而非母语学习者在看到词典释义时，所能激活的知识十分有限，只能严格甚至呆板地接受字面释义，造成近义词的误用。

本书将句法与词法并重，关注心理动词的近义辨析，在分析词义时，重视词语的语义特点与句法制约，并力图以尽可能简明的语言加以概括。如对"恨不得""巴不得"的辨析，我们指出"恨不得"表达"强烈的情绪"，而"巴不得"表达"真实的愿望"。两者在能否独立成句、能带宾语的种类、与副词组合的能力、句法功能、宾语的肯定否定形式上表现出了一系列的句法对立。并且，我们进一步指出"恨不得"表达"强烈的情绪"时包含了两个语义要素：（1）某种情绪下的迫切愿望；（2）该愿望具有夸张性，主观上不会真的去实施，或客观上无法实现。我们也指出"巴不得"主要用于两种情况：（1）表达某事态发展正合心意；（2）表达迫切的真实愿望。"巴不得"带有较强的"受动"色彩，愿望的实现不取决于或不仅仅取决于自己，需要等待事件其他参与者将其变成现实；而"恨不得"愿望的实现只取决于自己，无须等待或借助外力。

不是孤立地讲解词语的意义，不是简单地给出一套适用于大量动词的泛泛的语法框架，而是挖掘词语自身的句法语义特点，讨论近义词语的使用分工，是本书对心理动词进行词汇辨析所遵循的基本原则。

五、架构特点

本书分为宏观理论篇和微观分析篇两大部分。

第 1～15 问为宏观理论篇。该部分关注心理动词的基础知识，对心理动词的界定、类别，心理动词与相关词类的分界，心理动词的语法功能、体特点、自主性特点、配价特点，心理动词构成重叠的能力、与程度副词组合的能力、怎么带宾语、怎么带趋向补语、怎么否定、怎么用于致使、怎么用于被动，多义心理动词有哪些常见类别等基本问题进行了阐述。

第 16～45 问为微观分析篇，包括句法分析和词法分析。句法分析以宏观理论篇中的重要语法点为纲，扩展出若干相关微观知识点。一方面，宏观与微观相结合；另一方面，相邻微观知识点之间相结合，以组块分析的方式，促进知识的融会贯通。

下面，我们以程度副词修饰心理动词为例进行解释。在宏观理论篇中，我们将对心理动词可以受程度副词修饰进行说明，并阐释心理动词为什么可以受程度副词修饰；在微观分析篇中，围绕这一理论问题，我们列出了六个相关的微观知识点并进行详细阐述：

（1）为什么说"有点儿发毛"，不说"很发毛"？

（2）为什么说"很抗拒参加"，不说"很拒绝参加"？

（3）为什么说"很热爱"，不说"很深爱"？

（4）为什么说"不太认为"，不说"不很认为"？

（5）为什么说"很不喜欢"，不说"很不讨厌"？

（6）为什么说"老大不高兴"，不说"老大高兴"？

（1）讨论心理动词对程度副词的量级具有选择性；（2）讨论一些动词可以受"很"修饰，也可以带宾语，但受"很"修饰的同时不能带宾语；（3）讨论一些本身蕴含程度义的偏正式心理动词，有些可以受"很"修饰，有些不能受"很"修饰；（4）讨论"认为、觉得"等一些不受"很"修饰的行为心理动词可以受"不大""不太"修饰；（5）讨论一些心理动词能够进入"很不 + X"格式，一些则不能；（6）讨论一些心理动词可以被"老大"修饰，一些则不能。

词法分析包括对单个词的多义分析、多个词的近义辨析，也包括对某个固定格式的句法语义解读，如对"高兴"的多义分析，对"讨厌""嫌弃""嫌"的近义辨析，对"怀疑 + X"格式的句法语义解读。

本书也对"我想""你知道"的话语标记用法进行了语用探讨。此外，本书还以"了解、理解""感到、觉得"为例，说明在教学中，教师应注重语境教学、搭配教学，通过揭示词语的语境意义将词语意义明确化的教学思路。

微观分析篇又可以分为八个小的部分：心理动词与程度副词（第 16～21

问）、心理动词与致使（第 22～25 问）、心理动词与否定（第 26～27 问）、心理活动与事物性质（第 28～29 问）、心理动词带宾语（第 30～31 问）、心理动词与部分语素（第 32～34 问）、单个心理动词或格式（第 35～41 问）、语用与教学（第 42～45 问）。

六、语料来源

本书语料，除特别标注来源的例句和少数自省例句外，全部来自北京大学中国语言学研究中心 CCL 现代汉语语料库、北京语言大学 BCC 语料库和中国传媒大学 MLC 媒体语言语料库。

宏观理论篇

1. 什么是心理动词？

一、心理动词是动词的一个语义次类

心理动词即表达情感、态度、认知、思维等心理活动的动词。

汉语有将心理动词作为动词一个次类加以研究的传统，详见表 1-1。

表 1-1　动词语义分类中的心理动词

专著或教材	动词的语义分类	心理动词例词
吕叔湘《语法学习》（1953：4-5）	表示"有形的活动"的动词、表示"心理的活动"的动词、表示"非活动的行为"的动词	想、爱、恨、后悔、害怕、盼望、忍耐
范晓、杜高印、陈光磊《汉语动词概述》（1987：16）	动作动词、使令动词、心理动词、趋向动词、存现动词、能愿动词、判断动词、先导动词	爱、忘、想、感到、怕、懊悔、赞扬、认为、相信、欣赏、体贴
黄伯荣、廖序东《现代汉语》（下）（2002：13-14）	动作行为动词，心理活动动词，存在、变化、消失动词，判断动词，能愿动词，趋向动词	爱、怕、恨、喜欢、羡慕、希望、讨厌
刘月华、潘文娱、故桦《实用现代汉语语法》（增订本）（2001：154）	动作动词、状态动词（表示人或动物的心理或生理状态的动词，包括心理及生理动词）、关系动词、能愿动词	爱、恨、喜欢、讨厌、想（念）、希望
齐沪扬《对外汉语教学语法》（2005：82-84）	动作动词、存现动词、关系动词、能愿动词、趋向动词、心理活动动词、使令动词	爱、恨、想、希望、喜欢、认为

二、心理动词的四类形式框架

心理动词是根据语义确立起来的动词次类，意义上表达心理活动，包括情感、态度等心理状态，以及认知、思维等心理行为；形式上可以充当谓语中心词。围绕能否受"很"修饰、能否带受事类宾语等，心理动词的使用情况可以分为四类形式框架。其中，能进入 A、B 格式的心理动词为及物心理动词，能进入 C、D 格式的心理动词为不及物心理动词。

A 格式：主语（指人）+ 很 + V + 受事类宾语（体词性 / 谓词性 / 小句）

心理动词描写情感、思维等心理活动，主语具有"述人"特征。能进入 A 格式的心理动词可以受"很"修饰。"很"代表"非常、十分、特别、相当、太、挺、有些、有点儿"等一类程度副词（下同），程度副词的主要功能是对形容词或心理动词所表达的性质、行为的程度进行定量。

能进入 A 格式的心理动词可以后接受事类宾语，包括名词及名词短语，动词及动词短语、形容词及形容词短语以及小句。这类心理动词如"满意、盼望、爱、怨恨、嫌"等。

（1）a. 他似乎很满意现在的生活。

　　b. 爷爷非常盼望有人坐在他面前听他说。

　　c. 他很爱干净。

　　d. 她在心里甚至有些怨恨刘云那样看他，她觉得这不公平。

　　e. 陆涛心里还有点儿嫌夏琳吃得太慢了。

程度副词之外，一些特定的语气副词（如"实在、确实、真、简直"）和一些后置程度补语（如"死、透、慌、极了"）也可以描写心理活动的量级。

（2）a. 我实在怀疑你是否有这种能力。

　　b. 在场人员望着白浪滔天的江面，真怕出危险。

　　c. 我烦透了每天吃粉丝。

　　d. 我讨厌死了那些无知的言谈！

B 格式：主语（指人）+（*很）V + 受事类宾语（体词性 / 谓词性 / 小句）

能进入 B 格式的心理动词不能受"很"类程度副词修饰，如"很忍心、很不畏、很企望、很认为"不成立，但这些动词可以带上受事类宾语，下面例（3）中的"不畏""企望""认为"等带上了名词性宾语、动词性宾语或小句宾语。

（3）a. 收购员不畏风雪，在牧区山林间往返数百里。

　　　b. 家长们企望有更多有益于开发孩子智力、体力的新产品问世。

　　　c. 他决心弄个水落石出。

　　　d. 我不忍心再听下去。

　　　e. 我认为这是一种偏执。

C 格式：主语（指人）+（*很）V（+*受事类宾语）

能进入 C 格式的心理动词不能带受事类宾语，同时，也不受"很"类程度副词修饰。例如：

（4）a. 姑娘正站在船栏杆边上，望着月亮出神呢。

　　　b. 女人怔了一下儿，睁大眼睛，咧嘴一笑。

　　　c. 他一旦发怒，情绪波动极大。

　　　d. 孩子上课老是发呆。

　　　e. 他处处为别人着想。

该类心理动词语义上描写心理活动，形式上可以出现在"（正）在……呢""V+动量补语""时间/频度副词+V""为+宾语+V"等常见的动词句法环境中，具有较强的动作性，属于不及物心理动词。

D 格式：主语（指人）+很+V（+*受事类宾语）

能进入 D 格式表达心理活动的谓词，可以受"很"类程度副词修饰，同时，不能带受事类宾语，如"灰心、动情、尽兴、耐烦、失望、兴奋、过瘾"等。例如：

（5）a. 他一度很灰心，觉得在同学面前抬不起头来。

　　　b. 第二天的升旗讲话效果很好，演讲者很动情，全体听众也很动情。

　　　c. 每次采访都很尽兴，对她也增加了了解。

　　　d. 一次，女兵叶引娣在检查一名外国记者的摄影镜头时，对方对检查很不耐烦。

　　　e. 对这个结果，我有点儿失望。

　　f. 所以我们将自己的全部身家投了进去，<u>很兴奋</u>。

　　g. 当时我的感觉是很刺激，<u>很过瘾</u>。

三、能进入 D 格式的心理谓词

　　能进入上面 A、B、C 三类句法格式的心理动词较为典型，作为心理动词的身份认可度也较高。与之相对，能进入 D 格式的心理动词可以受"很"修饰，且不能带宾语，这一句法特点与汉语形容词表现一致，因此存在与形容词的边界界定问题。

　　心理形容词与心理动词本身并非泾渭分明。汉语没有狭义的形态，对于能进入 D 类处于动形交叉模糊地带的心理谓词，它们既有形容词的特征，也有动词的特征，不妨暂将下面①～⑤作为鉴别标准：

　　①能否受"没 / 没有"否定；

　　②能否构成动词离合式；

　　③能否进入"正 / 正在 + V（+ 着）"表达行为正在进行；

　　④能否构成"ABAB/AAB 式"动词重叠式或带动量补语"一下儿"；

　　⑤能否单独构成祈使句"V（吧）/ 别 V！"

　　在较宽的标准下，对于能进入 D 格式表达心理活动意义的谓词，只要符合上述①～⑤中的一条或多条，就可以认定其具有一定的动作性，可以纳入不及物心理动词，反之，则为心理形容词。

　　如例（5）中，能进入 D 格式的心理谓词都可以被"没 / 没有"否定，构成"没有灰心、没有动情、没有失望"等。"没"是对动态的否定，适用于绝大多数动词，与多数性质形容词采用"不"否定形成了对照。试比较"不快乐（*没快乐）""不愉快（*没愉快）""不惬意（*没惬意）"。"快乐、愉快、惬意"动作性低，通常归入形容词，而"灰心、动情、失望"则可以归入不及物心理动词。

　　部分能进入 D 格式的心理谓词（如"灰心、动情、尽兴"）。其本身为动宾式，后面不带宾语，但这些谓词可以添加体标记构成离合形式"灰了心、动过情、尽了兴"，其离合式可以不受"很"修饰独立做谓语，如"他一度<u>灰了心</u>""演讲者和观众都<u>动了情</u>"，这类心理谓词也可以归入不及物心理动词。

一些能进入 D 格式的心理谓词可以进入"正 / 正在 + V（+ 着）"格式表示行为正在进行，如"正难过着""正失望着""正不耐烦"；一些可以构成 ABAB 式或 AAB 式重叠，或带动量补语，如"高兴高兴""冷静冷静""过过瘾""尽尽兴""冷静一下儿""过一下儿瘾"；还有一些可以进入祈使句"V（吧）/ 别 V（吧）！"如"放心！""知足吧！""别失望！""别灰心！"。这些心理谓词都具有一定的动作性，可以纳入不及物心理动词。

以上，我们给出了心理动词充当谓语中心词时可以进入的四类形式框架，动词的基本语法功能是在句中做谓语。有一些词在语义上表达心理义，但在句法上一般不充当谓语中心词，如"心爱"语义为"喜爱"，"敌对"语义为"仇视"，都表达心理感受，但在句法上只能做定语，而做定语是形容词的基本语法功能。此外，"尽情"表示"由着情绪"，"忍痛"表示"忍受痛苦"，这些词毫无疑问都表达了某种情感态度，但通常做状语修饰谓语中心词，本书不纳入心理动词词表之内。

2. 心理动词和形容词有什么不同？

一、心理动词内部的动词性差异

动词和形容词同属于谓词，可充当句子的谓语。在汉语中，判断一个谓词是动词还是形容词，传统的界定标准为：①前面能不能加"很"；②后面能不能带宾语。同时满足"能加'很'"与"不能带宾语"两个条件的是形容词，满足"不能加'很'"与"能带宾语"中的任意一条或两条都满足的，界定为动词。例如：

"很"（＋）带宾语（－）　大　小　漂亮　丑陋　勇敢　大方　　　形容词

"很"（－）带宾语（＋）　做　唱　穿　吃　买　克服　批准　　　动词

"很"（－）带宾语（－）　走　跑　跳　死　散步　恋爱　咳嗽　　　动词

"很"（＋）带宾语（＋）　想　害怕　支持　相信　讨厌　提倡　　　动词

词类判定的语法功能标准做不到像狭义的形态那样严格，如汉语状态形容词

（如"通红、干干净净"）、非谓形容词（如"首要、军用"）虽然不受"很"修饰，但是依据其与性质形容词之间存在共同的句法语义特点，仍然将其归入形容词。

参照上面动词、形容词区分的两条标准，试对比心理动词充当谓语中心词时可以进入的四类格式：

A 格式：主语（指人）+ 很 + V + 受事类宾语（体词性 / 谓词性 / 小句）

B 格式：主语（指人）+（*很）V + 受事类宾语（体词性 / 谓词性 / 小句）

C 格式：主语（指人）+（*很）V（+*受事类宾语）

D 格式：主语（指人）+ 很 + V（+*受事类宾语）

从判断形容词的两个条件——①能加"很"，②不能带宾语——来看：A 格式满足①，不满足②；B 格式不满足①，也不满足②；C 格式不满足①，满足②。这样，句法功能上，A、B、C 三类格式显现出了相对较强的动词性。能够进入上述三种格式的心理动词与形容词不会产生分界问题。

与性质形容词边界模糊的是能进入 D 格式的心理谓词，这类心理谓词能受"很"修饰，且不能带宾语，符合一般性质形容词的界定标准。

二、将能进入 D 格式的心理谓词一律归入形容词是不恰当的

为谋求切割的方便，有将能进入 D 格式的心理谓词全部纳入形容词的做法，这一做法值得商榷，原因有二：

Ⅰ.人为缩小了不及物心理动词的范围，给心理动词打上了高及物性的标签。

本书将心理动词二分为状态心理动词和行为心理动词（参见本书第 4 问），多数状态心理动词可以受"很"修饰，能进入 C 格式的不及物状态心理动词的数量十分有限。这样，如果排除 D 格式，那么能进入 A、B 格式的及物心理动词就成为心理动词的主干，这一界定无疑使心理动词高度集中在及物动词范围内，这与心理动词固有的"低及物性"特征不符。

心理动词表达情感、态度等心理活动，具有较强的性状义。相较于"吃、喝、切、打"等典型的动作动词，心理动词的施动性（agency）、动作性（kinesis）、意愿性（volition）相对较弱。绝大多数心理动词是非瞬间的持续动

词，内部均质，动词内部没有一个自然的完结点。同时，心理动词带宾语能力也相对较弱。从宾语的受动性来看，心理行为对宾语基本不产生影响，试对比"吃苹果、切蛋糕"等动作动词短语，宾语"苹果、蛋糕"完全受到动作行为影响而发生变化；而在"尊敬老师、想念同学"等心理动词短语中，宾语"老师、同学"并不会受到心理行为的影响而发生变化。

以上特点都表明了心理动词的低及物性。将心理动词高度集中在带宾语的及物动词上，违背了心理动词固有的语义特点与低及物性特征。动词区分及物动词和不及物动词，心理动词当然也应该包括及物心理动词与不及物心理动词。

Ⅱ. 抹杀了"恒常属性"和"一时状态"之间的差异。

性质形容词与心理谓词都有性状意义，而性状又可以分为"恒常属性"和"一时状态"，心理谓词总是表达"一时状态"。例如：

（1）a. 他很大方。

　　　b. 他很难过。

例（1a）表达超越时间的恒常属性，是对主语静态性质特征的描写；例（1b）表达一时的状态，是对主语状态变化的描写。虽然都是性状描写，但"难过"可以区分出时间段，如状态开始的时间、状态存续的时间、状态消失的时间，即心理状态谓词虽然内部较为均质，但仍然有时间的参与，而"时间性"正是动词的基本属性。

心理谓词的时间性是其区别于一般的性质形容词的根本特点，这一点同样见于跨语言的观察中。例如：

（2）a. He was being rude to my friend.

　　　b. He is being careful.

　　　c. *He is being tall.

在表达心理态度的"rude""careful"构成的谓语句中，可以添加进行体标记"-ing"，而表达恒常属性的"tall"则不可以。

心理谓词表达的性状会随时间的流逝而发生变化，不同心理谓词也因此可以带上不同的动态性成分或构成动态性较强的格式，如带上进行体标记"正难过着、烦着呢"；带上完成体标记"害羞了、懊悔了"；带上经历体标记"爱过、灰心过";构成离合形式"动过情、伤了心、安下心";构成动词重叠式"开心开心、高兴高兴";构成动量补语"得意一下儿、满足一下儿";构成祈使句"别伤心！别慌张！";等等。

以上,将能进入 D 格式的心理谓词全部归入性质形容词会不恰当地给心理动词打上高及物性的标签。同时,心理谓词总是表达一时状态,这一点也区别于性质形容词可以表达超越时间的恒常属性。因此,对于能进入 D 格式的心理谓词不宜一刀切,需要进一步对其词类归属进行界定。

三、能进入 D 格式的心理谓词的词类界定

心理谓词既有性状义,又有动作义,在有形态的语言中,不同语言可能会做出不同的词类处理。如"喜欢""讨厌"是汉语比较没有争议的心理动词,但在日语中,既可以处理为动词"好く""嫌う",也可以处理为形容词"好きだ""きらいだ"。多数心理谓词在日语中兼有形容词和动词两种形态,如"高兴"有形容词"うれしい",也有动词"喜ぶ";"伤心"有形容词"悲しい",也有动词"悲しむ";"痛苦"有形容词"苦しい",也有动词"苦しむ"。上述心理动词和心理形容词一样,都可以受程度副词修饰,构成"とても喜ぶ""とても苦しむ""とても悲しむ"。

性状的产生和变化都会形成动态性,这就决定了形容词和动词之间存在功能游移,这一游移现象也不仅仅体现在表达心理意义的谓词上。事实上,"瘦""胖""脏""整齐""安定"等在汉语中通常界定为形容词,而在日语中它们都有对应的动词形式"瘦せる""太る""汚れる""整う""安定する",带有明确的动词词尾。

心理谓词表达心理感受,既具有静态的性状义,又具有动态的活动性,其词类归属在动形之间的游移更为显著。汉语"开心、轻松"等心理谓词既有动词的重叠形式 ABAB"开心开心""轻松轻松",也有形容词的重叠形式 AABB"开开心心""轻轻松松",就是很好的佐证。

汉语没有狭义的形态,对于受"很"修饰且不能带宾语的心理谓词如"快乐、愉快、不快、欣慰、轻松、得意、满足、失望、绝望、灰心、伤心、难过、

沮丧、懊丧、动心、动情、尽兴、心烦、意外、冲动、慌忙、恭敬、惬意、从容、镇静、忧郁、空虚、消沉、颓废、麻木、心寒、震撼"等，不宜一律归入形容词。动词有及物和不及物之分，应允许存在不能带宾语的不及物心理动词；同时，心理动词具有性状意义，允许受"很"修饰，不能据此将能进入 D 格式的心理谓词一并纳入形容词。

若将能进入 D 格式的心理谓词全部归入不及物心理动词，又会造成对这些心理谓词内部差异的完全忽略。不同心理谓词之间，存在形容词性与动词性的相对差异，如"愉快、意外、从容"等谓词形容词性突出，通常不能带任何动态性成分；"开心、快活、轻松"等则可以不同程度地带上一些动态性成分。理论上，可以带的动态性成分越多，动作性就越强；反之，则性状性越强。但实际上，动词语义也会造成与某些动态性成分的不兼容，如"尽兴"不能后接"过"，没有动词重叠式，不能接动量短语，但不能因此说其动作性低于可以添加上述动态性成分的"开心"。

本书采取较宽泛的标准，对于能进入 D 格式，处于动形交叉模糊地带的心理谓词，不妨将①能否受"没/没有"否定；②能否构成动词离合式；③能否进入"正/正在 + V（+ 着）"表达行为正在进行；④能否构成"ABAB/AAB式"动词重叠式或带动量补语"一下儿"；⑤能否单独构成祈使句"V（吧）/别V！"作为界定标准。能进入 D 格式表达心理活动意义的谓词，符合上述条件中的任意一条或多条，则认为其带有一定的动作性，为不及物心理动词；反之，则为心理形容词。

3. 心理动词和助动词有什么不同？

一、常见的助动词类别

助动词是可以用于谓词之前，表达可能、必要、许可意义的动词。和心理动词一样，助动词也是语义特殊、数量有限的封闭的小类。

常见的助动词有：

Ⅰ.可能类：会、将、能、可能、得、要、不见得、容易；

Ⅱ.必要类：该、应该、应、应当、需要、须、必须、得、须得、宜、要、用、不用、用得着、用不着、犯得着、犯不着；

Ⅲ.许可类：可、可以、允许、能、能够、不得、配、值得。

例如：

（1）可能类：

  a. 他<u>会</u>来的。

  b. 明天<u>可能</u>下雨吗？

  c. 今年<u>得</u>二十了。

  d. 照这个势头，明年收益<u>要</u>翻两番。

（2）必要类：

  a. 我们<u>该</u>回家了。

  b. 你<u>得</u>道歉。

  c. 你<u>要</u>努力了。

  d. <u>犯不着</u>理他。

（3）许可类：

  a. 你<u>可以</u>走了。

  b. 这个会，我们<u>能</u>参加吗？

  c. 未经允许，<u>不得</u>入内。

  d. 这样的人才<u>配</u>称为优秀工作者。

二、"意愿、意欲"义动词与助动词的共同点

表达"意愿、意欲"的动词主要有：

Ⅰ.意愿类：想、肯、愿意、情愿、乐意、乐于、高兴、乐得、懒得、不屑（得）、舍得、甘愿、不甘、甘于、吝于、恨不得、巴不得；

Ⅱ.意欲类：要、打算、预备、图谋、企图、妄图、力图、试图、妄想、决定、决心、决意、无意、无心。

"想、高兴、要"都有多个义项，如"想"除了意愿义"打算"，还表示"想念""认为""思考"；"高兴"除了意愿义"乐意"，还表示"开心"；"要"除了"意欲"义，还表示"可能""必要"。对多义动词的词类划分要区分不同的义项。

"意愿、意欲"义动词常常被归入助动词，它们在部分句法特点上与助动词表现一致，主要包括以下几个方面：

①通常只能带谓词性宾语（如"我想回家、他不肯走、我高兴待在这儿、他打算考研、我试图说服她、他决定留下、我无意冒犯你"）；

②动词与谓词性宾语之间不能加入体标记（如"*我无心了备考""*他敢于着说真话"）；

③接谓词性宾语时，通常不能重叠（如"*我想想看电影""*我打算打算回国"）；

④常常可以单说（"你愿意吗？愿意""你要参加吗？要"）。

三、"意愿、意欲"义动词与助动词的主要差异

与表达可能、必要、许可的助动词相比较，"意愿、意欲"义动词在以下两个方面存在差异：

（一）与做主语的名词是否构成句法主谓关系

在助动词句"S＋AUX＋VP"中，"S"与"AUX"之间没有句法上的主谓关系，构成主谓关系的是"S"与"VP"。例如：

（4）a. 他<u>不见得</u>领你的情。　　　（他领你的情＋我看不见得）

　　b. 你<u>应该</u>告诉他实话。　　　（你告诉他实话＋我认为应该）

　　c. 你<u>可以</u>借来看。　　　　　（你借来看＋我觉得可以）

例（4）中，主语"他""你"和动词性短语"领你的情""告诉他实话""借来看"构成主谓关系。助动词"不见得""应该""可以"修饰的是除助动词外的整个句子，表达说话人对句子所表达命题的可能性、必然性、必要性、当为性等的判断，可以添加"我看""我认为""我觉得"等插入成分，理解为"命题＋我认为＋AUX"。与之相对，在"意愿、意欲"义动词句"S＋V$_{意愿、意欲}$＋VP"中，

"S"与"V_{意愿、意欲}"直接组合，"V_{意愿、意欲}"表达主语的情感、意志。例如：

（5）a. <u>他不肯去</u>。

b. <u>我不屑得搭理他</u>。

c. <u>他要我们暂时回家</u>。

d. <u>她决定放弃</u>。

在例（5）中，"不肯""不屑得""要""决定"是句子的核心谓词，与主语直接构成主谓关系。

（二）能不能被"没"否定

"没"是对动态的否定，有否定形式的"意愿、意欲"义动词较多可以用"没"否定。

（6）a. 让他学习他就<u>没愿意</u>学过。

b. 其中两幅作品一直<u>没肯</u>给人。

c. 那笔钱一直<u>没舍得</u>花。

d. 我<u>没打算</u>瞒着你。

除去部分"许可"类助动词，具有否定形式的"可能、必要"类助动词绝大多数只能用"不"来否定，不能用"没"来否定（如"*没会、*没应该、*没必须"）。

四、"意愿、意欲"义动词的词类处理

"可能、必要、允许"类助动词表达的是说话人的一个判断，是对整个句子的修饰，有状语的性质。"意愿、意欲"类动词表达的是主语的情感、意志，是句子的核心谓词。

如果将助动词限定为对命题的可能性、必要性、当为性等进行判断的情态成分，那么表示主语意愿、意欲的词就应该排除在助动词之外。"意愿、意欲"类动词表达情感感受、思考认知，不妨纳入心理动词。

"意愿"类心理动词偏向情感感受，"意欲"类心理动词偏向思考认知。反映到句法上，"意愿"类动词则较多可以受"很"修饰，"意欲"类动词通常不被程

度副词"很"修饰（如"*很打算、*很决心"）。例如：

（7）a. 世界这么大，<u>很想</u>去看看。

　　b. 我<u>非常愿意</u>帮助你。

　　c. 我们<u>很乐于</u>提供力所能及的帮助。

　　d. 政府在基础设施建设上<u>很舍得</u>投入资金。

除了可以接单个谓词做宾语，部分"意愿、意欲"类心理动词还可以带上兼语或小句等复杂宾语。例如：

（8）a. 我<u>想他早点儿回来</u>。

　　b. 老板娘颇<u>不乐意他上班迟到</u>。

　　c. 我不太<u>高兴他们总来这儿</u>。

　　d. 你别<u>妄想他还顾念同窗之谊</u>。

另有一些不表达"意愿、意欲"意义的动词，如"敢、敢于、勇于、好意思、羞于、忍不住"等，因为只能带谓词性宾语，也常常被划入助动词。这些动词可以与主语直接构成句法上的主谓关系，语义上表达情感态度，这里将它们与"意愿、意欲"类动词一起纳入心理动词。例如：

（9）a. 他在艺术方面很<u>敢于</u>也很<u>善于</u>创新。

　　b. 他没<u>好意思</u>开口请假。

　　c. 遇到困难时不要<u>羞于</u>求助。

　　d. 他<u>忍不住</u>插了句嘴。

4. 心理动词有哪些语义小类?

一、状态心理动词与行为心理动词的二分法

根据与"很"组合的能力，我们可以将心理动词分为两大类：一类为状态心理动词，表达情感或态度，这类心理动词绝大多数可以受"很"修饰；另一类为行为心理动词，表达认知或思维，这类心理动词多数不能受"很"修饰。

状态心理动词又可以分为情感类和态度类两大类。

情感包括我们能表现出来的种种情绪感受，又可以分为喜安、气恼、哀愁、惊惧、急耻、憾慨六个类别。

态度则表达了我们对人对事所持的好恶、信疑等立场，可分为爱、恨、信疑、重视轻视、容认五个大类。其中，爱类、恨类较为集中，爱类可以下分喜爱、关念、敬慕、期求四类，恨类可以下分憎恨、厌恶、妒忌三类；信疑类可以下分相信、怀疑二类；重视轻视类可以下分重视、在意、轻视三类；容认类可以下分容忍、不堪、认同、抵触四类。

行为心理动词指表达记忆、想象、思考等各类认知、思维活动的动词。根据语义，可以分为认为、知道、注意、记忆、思维、意志六个类别。认为类表达对事物事态形成了某种看法或见解；知道类表达获悉或熟悉某知识；注意类表达与注意力集中、分散等相关的心理活动；记忆类表达与记忆、忘记相关的心理活动；思维类表达思考、推测、想象；意志类则表达实施某行为的打算与意志。

二、现代汉语常见心理动词的语义分类

现代汉语中，常见的心理动词的语义分类，详见表4-1。

表4-1 常见心理动词的语义分类表

状态心理动词	情感类	喜安类	喜	高兴（开心义）、开心、兴奋、快活、痛快、乐、乐呵、美（高兴义）、满意、满足、知足、过瘾、尽兴、如愿、如意、称心、庆幸、暗喜、窃喜、暗笑、发笑、欢喜（高兴义）、大喜、狂喜、惊喜、欣喜、得意、自满、自豪、骄傲
			安	放心、放松、安心、省心、松气、安于、释怀、释然、看开、解气、解恨、消气、冷静、镇定、平静、镇静
		气恼类		气、气愤、气恼、生气、动气、来气、怄气、赌气、负气、斗气、怒、动怒、发怒、恼怒、暴怒、大怒、震怒、盛怒、激怒、嗔怒、愠怒、火、来火、动火、发火、冒火、窝火、急眼、红脸、发飙、恼、恼火、恼恨、恼于、不满、不爽、不悦、愤慨、愤懑、愤恨、激愤、悲愤、泄恨、泄愤、扫兴、败兴

状态心理动词	情感类	哀愁类	哀	难过、难受、伤心、伤感、伤怀、忧伤、感伤、委屈、抱屈、憋、闷、憋屈、灰心、泄气、丧气、寒心、扎心、心寒、心酸、心痛、失望、绝望、气馁、自馁、沮丧、懊丧、无聊、悲伤、悲哀、悲恸、悲痛、失落、失意、崩溃、落寞、消沉、颓废
			愁	担心、怕（担心义）、担忧、忧心、闹心、忧伤、忧虑、忧惧、愁、发愁、犯愁、忧愁、愁闷、郁闷、为难、犯难、烦恼、烦（烦恼义）、劳神、费神、顾虑、过虑、多虑、操心、费心、焦虑、烦躁、心烦、烦闷、憋闷、苦闷、苦恼、苦于、困于、疲于、纠结、困扰、迷惘、迷茫、迷失、惆怅、彷徨、犹豫、动摇、踌躇、排遣、排解
		惊惧类	惊	惊、吃惊、受惊、震惊、大惊、惊讶、惊愕、惊诧、诧异、讶异、懵、怔、发怔、愣、发愣、惊呆、呆住
			慌	慌、发慌、着慌、慌张、慌神、慌乱、惊慌、惊惶、恐慌、心虚、发虚、发毛、不安、紧张（不安义）、忐忑
			惧	害怕、怕（害怕义）、惧怕、后怕、生怕、生恐、恐怕（害怕义）、唯恐、畏惧、畏忌、顾忌、忌惮、敬畏、畏避、逃避、恐惧、惶恐、畏难、畏缩、畏怯、胆寒、胆怯、退缩、怯步、战栗、怂、瘆、怵、发怵、犯怵、怵于、慑于、不敢、敢、敢于、勇于、不畏、不惮、不惧、无畏、正视、直视
		急耻类	急	急、着急、捉急、发急、气急、心急、心焦、干急、情急、急于、冲动、抓狂、躁动
			耻	羞于、耻于、愧于、害羞、害臊、羞怯、羞愧、惭愧、发窘、窘迫、拘谨、拘束、局促、汗颜、尴尬、难为情、不过意、好意思
		憾慨类	憾	后悔、懊悔、反悔、痛悔、追悔、忏悔、悔恨、悔悟、懊恼、懊恨、愧恨、遗憾、抱憾、无奈、内疚、负疚、愧疚、可惜、惋惜、痛惜、扼腕、痛心、无愧、无悔
			慨	感动、感慨、感怀、感奋、感激、感恩、感谢、领情、激动、动容、动情、唏嘘、痛感、痛悟

状态心理动词	态度类	爱类	喜爱类	爱、喜爱、热爱、深爱、酷爱、钟爱、挚爱、怜爱、疼爱、宠爱、溺爱、偏爱、抬爱、爱慕、爱怜、爱护、爱惜、宠、宠溺、疼、心疼（疼爱义）、喜欢、欢喜（喜欢义）、宝贝（喜欢义）、稀罕、钟意、钟情、紧张（喜欢义）、看上、看中、瞧上、中意、动心、心动、心仪、青睐、好、爱好、喜好、偏好、嗜好、欣赏、赞赏、赏识、迷、迷恋、迷上、沉迷、入迷、痴迷、着迷、着魔、倾倒、倾心、热衷、上瘾、沉溺、沉醉、陶醉、醉心、耽于、爱恋、痴恋、眷恋、依恋、留恋、贪恋、暗恋
			关念类	关心、关爱、关怀、体贴、呵护、珍视、珍惜、珍爱、珍重、怜惜、顾惜、眷顾、顾念、着想、顾及、念及、爱惜、舍不得、心疼（舍不得义）、同情、不忍、可怜、怜悯、体恤、体谅、想（想念义）、想念、思念、怀念、挂念、惦念、感念、惦、惦记、挂记、牵挂、记挂、自重、只顾
			敬慕类	敬爱、敬重、敬佩、敬仰、尊重、尊敬、尊崇、崇敬、钦佩、感佩、佩服、敬服、折服、羡慕、惊羡、敬羡、思慕、倾慕、渴慕、仰慕、仰视、景仰、爱戴、拥戴、拥护、崇拜、膜拜、推崇、赞许
			期求类	望、希望、盼、盼望、渴望、期望、热望、奢望、指望、巴望、企望、希冀、期待、期盼、切盼、祈盼、企盼、渴盼、翘盼、向往、神往、憧憬、渴求、渴念、祈求、贪、贪慕、图、贪图、觊觎、妄求、巴不得、恨不得、恨不能
		恨类	憎恨类	恨、憎恨、怨恨、痛恨、仇恨、记恨、怀恨、抱恨、怪、怨、埋怨、抱怨、怪罪、敌视、仇视
			厌恶类	厌、讨厌、厌烦、厌恶、厌恨、厌倦、厌弃、嫌、嫌弃、嫌恶、痛恶、憎恶、鄙弃、唾弃、鄙视、烦（厌恶义）、腻、腻烦、反感、恶心、不齿
			妒忌类	妒忌、嫉妒、忌妒、眼红、眼馋、吃醋、忌恨、嫉恨
		信疑类	相信类	相信、看好、深信、坚信、确信、笃信、迷信、轻信、信任、信赖、信仰、信服、信奉、信得过、信不过
			怀疑类	怀疑（不相信义）、猜忌、猜疑、疑心、犯疑、起疑、质疑、置疑、防备、戒备、警惕、提防、迟疑、疑虑、疑惑、迷惑、困惑、奇怪、纳闷、不解

状态心理动词	态度类	重视轻视类	重视类	重、重视、看重、器重、注重、关注、考究、讲究、高看、看得起、看得上、瞧得起、瞧得上、不惜、不吝、舍得

状态心理动词	态度类	重视轻视类	重视类	重、重视、看重、器重、注重、关注、考究、讲究、高看、看得起、看得上、瞧得起、瞧得上、不惜、不吝、舍得
			在意类	在乎、在意、介意、介怀、计较、较真、挑剔
			轻视类	轻视、忽视、藐视、蔑视、傲视、鄙薄、轻侮、无视、轻慢、慢待、怠慢、小视、小看、低看、看轻、看扁、忽略、疏忽、应付、瞧不起、瞧不上、看不起、看不上、不待见、不理会（轻视义）、不屑、不顾、无所谓
		容认类	容忍类	容、容忍、包容、宽容、纵容、放任、姑息、迁就、担待、原谅、谅解、宽恕、饶恕、包涵、忍、忍受、忍耐、忍让、忍心、禁受、消受、隐忍、克制、拘泥、收敛、顺从、服从、熬（忍耐）、扛（忍耐义）、迫于、碍于、禁得起、禁得住、受得了
			不堪类	不堪（忍受义）、难堪（忍受义）、难耐、不容、不屈、禁不起、禁不住、架不住、忍不住、受不了
			认同类	同意、赞成、赞同、默认、默许、支持、欢迎、认可、认同、服、服气、服软、认怂、认栽、认命、肯、愿意、情愿、自愿、甘愿、甘心、乐意、高兴（乐意义）、乐于、乐得、甘于
			抵触类	反对、排斥、抵触、抗拒、拒绝、逆反、抵制、懒得、不甘
行为心理动词	认为类			认为、以为、想（认为义）、看（认为义）、觉得、感觉、感到、怀疑（猜测义）、判断、认定、断定、确定、确认、妄断、预感、误会、误解、当、当真、当作、寻思（认为义）、自量
	知道类			知道、晓得、知晓、理解、了解、领会、懂、懂得、发觉、觉察、察觉、得知、获悉、清楚、明白、意识、体会、理会（知道义）、悟、领悟、参悟、感悟、醒悟、彻悟、顿悟、看破、认得、认识、熟悉、习惯、熟知、洞彻、洞悉、谙熟、通晓、精于、谙于、惯于、工于
	注意类			注意、小心、当心、入神、定神、留神、留心、留意、潜心、专注、分心、分神、走神、出神、失神、愣神、发呆、大意、松懈、懈怠、恍惚、疏于、转念
	记忆类			记、记得、牢记、铭记、记取、切记、忘、忘记、忘怀、忘却、淡忘、遗忘、回忆、追忆、回想、回顾、回溯、追怀、怀想、追思、追念、缅怀

续表

| 行为心理动词 | 思维类 | 思考、想（思考义）、考虑、考量、思索、思虑、思量、沉思、凝想、冥想、推想、推理、推算、琢磨、斟酌、推敲、掂量、衡量、盘算、算计、合计（盘算义）、寻思（思考义）、猜测、猜、猜想、料、料想、揣测、推测、臆测、测度、揣度、忖度、捉摸、蒙（猜测义）、估、估计、估摸、估量、高估、低估、预估、预想、预计、预测、预料、预见、想象、假想、设想、试想、幻想、畅想、遐想、遥想、空想、浮想、反思、反省、自省 |
| | 意志类 | 想（打算义）、打算、计划、谋划、决心、决定、决计、决意、企图、妄图、力图、试图、妄想、梦想、预备、酝酿、图谋、预谋、发奋、发愤、发狠、无意、无心 |

需要提到以下几点：

（一）受"很"修饰情况

状态心理动词与行为心理动词在与"很"的组合能力上表现出显著的差异。前者性状性强，动作性相对较弱，绝大多数可以受"很"修饰；后者动作性相对较强，通常不受程度副词修饰。但有一部分状态心理动词，如容认类动词有较强的意志性和可控性，动作性较强，一般不受"很"修饰。一部分本身携带高程度语义的状态心理动词（如"惊羡、坚信"等）也不受"很"修饰。

绝大多数行为心理动词无性状意义，也不存在程度差别，不能受程度副词修饰。但也存在少数行为心理动词如"懂得、懂、理解、了解、留心"等反映了人的认识或注意力状态，包含一定的性状义，可以受"很"修饰。

（二）多义心理动词

一些心理动词具有多义性，如"想"既可以表达"想念"，归为状态心理动词，也可以表示"认为""思考"或"打算"，义项不同，归属的语义小类也就不同。

（三）使役心理动词

表中收录的状态心理动词表达主体的心理感受，汉语中还存在一部分动词表达"致使客体产生某种心理感受"。如动词"吃惊、受惊、大惊"表达主体的惊慌情绪，动词"惊动、惊吓、惊扰"则表达致使客体产生惊慌情绪。使役心理动词不在上面的词表中列出。此外，也存在一部分状态心理动词兼有自动和使动两种用法，以"困扰""困惑"为例：

（1）a. 刚学习写作的时候，我常为找不到写作题材而<u>困扰</u>。　　　自动

　　　b. 长期<u>困扰</u>居民的水质问题终于得到了解决。　　　使动

（2）a. 专家可以争论，百姓可以<u>困惑</u>，然而政府该怎么办呢？　　　自动

　　　b. 这个问题一直<u>困惑</u>着他们。　　　使动

（四）心理活动的外显情况

心理活动常常产生外显行为，如"发怒、发火"既反映了内在的心理感受，也有表现在外的动作行为，考虑到该类行为是心理活动的直接外显，暂处理为心理动词。

有一些动作行为存在心理活动的驱使作用，但并不与外显行为直接相连，如"爱抚"包含心理活动"爱"，也包含另一行为"抚摸"；"惊叫"包含心理活动"惊"，还包含另一行为"叫"，排除在心理动词之外。

另有一些行为存在心理活动的驱使，但重在表达外显行为，如"抗议"先有心理活动"抵触"，但重在表达"向某言论、某团体、某国家表示反对的言语抗辩或示威活动"；"迁怒"先有心理活动"怒"，但重在表达"把对甲的怒气发到乙上"的行为；"巴结"先有心理活动"慕"，但重在行为"奉承讨好"。这些动词也暂排除在心理动词之外。

尽管如此，"支持、拥护、欢迎、推崇、拒绝、抵制、姑息、防备、怠慢"等行为仍然与心理活动较难切割，在具体语境中，有时重外在行为，有时重心理活动，暂纳入心理动词词表，以"欢迎""拒绝"为例：

（3）a. 体育场的粉墙上刷上了巨幅标语，十几万群众夹道<u>欢迎</u>。　　　重行为

　　　b. 谁<u>欢迎</u>那样做呢？　　　重心理

（4）a. 因为价格昂贵，航空公司<u>拒绝</u>购买。　　　重行为

　　　b. 他对媒体的采访非常<u>拒绝</u>。　　　重心理

（五）描写心理活动的词或短语

汉语中存在相当数量的与心理活动相关的词或短语，如：

三字形式

美滋滋	喜滋滋	喜盈盈	乐陶陶	乐呵呵	兴冲冲	定心丸	感兴趣
对上眼	对心思	眼巴巴	白日梦	甜蜜蜜	动肝火	闹情绪	闹脾气
生闷气	气冲冲	闹别扭	不对付	唱反调	抱不平	牙痒痒	眼中钉
犯嘀咕	不得劲	孤零零	吓一跳	捏把汗	不落忍	吃不消	伤不起
无奈何	酸溜溜	醋坛子	碍面子	挂不住	对不起	费心思	伤脑筋
不罢休	沉住气	想当然	吃不准	开小差			

四字形式

喜安类：

喜出望外	大喜过望	欣喜若狂	喜不自胜	喜不自禁	喜气洋洋
欢天喜地	欢欣鼓舞	心花怒放	兴高采烈	乐不可支	乐乐陶陶
喜形于色	喜上眉梢	满面春风	满面红光	笑逐颜开	扬眉吐气
眉飞色舞	眉开眼笑	手舞足蹈	心满意足	称心如意	如愿以偿
志得意满	忘乎所以	自鸣得意	沾沾自喜	得意扬扬	自命不凡
自高自大	心平气和	怡然自得	如释重负	气定神闲	心旷神怡
心安理得					

气恼类：

恼羞成怒	气急败坏	火冒三丈	怒火中烧	怒气冲冲	勃然大怒
怒不可遏	怒火冲天	七窍生烟	暴跳如雷	大发雷霆	愤愤不平
义愤填膺	打抱不平	横眉怒目	目眦欲裂	怒发冲冠	哭笑不得

哀愁类：

闷闷不乐	郁郁寡欢	悲从心来	悲从中来	悲痛欲绝	痛不欲生
肝肠寸断	伤心欲绝	痛彻心扉	心痛如割	撕心裂肺	黯然伤神
哀毁骨立	唉声叹气	垂头丧气	失魂落魄	潸然泪下	泣不成声
以泪洗面	泪如雨下	泪如泉涌	痛哭流涕	呼天抢地	欲哭无泪

心灰意冷　心灰意懒　万念俱灰　大失所望　灰心丧气　自暴自弃
自怨自艾　忧心忡忡　忧心如焚　没精打采　蔫头耷脑　愁眉不展
愁云惨雾　心烦意乱　千愁万绪　愁绪如麻　焦头烂额　煞费苦心
茶饭不思　进退两难　进退维谷　犹豫不决　左右为难　寂寞难耐
顾影自怜　百无聊赖

惊惧类：

惊慌失措　惊魂未定　惊恐不安　惊恐万状　心惊肉跳　惊心动魄
大吃一惊　惊叹不已　大惊失色　目瞪口呆　呆若木鸡　张嘴结舌
瞠目结舌　张皇失措　手足无措　无所适从　忐忑不安　惶惶不安
惴惴不安　坐立不安　坐卧不安　窘迫不安　心神不宁　六神无主
如芒在背　如坐针毡　七上八下　手忙脚乱　担惊受怕　胆战心惊
惊魂未定　魂飞魄散　魂不附体　噤若寒蝉　心有余悸　提心吊胆
毛骨悚然　肝胆俱裂　触目惊心　望而生畏　望而却步　畏首畏尾
缩头缩脑　诚惶诚恐　肆无忌惮　有恃无恐

急耻类：

迫不及待　急不可耐　心急如焚　心急火燎　火急火燎　急赤白脸
心浮气躁　无地自容　羞愧交加　羞愧难当　面红耳赤　自愧不如
自惭形秽　妄自菲薄　不好意思　过意不去

憾慨类：

痛心疾首　追悔莫及　悔恨交加　悔不当初　扼腕唏嘘　抱恨终身
若有所失　惘然若失　幡然悔悟　问心无愧　百感交集　思潮起伏
思绪万千　悲喜交集　悲愤交加　热泪盈眶　老泪纵横　心潮澎湃
感慨万千　慨然长叹　慷慨激昂　感激涕零　感恩戴德　感人肺腑
荡气回肠

爱类：

心心念念　怦然心动　情有独钟　情不自禁　魂牵梦萦　牵肠挂肚
恋恋不舍　念念不忘　一往情深　柔情似水　神魂颠倒　勾魂摄魄
魂不守舍　鬼迷心窍　情窦初开　情深义重　一日三秋　朝思暮想

望穿秋水　望眼欲穿　回心转意　心醉神迷　心驰神往　悲天悯人

恻隐之心　感同身受　惺惺相惜　梦寐以求　求之不得　翘首以盼

千呼万唤　一时兴起　心血来潮　乐此不疲　执迷不悟　津津有味

肃然起敬　心悦诚服　顶礼膜拜　奉若神明　五体投地　啧啧称赞

赞叹不已

恨类：

恨之入骨　怀恨在心　耿耿于怀　饮恨吞声　切齿痛恨　咬牙切齿

势不两立　不共戴天　深恶痛绝　不胜其烦　千愁万恨　愤世嫉俗

妒火中烧　妒贤嫉能

信疑类：

深信不疑　半信半疑　将信将疑　疑神疑鬼　疑虑重重　狐疑不决

难以置信　迷惑不解　大惑不解　茫然不解　百思不解　捉摸不透

重视轻视类：

慎重其事　郑重其事　全力以赴　斤斤计较　满不在乎　不屑一顾

嗤之以鼻　熟视无睹　置之不理　置若罔闻　不以为意　视如敝屣

目中无人　目空一切　冷眼相待　漠不关心

容认类：

忍气吞声　隐忍不发　忍辱负重　低眉顺眼　迫不得已　身不由己

忍无可忍　按捺不住　心服口服　心甘情愿　自觉自愿　自告奋勇

甘之若饴　无怨无悔　不以为然　不置可否　针锋相对　各执己见

各执一词　不敢苟同　反戈相向

认知行为类：

深思熟虑　冥思苦想　前思后想　思前想后　想方设法　绞尽脑汁

痴心妄想　异想天开　想入非非　胡思乱想　浮想联翩　天马行空

突发奇想　心领神会　大彻大悟　幡然醒悟　洞若观火　心知肚明

一知半解　不得要领　融会贯通　烂熟于胸　得心应手　驾轻就熟

全神贯注　聚精会神　专心致志　漫不经心　三心二意　心不在焉

心猿意马　神思恍惚

5. 心理动词有哪些语法功能?

动词的基本语法功能是在句中做谓语或谓语中心词，充当谓语是心理动词的主要语法功能（参见本书第 1 问）。除了可以充当谓语外，部分心理动词在句中还可以做定语、状语、补语、宾语、主语。

一、充当定语

极少数心理动词可以直接做定语，如"如意郎君""决定因素"。绝大多数心理动词做定语时要加"的"。例如：

（1）一场尽兴的派对　　得到如愿的回报　　称心的商品

　　　投来轻视的眼神　　说些体恤的话　　　疑惑的眼神

　　　曾经深信的理念　　偶有动怒的时候　　冒火的眼神

　　　最放心的保值手段　放松的方法　　　　庆幸的感觉

　　　松懈的表情　　　　动气的原因　　　　负疚的表情

　　　猜想的依据　　　　设想的结果　　　　图谋的败露

　　　遗忘的日子　　　　回顾的片段　　　　衡量的标准

　　　入神的地步　　　　恍惚的眼神　　　　留心的读者

一些状态心理动词可以进入定中式短语"……之情""……之心"。例如：

（2）高兴之情　兴奋之情　得意之情　热爱之情　爱慕之情　思念之情

　　　依恋之情　赞许之情　敬佩之情　感激之情　厌恶之情　痛惜之情

　　　关爱之心　体谅之心　感激之心　怜悯之心　爱惜之心　爱护之心

　　　忏悔之心　悔恨之心　觊觎之心　敬畏之心　厌恶之心　猜忌之心

还有一些心理动词不能独立充当定语，需要添加表否定、使令、被动等的成分。例如：

（3）*甘心的 N　　不甘心的劲头　　*领情的 N　　毫不领情的态度

　　　*怯步的 N　　令人怯步的栈桥　*不齿的 N　　为人不齿的伎俩

　　　*暗喜的 N　　心中暗喜的小杨　*发虚的 N　　心里发虚的样子

| *费心的 N | 劳神费心的工作 | *着想的 N | 为患者着想的意识 |
| *留意的 N | 需要留意的地方 | *掂量的 N | 颇费掂量的事 |

另有一些心理动词需要在后面补足宾语或补语，才能充当定语。例如：

（4）*企图的 N　　企图篡位的野心　　*急于的 N　　急于撇清的样子

　　　 *力图的 N　　力图变革的意志　　*担待的 N　　担待不起的感觉

二、充当状语

心理动词做状语时，通常后面加"地"。例如：

（5）舒心地过了一个春节　　猜忌地瞅着我　　　　安心地休息

　　　消费者不能放心地购买　他如愿地考进了机械系　喜爱地叫她"小天使"

　　　嫌弃地说　　　　　　　狂喜地大踏步走向前　　过瘾地哼了一声

　　　不服地问了一句　　　　感伤地叙述　　　　　泄气地把电话放了

　　　厌烦地把手一摆　　　　信任地对我说　　　　熟悉地坐上大轿车

许多心理动词不能做状语或不能独立做状语，以状态心理动词重视轻视类为例，"重视、看重、注重、不惜、忽视、傲视、小视、小看、看轻、忽略、瞧不上"等一般不出现在状语位置。"在乎、介意、在意、计较"通常需要添加否定成分后才能做状语。例如：

（6）*在乎地说　　满不在乎地说　　*介意地说　　毫不介意地说

　　　*在意地说　　不大在意地说　　*计较地说　　毫不计较地说

行为心理动词做状语很受限制，只有"确定、熟悉、习惯、小心、出神、专注、恍惚"等少数几个行为心理动词可以充当状语。例如：

（7）a. 可以确定地说，这是错误的。

　　　b. 人们会习惯地选择自己常用的品牌。

　　　c. 工作人员非常小心地回答了记者的咨询。

　　　d. 他只是恍惚地意识到不能停下来，不能倒下去。

三、充当补语

部分心理动词可以充当补语，一般后面加"得"，主要有"高兴、放心、扫兴、厌烦、害怕"等状态心理动词，以及少数几个行为心理动词，包括注意类心理动词（如"发呆、出神、入神、专注、小心"）、知道类心理动词（如"清楚、明白、懂"）。例如：

（8）喝得高兴　　　玩得尽兴　　　玩得开心　　　吃得放心

　　　赢得解气　　　输得憋屈　　　比得放松　　　住得安心

　　　急得冒火　　　闲得无聊　　　听得别扭　　　胖得发愁

　　　闲得发慌　　　饿得慌　　　　罚得心疼　　　吓得发怵

　　　穿得考究　　　看得眼红　　　听得入迷　　　惊得一怔

　　　看得出神　　　听得入神　　　画得专注　　　描得小心

一部分心理动词可以不加"得"直接做补语。

（9）听懂　　　　搞清楚　　　弄明白　　　吃腻了　　　听厌了

　　　听入迷了　　玩上瘾了　　惊呆了　　　打蒙了　　　待烦了

　　　吓怕了　　　住习惯了　　吃开心了　　玩兴奋了　　喝高兴了

四、充当宾语

多数"情感类"状态心理动词，以及一部分"态度类"状态心理动词可以做"感到、感觉、觉得"的宾语。[①]例如：

（10）感到高兴　　感到开心　　感到满足　　感到庆幸　　感到不满

　　　感到绝望　　感到担心　　感到为难　　感到焦虑　　感到紧张

　　　感到着急　　感到害怕　　感到愤怒　　感到内疚　　感到后悔

　　　感到惋惜　　感到厌烦　　感到不耐烦　感到珍惜　　感到钦佩

　　　感到震惊　　感觉过瘾　　感觉诧异　　觉得寒心　　觉得后怕

　　　觉得遗憾　　觉得反感　　觉得解气　　觉得安心　　觉得失望

　　　觉得心烦　　觉得不甘　　觉得委屈　　觉得憋屈

---

① "感到＋X"格式中，"X"可以是心理谓词，可以是名词或者是一个小句（参见本书第45问），"感到"所接的心理谓词可以是偏形容词性的，如"感到愉快""感到意外""感到孤单"，也可以是偏动词性的，如"感到害怕""感到担心""感到厌恶"。心理谓词本身存在较明显的动形功能游移问题（参见本书第2问），动作性和性状性是程度的差异。

部分心理动词可以做"值得、需要、受到、得到、表示、难以、进行、加以"等动词的宾语。例如：

（11）值得高兴　　值得敬佩　　值得信任　　值得期待　　值得思考

　　　需要重视　　需要忍耐　　需要提防　　需要当心　　需要注意

　　　受到爱戴　　受到猜忌　　得到谅解　　得到尊敬　　得到信任

　　　表示同情　　表示遗憾　　表示反对　　表示赞同　　表示欢迎

　　　难以释怀　　难以捉摸　　难以忘怀　　难以理解　　难以估量

　　　进行认定　　进行预测　　加以反思　　加以推敲　　开始想象

五、充当主语

和其他谓词一样，心理动词及其构成的短语充当主语是有条件的。在由其构成的主谓句中，谓语通常与判断、评价等相关。例如：

（12）a. 尊敬老人是中华民族的传统美德。

　　　b. 溺爱不是真正的爱。

　　　c. 从失败中吸取教训有利于我们进步。

　　　d. 这样考虑问题不现实。

　　　e. 一个人苦恼不解决任何问题。

　　　f. 领导的关心鼓舞了工人的干劲。

　　　g. 对同学的妒忌使他的心态发生了扭曲。

例（12）心理动词或者由心理动词构成的述宾、状中、定中短语在句中充当主语。其中，例（12a）、例（12b）后接判断动词"是、不是"，谓语是对句子主语的判断和诠释，类似的判断类动词还包括"像、好比、等于、属于"等。例（12c～12e）后接评议性谓语"有利于进步、不现实、不解决问题"，谓语是对句子主语的评价和估量，典型的评议性谓词还包括"能、可以、要、需要、应该、得"等情态动词和一部分表示存现、显示意义的动词（如"有、存在、说明、显示、表明"）以及评议类形容词（如"重要、对、好、难、合理、有利、有害"）。例（12f）、例（12g）涉及新情况的产生，谓语动词常常具有致使意义。

6. 心理动词的"体"有什么特点？

一、汉语体标记"了""着""过"

动作变化总是在时间进程中发生或进行，时间性是动词的基本特点。"体"描写的正是动作变化的不同状态，即在某个时间点，动作是处于开始状态、持续状态还是完结状态。

汉语的"体"主要由动词附加"了""着""过"来表达，一些时间副词、趋向动词、补语成分也可以表达"体"意义。

时体助词"了""着""过"是汉语特定的体标记，它们分工合作，刻画了动作从开始到结束的全部过程。其中，"了"表达实现了某个变化，"着"描述动作自开始到结束的一个持续的续断，"过"则记录一个已经结束了的完整的事件。详见图6-1。

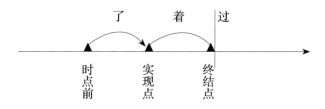

图6-1　汉语体标记"了""着""过"[1]

"了""着""过"都具有动态性，"了"的动态性体现在从时点前到实现点的动态变化；"着"的动态性体现在续断持续的过程中，需要一定的动力；"过"的动态性体现在历时观察中的动作完结，它们都占据了时间轴上特定的位置。一些动词如"是、姓、像、等于、属于、值得、显得、适合、总计、需要、必须"等，在时间轴上无始无终，缺乏动力，缺乏实质性过程，具有无限持续的静态的特点，通常不能添加任何体标记。

---

[1]　石毓智（1992）论现代汉语的"体"范畴，《中国社会科学》第6期。

跟典型的动作动词相比，心理动词整体上接"了""着""过"不太自由，其动态性和完结性相对较弱，在动作所处的时间轴上任意切分一点，所呈现的状态往往是相同的。但是跟纯粹表达属性、关系、评价的"是、像、属于、值得"等相比较，心理动词又具备一定的动力性和过程性，部分心理动词也可以带体标记。

二、"了"与心理动词

时体助词"了"使用的充要条件是该词要具有从时点前到实现点的"实现过程"。只要具备实现过程，该词即便不是动词也可以带"了"。试比较例（1）和例（2）：

（1）a. 一把年纪了。

b. 叶子红了。

（2）a. *他还小了，原谅他一次。

b. *瓜田里的西瓜生了。

例（1）"一把年纪"是名词短语，"红"是形容词，"从年轻到一把年纪""从不红到红"反映了变化的实现过程，可以接"了"。反之，例（2）人类成长或植物生长由小到大，由生到熟，"小""生"是状态起点，不蕴含实现过程，也就不能加"了"。

与典型的动作动词相比较，心理动词缺乏实质性的实现过程，试对比典型的动作动词"切"和心理动词"尊敬"：

"切"有明确的起始点"拿起刀对着某个物体"，有明确的终结点"物体断开"，动作自开始起，就自然朝着这个终结点迈进。在时间轴上，"切"具有或长或短的续断，"切了一个瓜"表达短时完成，"切了一筐瓜"需要持续一段时间。"切"占据了时间轴上一段特定的区间，"切了"可以反映时间进程中变化的实现。

与之相比，"尊敬"表达心理活动，动态性弱，不能切分出明确的起始点，也不存在动作开始后就自然朝之迈进的内在终结点。"尊敬"缺乏实质性变化过程，在时间轴上不占据特定的点或区间，带有静态的特点，因此，"尊敬了"不符合规范。

　　多数心理动词如"热爱、爱好、欣赏、佩服、妒忌、同情、想念、体贴、贪恋、信任、讲究、讨厌、轻视、气、恨、嫌、愿意、希望、期望、舍得、认为、以为、当、觉得、记得、认得"等通常不能进入"V＋了"格式。

　　也有一部分心理动词可以接"了"表示实现了一个变化，如"相信了"指明事件存在从"不相信"到"相信"的变化。典型的动作动词在加"了"实现某个变化之后，该动作常常会随之停止。与典型的动作动词相比较，心理动词在变化实现后会保持较高的状态持续性。试比较例（3）和例（4）：

（3）a. 我每天看了报纸再吃早饭。　　　看完报纸

　　　b. 我接了个电话出的门。　　　　　接完电话

（4）a. 他对街舞入了迷。　　　　　　　非入完迷

　　　b. 我犹豫了。　　　　　　　　　　非犹豫完

　　　c. 他相信了她编的故事。　　　　　非相信完

　　　d. 他知道了这件事。　　　　　　　非知道完

　　　e. 这下总算放心了。　　　　　　　非放完心

　　例（3）"看了报纸""接了个电话"，变化实现后，"看"和"接"的动作不再持续，可以用表示结束的"完"替换"了"。而例（4）心理动词"入迷""犹豫""相信""知道""放心"没有明确的内在终结点，在变化实现后会自然进入一个稳定的续断，变化后的状态将持续一段时间或一直持续下去，不能用表示结束的"完"替换"了"。

　　表达"企图、小心、愿意、需要"等心理活动的动词，是汉语谓宾动词的一个重要语义类。这些动词一方面具有心理活动的弱动态性，另一方面具有类似助动词的性质。较之体宾动词，谓宾动词带"了"的能力更弱。例如：

（5）*决定了报考　　*企图了发动暴动　　*情愿了白干　　*妄想了不劳而获

　　　*敢于了质疑　　*打算了放弃　　　　*乐意了帮忙　　*贪图了享受

　　　*懒得了理他　　*甘于了奉献　　　　*小心了地滑　　*图谋了东山再起

部分心理动词只有在带时量短语时才接"了"。例如：

（6）a. 担心了半天　　　　*担心了他的安全

　　　b. 恨了半辈子　　　　*恨了他背信弃义

　　c. 惦记了这么久　　　　＊惦记了那点儿钱

　　d. 愁了好几个月　　　　＊愁了女儿的婚事

　　例（6）中，"担心""恨""惦记""愁"带对象宾语、受事宾语、原因宾语时，组成的句子不合格，而带时量短语时可以与"了"组合。心理活动缺乏内在的终结点，时量短语恰好可以设定一个时间的界限，陈述某心理状态开始之后持续一段时间。

三、"着"与心理动词

　　"了"着眼于变化的实现点，陈述动作的开始（如"病了"）或完成（如"断了"），"着"不反映起点或终点，而是描述一个持续的状态，该状态存在动态性的程度差异，试比较下面 A、B、C 三类"V + 着"：

　　A 非瞬间动作的持续：他听着音乐，看着报纸。

　　B 瞬间动作的反复：闪光灯不停地闪着。

　　C 方所存在：门口蹲着一个人。

　　A 类、B 类"V + 着"动作性强，C 类"V + 着"则表达动作实现后的静态存在。一些动词加"着"具有动态和静态双重性质，如"妈妈系着围裙走进来"，既可以理解为 A 类"边系围裙边走进来"，也可以理解为 C 类"身上系着围裙"。

　　"着"的使用条件是在时间轴上占据一个明确的"续断"，名词和形容词由于没有时间性，因此不能接"着"（少数固定搭配如"红着脸、黑着眼眶"除外）。"是、像、等于、属于"等动词表达属性或关系，动作无始无终，也不能接"着"。

　　相对于"是、像"等关系动词，多数心理动词表达的心理活动具有延续性，具备一定的动力，带"着"相对自由。"尊敬、热爱、爱好、欣赏、佩服、讨厌、嫌弃、窃喜、庆幸、妒忌、同情、想念、挂念、惦记、惦念、惦、渴望、期待、希望、盼望、向往、信任、迷信"等心理动词不能带"了"，但都可以带"着"。例如：

　　（7）a. 赛希鲁总是视他为导师一般尊敬着。

　　　　b. 他在生活上还保持着若干农民的习惯，朴实、亲切，并且热烈地爱好

<u>着</u>劳作。

　　c. 她重获自由的消息尽管未做报道，还是被<u>一直关心</u>、<u>同情着</u>她的人们所获悉。

　　d. 他<u>期待着</u>这棵小苗早日长成金融投资界的参天大树。

对"续断"的要求使自身包含结果意义的动词不能带"着"（如"*学会着""*写好着""*塌着"），同样，当心理动词蕴含结果意义时，也不能带"着"，如例（8）"懂得、感到、认定、当真、放心、忘记、看透"不能进入"V＋着"结构。

（8）a. <u>懂得了</u>什么叫生活　　　*懂得着什么叫生活

　　b. <u>感到了</u>危机　　　　　　　*感到着危机

　　c. <u>认定了</u>方向　　　　　　　*认定着方向

　　d. 他<u>当真了</u>　　　　　　　　*他当真着

　　e. 总算<u>放心了</u>　　　　　　　*总算放心着

　　f. <u>忘记了</u>自己的使命　　　　*忘记着自己的使命

　　g. <u>看透了</u>万事　　　　　　　*看透着万事

同理，当句中出现"立刻""当即""马上""顿时""一下子""那一刻""很快""一""已经"等表示瞬时或已然的时间成分或者其他语境成分，使动词指向一个"变化的结果"时，动词不能带"着"，这一点也适用于心理动词。例如：

（9）a. 成天<u>慌着</u>嫁人。

　　　<u>一下子慌了</u>。

　　　*<u>一下子慌着</u>。

　　b. 姐姐依旧<u>蒙着</u>，接过男伞兵手里的纸。

　　　<u>他当即蒙了</u>。

　　　*<u>他当即蒙着</u>。

　　c. 张少兵坚持每天默画两张座舱图，一遍遍地<u>熟悉着</u>各个仪表。

　　　<u>很快就熟悉了</u>全部流程。

　　　*<u>很快就熟悉着</u>全部流程。

　　d. 努力着，盼望着，<u>失望着</u>，不甘心却又有心无力。

　　　　<u>那一刻他彻底失望了</u>。

　　　　[*]<u>那一刻他彻底失望着</u>。

　　e. 他心里<u>高兴着</u>，嘴上却什么也没说。

　　　　<u>这样一说，他高兴了</u>。

　　　　[*]<u>这样一说，他高兴着</u>。

　　f. 她的内心，说不准也在<u>不满意着</u>一切人呢，只不过她以随和的形式应付着罢了。

　　　　<u>女儿目前的英语成绩已经非常令她满意了</u>。

　　　　[*]<u>女儿目前的英语成绩已经非常令她满意着</u>。

　　在例（9）中，心理动词"慌""蒙""熟悉""失望""高兴""满意"，当语境中存在明确的续断时，可以用"着"；当指向一个变化的结果时，则只能使用"了"。

　　着眼于"续断"的"V+着"也不能接时量短语，时量短语限定了一个闭合的时间段，指向终结点，只能用"了"表示变化的实现，如"悲伤了一个礼拜；[*]悲伤着一个礼拜""惦念了好几个月；[*]惦念着好几个月""苦闷了好多天；[*]苦闷着好多天"。

　　由于"着"具有动静双重性，"V+着"可以表达动作正在进行或某个状态持续，而"正在+V"则着眼于动作正在进行，动作性相对突出。一些非动作动词可以进入"V+着"，但不能进入"正在+V"。例如：

（10）a. 意味着　　　　[*]正在意味

　　　b. 标志着　　　　[*]正在标志

　　就状态心理动词而言，多数状态心理动词动作性较弱，如例（11）心理动词"信任""崇拜""容忍""心疼"可以进入"V+着"，但不能进入"正在+V"。

（11）a. 像对待传奇故事中的勇士侠客一般<u>信任着</u>他。　　　非正在信任他

　　　b. 他把他当偶像一样<u>崇拜着</u>。　　　　　　　　　　　非正在崇拜他

　　　c. 几年来他也受了不少气，<u>容忍着</u>，等待着。　　　　非正在容忍他

　　　d. 他永远<u>心疼着</u>自己。　　　　　　　　　　　　　　非正在心疼自己

有一部分状态心理动词既可以进入"V+着"，也可以进入"正在+V"。如例（12）：

（12）a. 成天想着今天，愁着明天，生活还有什么意义呢？

　　　　领导正在愁如何安排这些人。

　　　b. 他的目光怀疑着每一个人。

　　　　他们正在怀疑报告的可信性。

　　　c. 她愣了一下儿，为难着不知道该如何说明。

　　　　大家正在为难，救星来了。

　　　d. 害怕着，又期待着，彻夜难眠。

　　　　我无法说清我们正在害怕什么。

四、"过"与心理动词

"过"置于形容词或动词后面，表示曾经发生且已经终结的性质或事件，可以添加时间词"曾经"（如"曾经迷惘过、记恨过、着迷过、怀疑过、思考过、计划过"）。

"V+过"的动态性体现在历时观察中一个完整事件的终结，如"迷惘过"表明说话时已经不再迷惘。对于在某个参照时间（通常是发话时刻）不能终结的事态不能使用"V+过"。

部分心理动词缺乏内在终结点，在变化实现后，状态会恒定持续下去，如多数"知道类""认为类"心理动词无法终结，也就无法进入"V+过"格式。例如：

（13）a. 她知道了这件事　　　　＊她知道过这件事

　　　b. 在一次聚会上认识了小王　＊在一次聚会上认识过小王

　　　c. 懂得了友情的珍贵　　　　＊懂得过友情的珍贵

　　　d. 习惯了这里的饮食　　　　＊习惯过这里的饮食

例（13a）"她知道这件事"在实现后会变成一个恒定事实"这件事是已知的"；例（13b）"认识小王"在实现后"认识"的状态会静态持续下去。因此这些心理动词都不能带"过"。

此外，一些通常带谓词性宾语或只能带谓词性宾语的心理动词，如"愿意、情愿、敢于、急于、甘于、乐于、肯、无意、无心、舍得、恨不能、恨不得、巴不得、忍不住、禁不住"等，因具有类似助动词的性质也不能带"过"。

7. 心理动词可以重叠吗？

一、动词重叠式

动词重叠的主要形式是：单音节动词构成 VV 式（如"看看"），双音节动词构成 ABAB 式（如"研究研究"），部分双音节动词（多为动宾式）构成 AAB 式（如"教教书"）。

动词重叠可以表达短时已然之事、惯常之事、未然之事。

（1）短时已然之事：

　　a. 可慧做了个可爱的鬼脸，伸伸舌头，也笑着顶回去。

　　b. 他听了，憨厚地笑笑。

　　惯常之事：

　　c. 当初实习的时候，也只是打打杂、跑跑腿，没学到有用的东西。

　　d. 一些年长者每天清晨免费入园散散步、练练气功、唱唱京戏、遛遛鸟儿什么的。

　　未然之事：

　　e. 你多打听打听。

　　f. 我想去看看他。

动词重叠式用于表达短时已然之事时，可以是一个连续动作的前句［如例（1a）］，也可以是一个后续主句［如例（1b）］。表达惯常之事时，可以是过去的惯常行为［如例（1c）］，也可以是现在的惯常行为［如例（1d）］。表达未然之事时，动词重叠式常常出现在祈使句或者表达意志、愿望、评议等未然意义的句子中，如例（1e）、例（1f）。

　　动词重叠式表达的基本意义是"主观小量"，可以表示持续时间短（如"伸伸舌头"）、动作力度小（如"想去看看"），或表示小量反复（如"多打听打听"）。在具体句子中，动词重叠还常常产生尝试、轻松等语境意义。

　　"主观小量"的动词重叠式主要用于描写短时已然之事，重在"量小时短"，构成最常见的短时已然义重叠式的动词是感官肢体动作动词，如"点点（头）、摆摆（手）、努努（嘴）、吐吐（舌头）、眨眨（眼）、皱皱（眉）、吸吸（鼻子）、晃晃（脑袋）、清清（嗓子）、耸耸（肩）、欠欠（身）、拍拍、摸摸、捏捏、揉揉、敲敲、碰碰、指指、抖抖、看看、吹吹、闻闻、笑笑"等。形式上可以变换为"V＋了＋V（＋N）"（如"点了点头"）或"V＋了一下儿（＋N）"（如"点了一下儿头"），这些重叠式具有［＋动作］［＋短时］［＋终结］的语义特点。

　　"主观小量"的动词重叠式用于描写惯常或未然之事时，动作为持续性动作或者可以反复的瞬间动作。

　　描写惯常之事时，"主观小量"的动词重叠式强调"小量反复"，以单音节动作动词最为常见，常常带上宾语构成"V＋V＋O"式，如"看看报纸、听听音乐、吃吃饭、喝喝茶、说说话、遛遛狗、爬爬山、洗洗衣服、玩玩游戏、访访亲戚"；也有较多"A＋A＋B"式双音节动作动词，如"唱唱歌、跳跳舞、谈谈心、下下棋、打打牌、散散步、帮帮忙、请请客"等。惯常义的"主观小量"动词重叠式具有［＋动作］［＋持续］［－终结］的语义特点，语气轻松随意。

　　用于未然之事时，"主观小量"的动词重叠式强调"减量"。说话人有意降低行为的烦琐度，减轻语气的郑重感，使句子语气相对缓和。单音节动词重叠式"V＋V"在形式上可以变换为"V一V"，常用于表达主语的（多为说话人）要求或希望实现的行为。这一类重叠式与惯常类近似，也具有［＋动作］［＋持续］［－终结］的语义特点。例如：

　　（2）a.你得找找根源，这三个小家伙是不是对学习不感兴趣？

　　　　b.还有哪位观众想就这个话题，谈谈您个人的感受，或者还有什么问题需要问问我们的嘉宾？

　　　　c.你查查字典就知道了。

　　　　d.有几个你的老朋友想见见你。

由于动词重叠式表现出较强的动态性，不管是短时已然之事、惯常之事，还是未然之事，能够重叠的一般是动作动词，且该动作具有可延展性，动作性弱的状态动词、助动词等一般不能重叠，如"*属于属于""*应当应当"；不具有过程延展性的结果义动词一般不能重叠，如"*找到找到""*看上看上"。此外，较之自主动词，非自主动词也不容易重叠，如"*感冒感冒""*沸腾沸腾"，但不排除一部分非自主动词也可能构成重叠式。例如：

（3）a. 有时还<u>打打</u>呼噜，叫别人无法睡觉。

b. 那些日子就是每天<u>喝喝</u>茶，<u>看看</u>报，<u>打打</u>瞌睡。

c. 快<u>醒醒</u>！

d. 让他<u>输输</u>也好，最近太膨胀了。

在例（3）中，非自主行为"打呼噜""打瞌睡""醒""输"可以构成重叠式。

二、动词重叠式与心理动词

相较于动作动词，心理动词的动作性和自主性整体较弱，绝大多数心理动词不能重叠（如"*爱好爱好、*讨厌讨厌、*着迷着迷、*希望希望、*决心决心、*觉察觉察、*记得记得、*懂懂"）。

一部分心理动词可以重叠表达短时已然，如例（4a～4c），或表示惯常之事，如例（4d），多为行为心理动词。例如：

（4）a. 小王的父母<u>想想</u>/<u>想了想</u>，觉得也是。

b. 他<u>定定</u>神/<u>定了定</u>神，掏出罗盘校正自己的方位。

c. 送了趟小丹上班，又去<u>熟悉熟悉</u>车，就耽误了。

d. 捏个面人，做个剪纸，<u>猜猜</u>灯谜，体味一下儿老北京传统的庙会生活。

一部分心理动词的重叠式只用来表达未然之事，出现在祈使句、评议句、意愿句、条件句、目的句等非现实语境，旨在"减量"，使语气相对缓和。例如：

（5）a. 多谢您的关心，但还是多<u>担心担心</u>你自己吧。　　　　祈使句

<u>满足满足</u>我的好奇心吧！

b. 你可以通过这部小说<u>认识认识</u>他。　　　　　　　　　评议句

紧张之后，也要<u>轻松轻松</u>。

　　c. 本来想为难为难人家，现在赔了。　　　　　意愿句

　　　我有时候也想依赖依赖他。

　　d. 忍忍就过去了。　　　　　　　　　　　　条件句

　　　习惯习惯就好了。

　　e. 可是我要点儿时间去计划计划。　　　　　　目的句

　　　晚上给他做顿糙米饭吃，感动感动他。

　　例（5a）"满足"、例（5c）"为难"、例（5e）"感动"都在句中表示致使义，产生了较强的动作性，更容易构成重叠式。部分心理动词也可以在"叫/让"致使语境下构成重叠式。例如：

（6）a. 让你知道知道我的厉害。

　　b. 真想叫他们多读几年书，明白明白道理。

　　c. 他买了好几本回来，好让村民们放心放心。

　　d. 你们让我省省心吧！

　　e. 别告诉她我藏哪了，让她也着急着急。

　　动词重叠式的主观小量义带有轻松随意的语义色彩，在一组近义词汇中，一般词汇相较于书面语词汇更容易构成重叠式。例如：

（7）a. 让他知道知道我的厉害。*让他知晓知晓我的厉害。

　　b. 让他也难受难受。*让他也悲伤悲伤。

　　相近意义下，一般词汇"知道、难受"较书面语词汇"知晓、悲伤"更容易构成重叠式。

8.　心理动词怎么带宾语？

一、基于带宾语情况对动词的分类

　　宾语表示动作行为涉及的事物。根据宾语出现的必要性，可以将动词分为"无宾动词""黏宾动词"和"自由动词"三大类。

无宾动词在句法上不带任何宾语（如"瘫、失败、犯病、枯萎"）；黏宾动词在句法上必须带宾语（如"同、属于、成为、予以"）；自由动词可以带宾语，但在具体的句子中宾语不一定出现。例如：

（1）现在的孩子幼儿园起就开始<u>学</u>英语，我们那时候上了初中才<u>学</u>。

动词根据能否带宾语可以分为及物动词和不及物动词。能够带受事宾语（如"<u>寄</u>信、<u>买</u>菜、<u>穿</u>衣服、<u>解决</u>问题、<u>引进</u>新技术"）、对象宾语（如"<u>教</u>学生、<u>帮助</u>同学、<u>督促</u>孩子、<u>浇</u>花、<u>尊敬</u>师长"）、结果宾语（如"<u>盖</u>房子、<u>写</u>字、<u>织</u>毛衣、<u>挖</u>洞、<u>捏</u>泥人"）的动词称为及物动词，受事宾语、对象宾语、结果宾语统称为受事类宾语。

不能带宾语的动词（如"开幕、休息、结婚、工作、出发"）或者只能带处所、施事、原因等其他语义类型宾语的动词（如"<u>回</u>国、<u>进</u>教室、<u>出来</u>两个人、<u>愁</u>子女的婚事、<u>争吵</u>抚养权问题"）称为不及物动词。汉语有强势的"V+O"结构，宾语语义类型多样，除了上面的处所宾语、施事宾语、原因宾语之外，还有目的宾语（如"<u>躲</u>清静、<u>活动</u>选票"）、角色宾语（如"<u>踢</u>前锋、<u>打</u>后卫"）、工具宾语（如"<u>绑</u>绳子、<u>裹</u>条被子"）等，这些语义类型的宾语在其他语言中通常不标记为宾格。

谓词后面的动量短语（如"开心一下儿、哭一场"）、时量短语（如"冷静五分钟、委屈好一阵子"）都不能算作宾语，如果将谓词后出现的动量、时量成分等都视为宾语，那么汉语绝大多数动词都是可以带宾语的。

心理动词根据带宾语的情况也可以分为及物心理动词、不及物心理动词，或分为无宾心理动词、黏宾心理动词及自由心理动词。

二、及物心理动词与不及物心理动词

及物心理动词涉及外物，能够带受事类宾语是其结构特点，如"喜欢、关心、尊敬、佩服、同情、体贴、在乎、重视、嫌弃、讨厌、厌恶、妒忌、怀疑、忍受、忽视、同意、赞成、反对、理解、明白、清楚、晓得、知道、忘记、小心、记得、忘记、留意、回想、思考、试图"等。充当宾语的可以是体词性成分，也可以是谓词性成分或小句。例如：

（2）重视教师的作用　　　　　　　　　体词性宾语

　　　重视培养学生的独立思考能力　　　谓词性宾语

　　　小心他给你挖好了坑　　　　　　　小句宾语

与之相对，不能带受事类宾语的心理动词为不及物心理动词，从构词方法上看，此类心理动词既有单纯词，也有合成词。

单纯词的不及物心理动词如"怒、火、乐、愁、慌、急、怔、愣、蒙、惊"等单音节心理动词，以及"犹豫、踌躇、惆怅、尴尬、恍惚、彷徨、唏嘘"等少量双音节联绵词。

合成词的不及物心理动词以动宾式为主，如"省心、尽兴、如愿、如意、生气、怄气、来气、来火、动气、动情、动怒、斗气、解气、解恨、释怀、庆幸、认输、认怂、认栽、认命、扫兴、败兴、犯疑、犯愁、犯难、发怒、发愁、发火、发毛、发慌、发愣、发怵、吃醋、纳闷、称羡、着急、着迷、着魔、上瘾、害羞、害臊、吃惊、操心、费心、费神、得意、泄气、负疚、失望、绝望、畏难、抱憾、抱恨、抱屈、灰心、寒心、称心、过瘾、着想、入迷、出神、走神、分心、慌神、急眼"等，其中，"灰心、慌神"等动宾式合成词具有使动意义，即"使心灰""使神慌"，这些动宾式合成词后都不能再带宾语。

也有一些合成词是联合式不及物心理动词，如"气愤、愤懑、愤慨、气恼、恼怒、疑虑、疑惑、奇怪、惊慌、惊讶、恐慌、迷惘、忧惧、苦闷、憋闷、别扭、懊悔、崩溃、慌乱、困惑、烦躁、醒悟"，以及一部分偏正式不及物心理动词，如"大喜、大怒、大惊、暗喜、窃喜、暴怒、震怒、不平、不悦、不爽、不安、后怕、后悔、反悔、沉思"等，另有少量主谓式不及物心理动词，如"心急、心焦、心烦、心虚、心塞、气馁、胆寒"等。

不及物心理动词充当谓语时，可以独立出现在动词谓语句中，或者以连谓式出现。例如：

（3）a. 大过年的，我不生气。

　　　b. 望着一大堆书，心里直发慌。

　　　c. 道士大怒一剑刺过来。

　　　d. 大吃大喝大操大办的婚礼耗资又劳神。

动宾式不及物心理动词充当谓语时，常以离合词形式出现。例如：

（4）a. 念绣提醒自己绝不能<u>称了他的心</u>，<u>如了他的意</u>。

　　　b. 儿子该让他老人家<u>省省心</u>了。

　　　c. 今天却看不出兴味来，没看两三个摊，便<u>败了兴</u>，扭身往家里走。

　　　d. "不论到哪儿，我都和你一起去。"路子<u>怄着气</u>说道。

　　　e. 他<u>着了魔</u>，<u>入了迷</u>，从此再也不能自拔。

不及物心理动词不涉及外物，只表达内心的感受，常常可以做"感到"等感受性动词的宾语。例如：

（5）a. <u>感到迷惘</u>时，换一种思路，不要急于做决定。

　　　b. 遇到孤独，<u>感到失望</u>，然后学会与时间握手言和。

三、无宾心理动词、黏宾心理动词和自由心理动词

（一）无宾心理动词

既不能带受事宾语，也不能带其他类型宾语的心理动词为无宾心理动词。绝大多数不及物心理动词，如"释怀、踌躇、尴尬、认输、失望、抱屈、走神、着想"等，都属于无宾心理动词。无宾心理动词充当句子谓语时，其后是光秃秃的，或只能接动态助词、趋向补语等。例如：

（6）a. 他回家后仍不能<u>释怀</u>，提笔写了一篇小文。

　　　b. 在办公室一闲下来就看书，他平时看书从不<u>走神</u>。

　　　c. 心灵手巧的女工面对镜头却<u>害羞</u>了。

　　　d. 我的心一下子被这个小姑娘搅乱了，<u>慌张起来</u>。

一部分不及物心理动词，虽然不能带受事类宾语，但可以带原因宾语，不属于无宾动词。例如：

（7）a. 逸萍看到他的模样时，不由得皱起眉头，<u>生气他不懂得照顾自己</u>。

　　　b. 我还真<u>不太高兴他们总来我这儿</u>。

　　　c. 她正<u>愁买不到票</u>，你就给送来了。

　　　d. 她不由自主地紧张起来，<u>纳闷他为什么一直一言不发</u>。

例（7）"生气""高兴""愁""纳闷"接原因宾语，这些原因宾语可以用"为"引介，如"为他不懂得照顾自己而生气""为他们总来我这儿而不高兴"。可见，所有的无宾动词都是不及物的，但是不及物动词未必都是无宾动词。

（二）黏宾心理动词

汉语黏宾动词本身数量不多，黏宾心理动词也数量有限。黏宾心理动词如"懒得、恨不得、恨不能、妄图、贪图、企图、试图、阴谋、生怕、生恐、唯恐、当、当作、安于、乐于、甘于、羞于、急于、碍于"等充当谓语时必须带宾语。

（8）a. 开始还反驳一下儿，后来都懒得辩解了。

　　b. 刘克明感到形势不妙，阴谋发动宫廷政变。

　　c. 过去的一切辉煌与成就都是过眼云烟，咱现在就当自己是个一无所有的穷小子。

一些动词具有使动用法，如"苦、委屈、为难、震惊、困扰、困惑、倾倒"等，这些词用于使动时必须带宾语表达致使行为的对象，此时，动词为黏宾动词，如"委屈你了""震惊四座"，分别表达"让你委屈了""使四座震惊"。

还有一些谓词具有意动用法，可以表达"以……为……"，即"认为某事物具有某种性质"。用作意动时，该动词必须带上感知感受的对象，此时，动词为黏宾动词。如"可怜他""可惜了他""宝贝他"分别表达"认为他可怜""觉得他可惜""认为他珍贵"。

黏宾动词的宾语位置固定，不能提至主语位置。例如：

（9）a. 他恨不能一分钱掰成两半花。

　　b. *一分钱掰成两半花他恨不能。

　　c. 他急于达成协议。

　　d. *达成协议他急于。

黏宾动词与宾语黏连紧密，绝大部分黏宾动词与宾语之间不能插入动态助词或补语成分（如"*懒得了、*恨不能着、*妄图过、*安于起"）。这些动词没有"体"的分化，动作性弱，类似于一个虚化动词或助动词。只是，使动、意动用法的黏宾动词带宾语时并不排斥动态助词等成分，如"苦了你了""感动着我们"可惜了他的才华""可怜起他来"。

（三）自由心理动词

"满足、满意、放心、放松、喜欢、喜爱、爱惜、爱慕、热爱、宠爱、偏爱、疼爱、赞赏、爱护、怜爱、羡慕、佩服、尊敬、敬重、敬佩、爱戴、热衷、沉迷、欣赏、思念、挂念、惦记、怀念、惦念、牵挂、关心、体贴、关怀、呵护、照顾、珍惜、同情、怜悯、渴望、向往、期待、怕、害怕、惧怕、畏惧、敬畏、顾忌、顾虑、忌惮、恐惧、怵、恨、憎恨、怨恨、痛恨、讨厌、厌恶、敌视、忌恨、妒忌、记恨、反感、嫌弃、懂、记得、认识、知道"等心理动词为自由心理动词。这些动词可以带宾语，但在具体的句子中宾语也可以不出现，或出现在其他位置。例如：

（10）a. 我不怕什么。　　　　　　我什么都不怕

　　　　b. 我还不知道这件事。　　　这件事我还不知道。

　　　　c. 周围的人都讨厌他。　　　他被周围的人讨厌。

　　　　d. 战士们最牵挂家中的亲人。　家中的亲人最让战士们牵挂。

在例（10）中，自由心理动词的宾语成分出现在了其他位置。其中，例（10a）受事宾语做主谓谓语句中的小主语；例（10b）受事宾语做主谓谓语句中的大主语；例（10c）受事宾语做被动句的主语；例（10d）受事宾语做使令句的主语。

此外，自由心理动词的受事宾语还可以降格出现在介宾短语内。与心理动词共现的介词主要有"对""把""为"。例如：

（11）a. 对他人关心，对生命爱护，对大自然充满感激。

　　　　b. 厂家要设身处地为消费者考虑。

　　　　c. 半辈得子，德发欢天喜地，把儿子宠上了天。

　　　　d. 两人对他都有所忌惮。

在例（11）中，受事成分"他人""生命""消费者""儿子""他"都没有出现在动词后的宾语位置，而是提至动词之前，降格为介词宾语。

在上下文语境中，自由心理动词的受事宾语可以省略。例如：

（12）a. A：还怪我吗？

　　　　B：早<u>不怪</u>了。

　　b. A：你就<u>不向往</u>这样的生活吗？

　　　　B：<u>向往</u>。

　　c. 你是<u>同意</u>这个方案，还是<u>不同意</u>？

　　d. 我<u>觉得</u>他没有错。我一直这样<u>觉得</u>。

不做谓语中心时，自由心理动词也常常可以不带宾语。例如：

（13）a. 后勤部门的<u>体贴</u>入微。

　　b. 我说话不中听的地方，多加<u>原谅</u>才好。

　　c. 公司采取了扣罚工资和给予黄牌警告等措施，果然是罚得<u>心疼</u>，奖得<u>眼红</u>。

在例（13）中，"体贴、原谅、心疼、眼红"在句中分别充当主语、宾语和补语，后面都没有宾语。

四、体词性宾语或谓词性宾语

根据所带宾语是体词性成分，还是谓词性成分，不同心理动词有不同的选择。

（一）只带体词性宾语

一些心理动词只能带体词或体词性成分做宾语，如"宠、疼、宠爱、疼爱、爱护、爱惜、关爱、爱戴、溺爱、信任、眷恋、留恋、依恋、思念、倾慕、尊重、赏识、器重、小看、高估、看得起、蔑视、轻视、为难、领会、领略、回想、回顾"等。体词性宾语可以指人，也可以指物。例如：

（14）a. 在这个领域，没有人愿意再<u>信任</u>他。

　　b. 她深情地<u>眷恋</u>着这一切，正是这一切，让她感受到活着有多么好！

（二）只带谓词性宾语

一些心理动词只能带动词、形容词、动词短语、形容词短语或小句做宾语，如"甘于、安于、乐于、急于、不甘、不忍、懒得、恨不得、恨不能、甘愿、乐意、高兴、情愿、劳神、生怕、唯恐、试图、妄图、妄想、企图、阴谋、设法、认为、以为、当、看（认为义）、想（认为义）、决定、打算、觉得、感觉、预感、酌情、料想"等。例如：

（15）a. 行文娓娓道来，令人<u>不忍释卷</u>。

　　　b. 这个问题<u>我看是没有标准答案的</u>。

　　　c. 郝三<u>生气孔江子没把自己的弟弟带好</u>。

　　　d. 当地人都<u>困惑为什么具有资源和区位两大优势，多年来经济发展却不尽人意</u>。

（三）既可以带体词性宾语，也可以带谓词性宾语

一些心理动词既可以带体词性宾语，也可以带谓词性宾语，如"爱、喜欢、热爱、爱好、偏好、关心、羡慕、重视、向往、指望、热衷、讨厌、嫌弃、厌恶、担心、后悔、怪、恨、眼红、图、考究、讲究、不顾、不惜、赞同、同意、反对、赞成、相信、迷信、怀疑、疑心、小心、当心、注意、知道、明知、明白、了解、熟悉、清楚、懂、忘、记得、推测、猜测、琢磨、计划、想象、斟酌、反省、思考、考虑、寻思"等。以"寻思"为例：

（16）a. 南希的大脑开始急速地运转，她<u>寻思着离开的时机</u>。　　体词性宾语

　　　b. 王思明<u>寻思盖一座教学楼</u>。　　　　　　　　　　　　谓词性宾语

　　　c. 宁波人吃了一惊，<u>寻思这人太心狠，与他做生意不可靠</u>。

　　　　　　　　　　　　　　　　　　　　　　　　　　　　　陈述小句做宾语

　　　d. 人们不能不<u>寻思怎样才能减少损失</u>。　　　　　　　　疑问小句做宾语

9. 心理动词的配价有什么特点?

一、动词的配价

将动词作为构建句子的中心,则动词对其他特定成分构成支配关系,直接受动词支配的有副词性成分和体词性成分。副词性成分交代动作的方式、样态等外围特点,体词性成分则决定动词的"价"。

判断动词的配价,即在意义自足的最小主谓短语中判断一个动词所能支配的必有体词性成分的数量。动词的配价表明一个动词联系一定数量或一定性质的体词性成分的能力,反映了在概念化过程中,事件参与者的数量及事件参与者之间的角色关系。

作为动词的语义信息,动词的配价是稳定的,但实现在句法上,配价成分未必全部出现,也未必会出现在同一句法位置。如动词"打"可以联系"施事""受事"两个配价成分,但句法呈现不尽相同。例如:

(1)a. 张三打了李四。

　　b. 李四被张三打了。

　　c. 李四被打了。

　　d. 昨天张三打了李四。

例(1a)、例(1b)施事和受事都在句子表层出现。例(1a)施事做主语,受事做宾语;例(1b)受事做主语,施事由"被"引介;例(1c)只出现受事,没出现施事。此外,句中出现的体词性成分也未必都是动词的配价成分,在例(1d)中,"昨天"并不是"打"所联系的内在的、必然的语义角色。

动词的配价特点记录了动词的核心句法语义信息,包括一个动词带几个论元(体词性成分),各论元有什么样的语义特点,出现在句中什么位置(主语、宾语、直接宾语、间接宾语等),论元可以用什么介词来引介,等等。这样,对句法规则的描写就可以放到动词词项中处理。

根据动词的配价特点可以划分动词的次类:一个动词如果支配一个论元,为一价动词；如果支配两个论元，为二价动词；如果支配三个论元，则为三价动词。通常一个动词最多支配三个论元。

心理动词可以分为一价心理动词和二价心理动词。

二、一价心理动词

一价心理动词的配价成分只有"感受者"，即情感态度、认知行为等心理活动的主体。在句法层面，"感受者"通常选择主语位置。例如：

（2）a. 回到国内的连长异常<u>愤怒</u>。

　　 b. 他心里倒真有点儿<u>纳闷</u>。

　　 c. 我吃一惊，只盯着他的脸<u>发怔</u>。

　　 d. 指挥人员临阵<u>畏缩</u>。

　　 e. 爸爸妈妈<u>犹豫</u>了一下儿，还是答应了。

例（2）中，作为感受者的"连长""他""我""指挥人员""爸爸妈妈"在句中充当句子主语。

在一定条件下，一价心理动词的感受者可以投射到宾语位置，如部分一价心理动词可以带上"死""坏"等补语。此时，主宾可以易位。一价心理动词还可以进入"把"字句，感受者由"把"引介。详见表9-1。

表 9-1 "感受者"在句中的不同位置

"感受者"做主语	"感受者"做宾语	"把"引介"感受者"
我愁死了	愁死我了	把我愁死了
我伤心死了	伤心死我了	把我伤心死了
他乐坏了	乐坏他了	把他乐坏了
他气坏了	气坏他了	把他气坏了

部分一价心理动词可以进入"把……的"句式，"感受者"充当"把"的宾语。例如：

（3）a. 把你高兴的。

　　 b. 把他伤心的。

一价心理动词进入使令句，"感受者"充当使令动词的宾语。例如：

（4）a. 这种有头无尾的表述，未免让人<u>纳闷</u>。

　　　b. 还有一件事让企业家<u>犯难</u>。

　　　c. 师姐的这个故事让他<u>惭愧</u>了很久。

三、二价心理动词

二价心理动词的配价成分包括"感受者"和"心理活动涉及的对象"。在句法上，通常"感受者"处于主语位置，"对象"处于宾语位置。充当"感受者"的为体词性成分；充当"对象"的既可以是体词性成分，也可以是谓词性成分。结合汉语研究实际，谓词支配的配价成分可以扩展到非体词性成分。例如：

（5）a. 东方文化比较<u>重视</u>个人对集体的荣誉感。

　　　b. 人们<u>熟悉</u>了本族语言的结构类型，在学习其他类型的语言时就会感到不习惯。

　　　c. 我小时候<u>讨厌</u>上舞蹈课，有时候上课趁老师一不注意就跑了。

　　　d. 中间商最<u>欢迎</u>独家经销，因为它排除了竞争，利润较高。

　　　e. 企业法人代表要<u>琢磨</u>如何分好工，调度开，使每个人的优势都得到发挥。

例（5a）、例（5b）心理动词支配的必有成分表现为体词性成分，例（5c～5e）心理动词支配的必有成分表现为谓词性短语或小句。

部分二价心理动词所涉及的对象可以用介词引介，主要由"对"引介。例如：

（6）a. 有些领导<u>对下属不够信任</u>，非得亲自动手才踏实。

　　　b. 情绪低落的情况下是学不好记不住的，孩子还会<u>对学习更加反感</u>。

　　　c. 我<u>对这个计划不赞成</u>也不反对。

　　　d. 他这样做是<u>为你着想</u>。

例（6a～6c）中，二价心理动词"信任""反感""赞成""反对"构成的"主＋动＋宾"结构变换为"对"字句，"对"引介心理活动涉及的对象。一部分二价心理动词不能变换为"对"字句，如"张三爱李四""张三讨厌李四""张三恨李四""张三眼红李四""张三嫌李四啰唆"等心理活动的对象都不能用"对"引介。例（6d）二价心理动词"着想"也必然联系两个配价成分，句法上由"为"引介心理活动涉及的对象，不能以"主＋动＋宾"结构出现。

一部分二价心理动词构成的"主＋动＋宾"结构中，宾语可以提前，成为广义的"受事主语句"。例如：

（7）a. 谁不眼红皇帝这个位子？　　　　皇帝这个位子谁不眼红？

　　　b. 我理解你的想法。　　　　　　你的想法我理解。

　　　c. 我很同情你的遭遇。　　　　　你的遭遇我很同情。

例（7）受事主语句中，宾语提前，主谓短语在句中充当谓语，"感受者"则出现在主谓短语中的主语位置，

一部分动作性较强的二价心理动词主谓句可以变换为"把"字句。例如：

（8）a. 她挣扎在那种苦里无以解脱，她想，她必须把这个人忘掉。

　　　b. 把该记住的记住，不该记住的忘掉。

　　　c. 回去把这几个问题再好好想一想。

例（8）中，"把"引介心理活动涉及的对象，主要为行为心理动词。

部分二价心理动词主谓句可以变换为"被"字句，"被"引介"感受者"。例如：

（9）a. 你们都不要上来，以免被他们发觉。

　　　b. 他不修边幅，是个乡下人，但被卓越的同行所尊敬。

四、兼价心理动词

部分心理动词兼有一价与二价的配价特点，如"气""吓""烦""为难""感动""委屈""可怜""奇怪""可惜"等，这些动词既可以表达"自动"的状态，也可以表达"使动"或"意动"的行为。表达自动语义时为一价心理动词，表达使动或意动语义时为二价心理动词。以动词"气"和"奇怪"为例。例如：

（10）a. 别气了，伤身体。　　　　　　　　　　　　　　　一价自动

　　　　b. 和周围的商店相比，她经营的服装价格低得多，与她相邻的几家店铺气她，甚至恨她，有时也劝她把价格提高一些。她始终不为所动。　二价自动

　　c. 沙曼故意<u>气她</u>："你为什么不自己去问问他？"　　　　　　二价使动

（11）a. 正<u>奇怪</u>呢，手机就响了。　　　　　　　　　　　　　　　一价自动

　　b. 我正<u>奇怪</u>儿子说的话，老妈在一旁提醒我。　　　　　　　二价意动

　　在例（10a）中，"气"为自动用法，表达"生气"，只联系"感受者"就可以达到语义与句法自足，为一价心理动词。在例（10b）中，"气他"与"恨她"并列，表达"恼恨"，也是自动用法，联系"感受者"和"对象"两个必有语义成分，是二价心理动词。在例（10c）中，"气"为使动用法，表达"让……生气"，联系"致使者"和"致使对象"两个必有语义成分，为二价心理动词。

　　在例（11a）中，"奇怪"为自动用法，是一价心理动词。在例（11b）中，"奇怪"为意动用法，表示"觉得 + 宾语 + 奇怪"，此时，"奇怪"后必须接宾语才能实现句法与语义自足，为二价心理动词。

10.　心理动词的自主性特点是什么？

一、自主与非自主动词

　　自主动词表达由动作发出者主观决定、自由支配的动作行为，非自主动词表达动作发出者不能自由支配的动作行为。

　　一些动作动词只有自主动词用法，如"写、看、夸、骂、唱、喊、催、求、请、听、讲、洗、刷、凿、铲、剁、剪、抢、砍、刨、瞒、骗、躲、避、等、审、递、教、借、喂、尝、戴、带、修理、打扮、反驳、鼓励、克服、引导、收集、选举、模仿、翻译、改造、订正、批评、表扬"等。这些动词语义上具有［+指人］［+自主］特点。

　　一些动词只有非自主动词用法，如"病、欠、掉、塌、枯、漏、误、溢、涌、遭、出生、死亡、遭受、陷于、受到、得手、够格、欠缺、犯病、呕吐、发炎、着凉、搐动、颤抖、抽搐、战栗、痊愈、碰见、相遇、梦见、撞见、遇险、脱险、险胜、败退、失踪、丢失、迷失、萎缩、着火、耸立"等。这些动词语义

上具有［±指人］［-自主］特点。

一些动词既有自主动词用法，也有非自主动词用法。例如：

（1）自主　　　　　　非自主

    a. 洒水　　　　　　汤洒了

    b. 丢手绢　　　　　钱包丢了

    c. 扭扭腰　　　　　腰扭了

    d. 泡温泉　　　　　地板泡了水

    e. 砸缸　　　　　　演砸了

    f. 吃瓜　　　　　　吃了闭门羹

祈使句是判断自主动词和非自主动词的重要鉴别式。自主动词能够进入肯定或否定的祈使句，如"别洒水！""来丢手绢吧！"。非自主动词不能进入肯定祈使句，但一部分非自主动词可以进入否定祈使句"别＋V"，如"别把钱包给丢了""别扭了腰"。"别＋自主动词"表达禁止实施某行为，"别＋非自主动词"则是劝阻某个不如意的结果的产生。非自主动词进入"别＋V"时常常带"了"。

二、心理动词的自主性特点

就心理动词来说，一方面，喜、怒、哀、乐、慌、急、惊、惧等情感多由外界事物引起，情感的产生往往是不自主的；另一方面，一些心理活动产生后，感受者具有对该情感加以控制的能力，情感的收放具有一定的可控性。

心理动词根据能否进入祈使句，进入肯定祈使句还是否定祈使句，可以分为以下四种类型：

（一）不能进入肯定祈使句，也不能进入否定祈使句

较多心理动词既不能进入肯定祈使句"V！""请＋V！""V＋吧"，也不能进入否定祈使句"别＋V""不要＋V"，是典型的非自主动词，如"暗喜、大喜、如愿、解气、解恨、发虚、发毛、冒火、恼于、气急、痛心、动容、寒心、瘆、蒙、后怕、胆寒、受惊、吃惊、大惊、惭愧、汗颜、无悔、负疚、抱憾、痛

惜、犯疑、钟爱、深爱、中意、着迷、疼、疼爱、敬仰、渴望、向往、乐意、入神、情愿、无意、认得、获悉、懂、预感"等。

（二）只能进入否定祈使句

一些具有消极意义的心理活动，不能进入肯定祈使句，但能进入否定祈使句"别＋V""不要＋V"，以劝阻该心理活动的发生或持续，具有一定的自主性。例如：

（2）a.* 慌！　　　　　别慌！

　　 b.* 急！　　　　　别急！

　　 c.* 害怕！　　　　别害怕！

　　 d.* 担心！　　　　别担心！

　　 e.* 计较！　　　　别计较！

　　 f.* 后悔！　　　　别后悔！

否定祈使句用例：

（3）a. 您别动气，有什么事坐下慢慢说。

　　 b. 不要懊恼过去，也不要担忧未来。

　　 c. 别害臊啦，这里都是自家人。

此类心理动词多集中在表示怒、哀、愁、慌、惧、惊、耻、憾、沉迷、贪图、恨、恶、轻视、误解、分神、妄图等消极意义的情感或认知行为，数量较多，如"气、生气、动气、怄气、赌气、懊恼、恼、气恼、动怒、急眼、松懈、悲伤、伤心、失望、绝望、气馁、泄气、委屈、难过、感伤、灰心、怕、害怕、惧怕、畏惧、顾忌、恐惧、怵、胆怯、畏缩、退缩、畏难、慌张、慌乱、慌神、紧张、惊慌、心虚、急、着急、急于、急躁、心急、愁、烦、烦恼、苦恼、担心、为难、犹豫、迷惘、焦虑、困惑、烦闷、愁闷、烦躁、惊讶、诧异、害羞、害臊、羞于、后悔、反悔、懊悔、激动、难为情、不过意、沉迷、痴迷、沉溺、迷恋、溺爱、上瘾、贪恋、贪图、吝惜、贪慕、奢望、觊觎、妄求、怨恨、反感、嫌、记恨、嫌弃、耐烦、妒忌、眼红、眼馋、猜疑、小看、低估、高估、迷信、忽略、计较、介意、在意、看轻、看不起、看不上、误会、误解、当真、分神、走神、大意、发呆、发愣、妄图、企图、妄想、图谋"等。

　　一部分表达积极或中性意义的状态心理动词以及行为心理动词也只能进入"别＋V""不要＋V"祈使句，不能进入肯定祈使句，如"记挂、挂念、惦念、牵挂、惦记、舍不得、希望、指望、指着、爱慕、羡慕、热衷、留恋、怀念、以为、认为、想、觉得"等。例如：

（4）a. 不要希望每一个人都是你的朋友。友情应该听其自然。

　　　b. 别惦记家，我会照顾好妈妈和孩子的。

　　　c. 什么事情都有个潮起潮落的，别觉得天都要塌了。

（三）只能进入肯定祈使句

　　一些心理动词只能进入肯定祈使句，不能进入"别＋V""不要＋V"。例如：

（5）a. *别放心！　　　　放心！

　　　b. *别冷静！　　　　冷静！

　　　c. *别切记！　　　　切记！

　　　d. *别爱护！　　　　请爱护树木！

　　　e. *别小心！　　　　小心！

　　　f. *别轻松一下儿！　轻松一下儿！

肯定祈使句用例：

（6）a. 你就庆幸吧。你家门口还有早点呢，我家门口全走干净了。

　　　b. 你也关爱关爱我的心灵吧。

　　　c. 记得锁门！

　　　d. 你先熟悉一下儿情况。

　　　e. 反正我的话已经扔在这儿了，你掂量掂量吧。

　　　f. 你试想看，一天如果有100个人买，就是2万元。他们摆了几个月，牵涉的金额是上百万。

　　这些动词主要是表达积极或中性意义的心理动词，以及少数行为心理动词，如"放心、安心、庆幸、轻松、冷静、镇静、感恩、热爱、珍惜、爱惜、珍视、关爱、关心、关怀、爱护、呵护、体贴、体谅、重视、记得、记住、熟悉、习惯、当心、小心、注意、留神、留心、留意、记取、牢记、铭记、切记、掂量、试想"等。

（四）既可以进入肯定祈使句，也可以进入否定祈使句

部分心理动词既可以进入肯定祈使句，也可以进入否定祈使句，如"乐、满足、放松、可怜、操心、顾及、相信、当、忘、忘记、琢磨、猜、打算、计划"等。例如：

（7）a. 你就<u>乐</u>吧！

你别<u>乐</u>！

b. 说话请<u>顾及</u>一下儿别人的感受。

只要你快乐便好，别<u>顾及</u>我。

c. 你也为自己<u>打算打算</u>！

你走吧，去了就别<u>打算</u>回来！

d. 你先<u>计划</u>一下儿！

先别<u>计划</u>那么多！

11.　心理动词与程度副词组合的理据是什么？

一、程度副词的典型分布环境：程度副词修饰性质形容词

能否受"很"修饰是判断汉语形容词的标准之一。汉语形容词通常的判断标准是：能受"很"修饰且不能带宾语。这里的形容词指性质形容词。

性质形容词表示事物的性状，这个性状包括一定的量幅，即在程度上存在可伸延性，如"大"包括了各种程度的"大"（如"不太大、有点儿大、比较大、很大、非常大、相当大"），程度副词的限定就是给性质形容词指定一个量级。与之相对，汉语状态形容词如"雪白、冰凉、喷香、稀烂、绿油油、凉飕飕、舒舒服服、干干净净"等本身已经标明了程度量级，也就无须再依赖程度副词进行量

级限定。

然而，我们同时也注意到"很"作为词类判断标准，其排他性并不那么强。"很"不仅可以修饰性质形容词，还可以修饰名词、部分动词及述宾结构。

二、程度副词的非典型分布环境：程度副词修饰名词

名词主要的语法功能是做主语、宾语，可以受名量词修饰，可以做名词性短语的中心词，一般不能受"很"修饰。然而，一些名词可以进入"程度副词＋名词"结构。例如：

（1）一个男人　　　　　　　　这个做法很男人

医院的小儿科　　　　　　这种做法未免太小儿科

一种外交辞令　　　　　　他讲话太外交辞令

校园暴力　　　　　　　　这电影太暴力

耍流氓　　　　　　　　　这个念头不道德，很流氓

例（1）中，"男人、小儿科、外交辞令、暴力、流氓"在左列用于指称某个事物，为名词用法；在右列进入"程度副词＋名词"结构，表达某种性质。

一些词兼有名词和形容词用法，且两种用法已经固化，词典上通常作为形名兼类词标注。例如：

（2）名词　　　　　　　　　　形容词

他做事缺乏热情　　　　　他待人很热情

发扬艰苦朴素的优良传统　老人的思想比较传统

汉语专业　　　　　　　　他的解说很专业

当一名医生是我的理想　　他是最理想的人选

失去理性　　　　　　　　她对感情很理性

能进入"很＋X"结构的名词具有和形容词一样的性状描写功能，如例（1）"很男人"在这里指的是"具有果敢、男子气等男性品质"。

名词表达的意义包括客观的概念意义和较为主观的性质意义。概念意义表明了名词所指称的事物的类属、构造、材料等客观特征，而性质意义则关涉事物的属性、关系，有较强的社会文化色彩。例如：

（3）概念意义　　　　　　性质意义

　　玻璃窗　　　　　　　　玻璃心

　　木头桌子　　　　　　　木头脑袋

　　钢铁制品　　　　　　　钢铁意志

　　泡沫洁面乳　　　　　　泡沫经济

　　塑料花　　　　　　　　塑料姐妹情

　　例（3）中，名词"玻璃、木头、钢铁、泡沫、塑料"在左列表达的是客观类属意义，在右列表达的是性质意义，分别凸显了"玻璃的易碎、木头的无反应、钢铁的坚硬、泡沫的易破、塑料的廉价易折"等性质。

　　概念转喻是一般的认知和思维方式，我们的认知具有采用邻近概念 A 去代指目标概念 B 的特点。在"很 + 名词"框架下，我们用具有某种性质的事物来代表某种性质，"很男人"表达"很有男人的果敢、坚定等气质"，此时，名词的概念意义被隐藏，性质意义被凸显，名词包含的"性质义"正是名词可以被程度副词修饰的语义基础。

三、程度副词的非典型分布环境：程度副词修饰动词

　　包括心理动词在内的五类动词可以受程度副词修饰。例如：

（4）A. 判断动词、生理状态动词类

　　　　很是个人物　　　这孩子很像他爸爸

　　　　肚子很饿　　　　心很累

　　　B. 含有无、存现、损益、切合义动词类

　　　　很有钱　　　　很没有安全感　　　很缺关爱　　　很具备这些条件

　　　　很成问题　　　很够意思　　　　　很说明问题　　很暴露问题

　　　　很占地方　　　很靠里面　　　　　很败坏风气　　很损害集体利益

　　　　很花钱　　　　很赚钱　　　　　　很费工夫　　　很省力气

　　　　很刺激消费　　很吸引观光客　　　很脱离实际　　很违背规律

　　　　很顺应潮流　　很遵守规定　　　　很符合要求　　很流行这个款式

C.助动词、使令动词类

很可能不来　　很需要资金　　很会聊天儿

很应该道歉　　很令人感动　　很叫人为难

D.与情感、态度相关的外显行为动词类

很提倡节俭　　很节制饮食　　很主张保持旧城原貌　　很考验意志力

这件事上他很帮忙　　很顾家　　很鼓励他做演员　　很追求进步

E.心理动词或短语类

很怀念过去　　很爱占小便宜　　很看不起他　　很讲究吃穿

很懊悔这件事　　很感兴趣　　很伤脑筋　　很相信他的为人

　　动词能不能与"很"组合是有一定的语义基础的,上述 A～E 类的共同点是动作性弱,有性状义。

　　首先,从动作性角度看,典型的动作动词可以前加"在 / 正在",可以添加"了、着、过"体标记,可以重叠,可以有动量补语,可以进入肯定及否定祈使句。对照这些标准,上述 A～E 类绝大部分动词不能满足这些标准,如"是、像、会、肯、愿意"等不满足任意一条标准,这些动词既没有内在的起点、终点,也不产生实际的动作过程,只表达一种关系或属性,无须动力,动作性极弱。一些动词不能满足部分标准,如"有、缺、具备、符合、相信"等不能前加"在 / 正在",不能重叠,不能接动量补语,过程静态,不可分解,动作性较弱。

　　其次,能进入"很 + V"格式的动词或动词短语具有性状意义。例如:

（5）这箱子很占地方　　这箱子占半张桌子的地方　　*这箱子很占半张桌子的地方

这张表很说明问题　　这张表说明了问题　　*这张表很说明了问题

这件事他很帮忙　　这件事他帮了我的忙　　*这件事他很帮了我的忙

很节制饮食　　他在节制饮食　　*他在很节制饮食

　　例（5）中,"很占地方""很说明问题""很帮忙""很节制饮食"表达了主语"体积大""说服力强""热心助人""注意限制"的性状意义。能进入"很 + VP"的动词性短语不能再添加其他成分,当"VP"加上具体的量或时间成分时,如"占半张桌子的地方""说明了问题""帮了忙""在节制饮食",则"VP"

表达一个事件，不再具有性状义，也不能再进入"很 + VP"格式。

综上，无论是"很 + NP"，还是"很 + VP"，名词、动词能够受程度副词修饰，是因为它们在格式中表达了类似形容词的性状义。例（4）中 E 类心理动词或短语能够受"很"修饰，正是因为一方面心理动词动作性弱，另一方面心理动词是表达情感、态度等心理状态的动词，具有很强的性状义。

12. 心理动词通常带哪些趋向补语？

一、汉语趋向补语

汉语趋向补语主要有"上、下、来、去、进、出、起、到、回、开、过"，以及"起、下、上、进"等与"来、去"相结合构成的复合趋向补语"起来、下去、上来、进去"等。动词带趋向补语可以表达趋向意义、结果意义以及体意义。

每个趋向补语都能表达趋向意义，但不是每个趋向补语都能表达结果意义或体意义。试比较例（1～3）"出去""上去"和"下去"的意义和用法：

（1）出去

  a. 飞出去一只蝴蝶　　　　　　趋向意义（动作主体）（物理）

  b. 产品销不出去　　　　　　　趋向意义（受事）（抽象）

（2）上去

  a. 立刻迎了上去　　　　　　　趋向意义（动作主体）（物理）

  b. 递上去一根烟　　　　　　　趋向意义（受事）（物理）

  c. 接上去又断了　　　　　　　结果意义（附着）

（3）下去

  a. 一躺下去就睡了　　　　　　趋向意义（动作主体）（物理）

  b. 任务布置下去　　　　　　　趋向意义（受事）（抽象）

  c. 可有可无的人员裁下去　　　结果意义（脱离）

  d. 要长期搞下去　　　　　　　体意义（动作继续进行或状态保持）

表达趋向意义时，"出去"以内部为视角由内向外，"上去"以低处为视角由低向高，"下去"以高处为视角由高向低。上述位移行为可以是动作主体的位移，也可以是受事的位移；可以是物理位移，也可以是抽象位移。"上去""下去"还可以分别表达结果意义：附着、脱离。"下去"还有"动作继续进行或状态保持"的体意义。

与心理活动结合较多的趋向补语有"上、到、下来、起、起来"等。

二、"上"与心理动词

"上"用于趋向意义时，带方所宾语，表示由低到高、由此到彼地"趋近某个目的地"。例如：

（4）a. 挤上地铁　登上头条　扶上车　冲上云霄　　趋向意义（由低到高）

　　　b. 走上前线　送上门　　跑上前　走上绝路　　趋向意义（由此到彼）

趋向义"V + 上 + N"常可以变换为"V + 到 + N + 上"或"上 + N"等形式，如"登上头条—登到头条上""走上前线—上前线"。"V + 上"也可以带受事宾语，表达受事的抽象位移，如"献上爱心、递上申请、呈上报告"。

此外，"V + 上"还可以表达结果意义。例如：

（5）a. 穿上外套　　缠上绷带　　沾上灰　　笼罩上一层阴影　　附着

　　　b. 关上窗户　　合上书　　　连上 Wi-Fi　塞上耳机　　　　闭合

　　　c. 评上先进　　考上大学　　抱上孙子　总算见上了面　　　达成

例（5a）表达事物实现了接触、附着，例（5b）表达事物完成了闭合、连接、填充等，例（5c）表达实现了某个期待的目标。结果意义以趋向意义为基础，表达"空间趋近"的"V + 上"在表达结果意义时，仍然带有"趋近某目标物或某目标"的含义，反过来，表示相反趋向的动作不能接"上"。例如：

（6）a. 戴上帽子　　　　＊摘上帽子

　　　b. 闭上眼睛　　　　＊睁上眼睛

例（6）"摘帽子""睁眼"表达"脱离""打开"的结果意义，只能使用"摘下帽子""睁开眼睛"。

当"V + 上"表达的空间轨迹淡化，时间意义增强时，"V + 上"就兼有了体意义，用来表明时间进程中动作所处的阶段。"V + 上"表明动作来到了事态的起点，即动作开始，常常与副词"已经、就、又、也"或起始义动词"开始"连用。语用上带有揶揄、不满、否定的感情色彩。例如：

（7）a. 这边还没开动，那边已经喝上了。

　　　b. 每天一到家，妻子就唠叨上了。

　　　c. 戒了好几年的烟又抽上了。

　　　d. 这两人又开始夸上了。

起始体"V + 上"的动作具有长时性或可重复性。动作开始后，在某个参照时间内保持持续，如"已经喝上了"指"已经喝了 + 说话时刻还在喝"，"唠叨上了"指"一到家开始唠叨 + 到家后持续唠叨"。

一些特定的心理活动词可以进入"V + 上"格式，主要有"爱、迷、恋、喜欢、迷恋、惦记、操心、恨、仇恨、记恨、怀疑、注意、指望、盼、美、难受、烦躁、紧张"等。此外，"看上、瞧上"也表达心理活动，已经固化为双音节词。

"爱上、看上、迷上、指望上"等表达情感上的趋近，"注意上、怀疑上、操心上"等表达注意力等的趋近，都具有抽象的"心理趋近、接触、达到"的结果意义。部分可以用"到"替换"上"，如"盼到、注意到、怀疑到"。例如：

（8）a. 第一眼就看上了他。

　　　b. 小学毕业后迷恋上文学。

　　　c. 我们什么时候才能指望上你们？

　　　d. 好不容易盼上歌舞团下一次乡。

　　　e. 我注意上他的时候，他正拿着一块木板，皱着眉头在那儿比画来比画去。

　　　f. 他怀疑上了刘少元。

心理活动常常具有长时间持续性，一部分心理动词加"上"可以表达体意义，指动作开始并持续。例如：

（9）a. 表面上没在意，心里头已经记恨上了。

　　　b. 让贼惦记上了。

　　　c. 突然就难受上了。

　　　d. 又操心上了。

表达起始的体意义时，"V＋上"没有"V＋得上、V＋不上"的可能形式，如"已经记恨得上了""突然就难受不上了"是不规范的。与之相对，表示结果意义时，"V＋上"常常可以构成"V＋得上、V＋不上"，如"看得上、瞧得上、指望不上、怀疑不上"等。

此外，"V＋上"表达的起始体意义处于词汇或短语层次。不是高度语法化的体标记，因此不能独立存在，必须加"了"表示变化的实现，见例（9）"记恨上了""惦记上了""难受上了""操心上了"。与之相对，在表示结果的"V＋上"中，"了"不是必需的，如例（8）。

三、"到"与心理动词

"V＋到"可以表达趋向意义"由 A 处到 B 处"和结果意义"获得、逢遇"等。例如：

（10）a. 回到祖国　爬到山顶　追到机场　挤到一起　趋向意义（动作主体）

　　　 b. 递到手上　送到嘴边　端到面前　请到现场　趋向意义（受事）

　　　 c. 熬到天亮　坏到家　　蠢到哭　　占到 50%　趋向意义（抽象）

　　　 d. 得到表扬　抓到犯人　尝到甜头　受到批评　结果意义（获得、逢遇）

部分心理动词可以进入"V＋到"表达抽象的趋向意义"到达某个程度"，如"想到哭、愁到掉发、气到跺脚"。

部分心理动词可以进入"V＋到"，表达获得某种感受或认识。这部分动词主要是"知道、注意、思考"类行为心理动词，如"感觉、觉察、察觉、理解、了解、领悟、醒悟、悔悟、领会、洞悉、参透、意识、认识、体会、明白、注意、怀疑、考虑、估计、想象、设想、联想、猜、蒙、猜想、料想、预料、预感、预计、预测、预见、揣摩"等。此外，"感到、悟到、料到、想到"已经固化为双音节词。例如：

（11）a. 小说中的一系列巧合使读者深刻理解到人物性格的矛盾关系。

　　　 b. 他们醒悟到"守山"不如"离山"、"守旧家"不如"建新家"的道理。

　　　 c. 随便点几项，读者便可以想象到工程的浩繁。

　　　 d. 想到什么就说什么。

四、"下来"与心理动词

"V＋下来"可以表达"以低处为视角，由高到低"的趋向意义、多种结果意义（如"脱离、延误、获取、完成、确定"），以及体意义（如"动作或状态持续到现在""逐渐实现某状态变化"）。例如：

（12）a. 老鹰俯冲下来　树叶落下来　柳条垂下来　水流下来　趋向意义（动作）

　　　b. 一棍子挥下来　凉水浇下来　脸拉下来　手放下来　趋向意义（受事）

　　　c. 任务布置下来　上面派下来　复员下来　败下阵来　趋向意义（抽象）

　　　d. 从名单上刷下来　衣服换下来　插头拔下来　壳剥下来　结果意义（脱离）

　　　e. 功课落下来　剩下来　耽搁下来　延误下来　　　结果意义（剩延）

　　　f. 难关攻下来　文章背下来　人救下来　藏品拍下来　结果意义（获取）

　　　g. 商量下来　调查下来　应付下来　活下来　　　　结果意义（完成）

　　　h. 定居下来　安顿下来　答应下来　应允下来　　　结果意义（确定）

　　　i. 流传下来　沿用下来　发展下来　体意义（动作或状态持续到现在）

　　　j. 暗下来　慢下来　平息下来　　体意义（逐渐实现某状态变化）

一些心理动词可以进入"V＋下来"表达"完成""确定"的结果意义如"容忍"类状态心理动词及部分行为心理动词，如"忍、忍受、容忍、隐忍、考虑、琢磨、盘算、研究、决定、确定"等。例如：

（13）a. 她直到现在，对于你的所作所为，始终<u>隐忍下来</u>。

　　　b. <u>考虑下来</u>，还是保持沉默最为保险。

　　　c. 这一天<u>琢磨下来</u>，到晚上回家时，她已经满腔怒气。

　　　d. 事情就这么<u>决定下来</u>。

一些心理动词可以进入"V＋下来"结构表达"逐渐实现某状态变化"的体意义，且该心理活动实现的是"由动到静"的变化。这类心理动词主要有"冷静、平静、镇定、镇静、松懈、放松、放心、定神"等。上述心理动词进入"V＋下来"表示情绪"由激昂到平静""由紧张到放松"。反之，当情绪"由平静到激昂"时，不能使用"下来"，试比较"*兴奋下来、兴奋起来""*紧张下来、紧张起来"。一些短语词"定下心来""沉下心来""静下心来"也表达类似的心理活动。例如：

（14）a. 他放下电话强迫自己<u>冷静下来</u>。

b. 检查时就紧一紧，检查过后就又<u>松懈下来</u>。

c. 人们发现这些飞行物并无敌意，这才<u>放下心来</u>。

d. 她需要<u>定下神来</u>，歇息一下儿疲惫的身心。

五、"起"与心理动词

"V + 起"可以表达"由低到高"的趋向意义、多种结果意义（如"收聚、闭合、生发、承受"），以及体意义（如"开始"）。例如：

（15）a. 抬起头　　直起腰　　捞起鱼　　举起手　　趋向意义（物理）

b. 负起责任　提起干劲　鼓起勇气　打起精神　趋向意义（抽象）

c. 皱起眉头　扎起辫子　板起脸　　组织起群众　结果意义（收聚）

d. 眯起眼睛　拉起窗帘　关起门　　合起书　　结果意义（闭合）

e. 点起火　　引起纠纷　勾起回忆　想起过去　结果意义（生发）

f. 看不起　　买得起　　养得起　　得罪不起　结果意义（承受）

g. 下起雨　　讲起故事　发起牢骚　写起小说　体意义（开始）

部分心理动词可以接"起"表示"生发"，主要有"想、回想、联想、怀想、遥想、缅怀、忆、回忆、记"等。这些"想、回忆"类心理动词进入"V + 起"表示触发某种思想或回忆。例如：

（16）a. 这总让人<u>联想起</u>三味书屋的寿镜吾老先生。

b. <u>回忆起</u>童年，就<u>想起</u>那些肆无忌惮却又温暖如斯的时光。

部分心理动词接"起"表示体意义"开始"，有状态心理动词如"喜欢、爱好、宠爱、怜爱、迷恋、羡慕、赞赏、担心、关心、操心、思念、想念、珍惜、感慨、怀疑、害怕、可怜、懊恼、恨、怨恨、憎恨、仇恨、痛恨、妒忌、忌妒、迷信、鄙视"等，也有行为心理动词如"琢磨、研究、思考、考虑、盘算、反思、计划、谋划、打算"等。例如：

（17）a. 优雅的学院建筑，修剪整齐的绿色草坪，我真的<u>羡慕起</u>住在这里的学生了。

　　b. 我开始<u>担心起</u>她的身体了。

　　c. 走在路上，不禁又<u>感慨起</u>往昔。

　　d. 她<u>琢磨起</u>刚才小伙子的问话，更感觉不对劲。

　　e. 忙里偷闲<u>盘算起</u>如何过新年。

　　f. 心绪日渐好转的洋洋<u>思念起</u>了自己的妈妈。

　　在例（17）中，动词进入"V + 起"必须带宾语，可以构成"V + 起 + O + 了"格式［如例（17a～17b）］，或构成"V + 起 + （了）+ O"格式［如例（17c～17f）］。

　　相较"起"，心理动词进入"V + 起来"表示"开始"更加自由。"V + 起来"可以带宾语，也可以不带宾语，带宾语时，通常构成"V + 起 + O + 来"。一些动宾式心理动词本身可以构成离合形式"A + 起 + B + 来"。例如：

（18）a. 面对璇儿的热切与惊喜，他反倒<u>别扭起来</u>。　　　　不带宾语

　　　b. 得知是老冯查办此案，就暗自<u>庆幸起来</u>。　　　　不带宾语

　　　c. 她既然认为他具有许多高尚的品质，自然就<u>尊敬起他来</u>。

　　　　　　　　　　　　　　　　　　　　　带宾语（V + 起 + O + 来）

　　　d. 身无分文，不禁<u>发起愁来</u>。　　带宾语（A + 起 + B + 来）

13. 心理动词怎么表达致使？

一、语言表达致使的手段

　　"致使"指"A 使 B 产生某种性质、状态或行为的变化"。形式上，致使结构可以分为词汇型致使和分析型致使。

　　词汇型致使包括异干交替、同形交替和词形变化。

　　异干交替指由形式上不相同的两个词分别表达某一行为的自动和使动意义。如"学"与"教"、"吃"与"喂"，"教"指的是"使学"，"喂"指的是"使吃"。

　　同形交替指形式上完全相同的一个词既可以表达自动，也可以表达使动。如

"门开了"和"开门"、"灯灭了"和"灭灯"、"心愿已了"和"了（liǎo）了（le）一桩心愿"，动词"开""灭""了"可以用于"NP＋V""V＋NP"两种结构，且"V＋NP"表达"使＋NP＋V"的致使意义。英语也不乏这样的同形交替的致使用法。例如：

（1）Tom broke the vase.　　（汤姆打碎了花瓶）

　　　The vase broke.　　　（花瓶打碎了）

词形变化指通过给词添加附着成分以获得致使意义。如英语"beautify""legalize""frighten"分别添加了致使义后缀"-ify""-ize""-en"。日语"喜ばせる""驚かせる""びっくりさせる"动词词干后添加了黏着语素"せる、させる"获得了致使意义。通过添加附缀或黏着语素构成使动动词，这一手段具有较高的能产性。

词形变化还可以是内部的元音交替，如日语存在成对的"自动词"和"他动词"，它们具有明显的形式联系，通过元音交替区分自动和使动。以"落ちる""落とす"为例，这两个词拥有相同的词干，通过元音[i][o]的对立，构成语义上的自动和使动，前者表示"物体落下"，后者表示"使物体落下"。

不管是异干交替、同形交替，还是词形变化，一个致使事件包括"致使行为"与"结果"两个事件，当"致使行为"与"结果"两个事件由一个动词表达时，可以统称为"词汇型致使"。当"致使行为"与"结果"分别由两个独立的谓词进行表述，则称之为"分析型致使"。如汉语使令句，"致使行为"由使令动词"使、令、让、叫"承担，"结果"则由另一个谓词承担，两者组合起来共同表达一个致使事件。

二、汉语表达致使的手段

汉语表达致使的手段也可以分为词汇型和分析型两大类。

除异干交替动词之外，比较常见的词汇型致使是"同形交替"致使，包括形容词的使动用法和同一动词的自动与使动兼用。例如：

（2）a. 语气很缓和——缓和一下儿语气

　　　b. 经济很活跃——新行业活跃了经济

c. 关系<u>冷</u>下来了——先<u>冷</u>一下儿他

d. 资金链<u>断</u>了——<u>断</u>了他的资金链

e. 态度<u>改变</u>了——<u>改变</u>了态度

f. 高考<u>恢复</u>了——<u>恢复</u>了高考

在例（2）中，例（2a～2c）"缓和、活跃、冷"带宾语后，从"性状"变为"使产生某性状"，是形容词的使动用法；例（2d～2f）"断、改变、恢复"则是动词兼有自动和使动两种用法。

当形容词的使动用法相当固定，则可以认为该词是形容词与动词兼类，如"孤立、普及、突出"；反之，当该使动用法只出现在特定的短语里，不能类推或泛化，如"<u>低沉</u>着嗓音、<u>黑</u>着脸、<u>大</u>着胆子、<u>红</u>着眼睛"，则一般视作形容词的临时活用。当然，这一差异是量的差异，而非质的差异。

汉语更主要的致使手段是分析型致使，致使行为由使令动词"使、令、让、叫"，以及一些有致使意义的动词"使得、弄得、害得、搞得、逼得"等承担，致使结果则由另一个独立的谓词或谓词短语进行表达。例如：

（3）a. 大量的信息<u>使人不知所措</u>。

b. 她的做法不留情面，<u>让他颜面尽失</u>。

c. 他只字未提这件事，反而更<u>叫她担心</u>。

d. 到处都在传播这个说法，<u>弄得他也疑虑重重</u>。

除了采用使令义动词表达致使外，汉语还存在一些致使句式，如一部分动结式［如例（4a～4c）］和"得"字短语［如例（4d～4f）］。

（4）a. 女孩<u>哭湿了手帕</u>。

b. 她<u>熨坏了衣服</u>。

c. 企业<u>压缩了预算</u>。

d. 不速之客太多，<u>忙得我不能早日回信</u>。

e. 一颗石子"叭"地打在她坐的长椅上，<u>惊得她倏地从椅子上弹了起来</u>。

f. 云妈盯着景兰看，<u>看得他心里疑惑</u>。

致使行为会导致致使对象发生某种变化或实施某种行为，具有很强的及物性，因此，一方面，汉语的致使句一般都可以转换为"把"字句（如"哭湿了手帕、把手帕哭湿了""忙得我不能早日回信、把我忙得不能早日回信");另一方面，"把"字句也总是被要求接复杂谓语，该复杂谓语主要有动结式和"得"字短语。

不同于使令动词"使、令、让、叫"专门用于致使行为，动结式或"得"字短语并不总是表达致使意义。

动结式要表达致使意义，需要其补语的语义指向宾语，如致使句"哭湿了手帕"中，补语"湿"指向宾语"手帕"。而当动结式的补语指向非宾语成分时，如例（5a）"吃饱"，补语"饱"指向主语"他"，例（5b）"抓紧"，补语"紧"指向动词"抓"，都不是指向宾语的变化，就不构成致使事件。例如：

（5）a. 他吃饱了饭。

　　　b. 他抓紧了扶手。

"得"字短语要获得致使意义，一般要求"得"后是主谓短语，记作"V_1 + 得 + N + V_2"，多用于描写身体或心理感受的致使事件。"V_1"表使因，"N"充当致使对象，"V_2"为致使结果。如例（4d）"忙得我不能早日回信"可分析为"［使因：忙］+［致使对象：我］+［致使结果：不能早日回信］"。当"得"字句后接单个谓词时，不构成致使义。例如：

（6）a. 洗得干净极了。

　　　b. 说得十分在理。

在例（6）中，"得"字句后接单个谓词"干净""在理"，表达的是对"洗""说"的评价，不产生致使意义。

三、汉语心理动词的致使表达

心理动词表达的致使也可以分词汇型和分析型两大类。

词汇型又可以分为两类：异干交替、同形交替。

（一）异干交替

有一些使役心理动词，如"取悦、逗乐、打动、触怒、激怒、惹怒、惹恼、刁难、恫吓、吓唬、恐吓、威慑、惊扰、难为"等表达"使产生某心理感受"，如"取悦"表达"使愉悦"、"打动"表达"使感动"、"触怒"表达"使愤怒"。

使役心理动词可能与自动义心理动词共用语素，对比"取<u>悦</u>—愉<u>悦</u>""打<u>动</u>—感<u>动</u>""惹<u>恼</u>—<u>恼</u>怒""<u>难为</u>—<u>为难</u>"，也可能形式完全不同，如"<u>吓唬</u>—<u>害怕</u>"。其中，"为难"本身既可以用于自动，也可以和"难为"一样用于使动。例如：

（7）a. 我左右<u>为难</u>。　　　　　　　　自动

　　　b. 他没有<u>为难</u>我。　　　　　　　使动

　　　c. 这实在<u>难为</u>你了。　　　　　　使动

（二）同形交替

　　一些心理动词自动与使动采用同一形式，如"满足、感动、倾倒、折服、震惊、震动、振奋、振作、为难、委屈、恶心、迷惑、困惑、困扰、麻烦、辛苦、气、急、烦、瘆、苦、吓"等。试比较例（8）"满足、迷惑、烦、吓"可以分别表示心理感受和"使产生某心理感受"。例如：

（8）a. 仅此一点小丽就十分<u>满足</u>了。　　　　　　　　　自动

　　　　充分<u>满足</u>了少年对各种营养素的需要。　　　　使动

　　　b. 他内心十分<u>迷惑</u>。　　　　　　　　　　　　　自动

　　　　一阵阵密集的枪声<u>迷惑</u>了敌人。　　　　　　　使动

　　　c. 别理我，<u>烦</u>着呢。　　　　　　　　　　　　　自动

　　　　别<u>烦</u>我。　　　　　　　　　　　　　　　　　使动

　　　d. 我<u>吓</u>得没敢说话。　　　　　　　　　　　　　自动

　　　　他这一说<u>吓</u>了我一跳。　　　　　　　　　　　使动

　　心理活动的分析型致使主要采用使令动词表达，事实上，"使、令、让、叫""使得、弄得、害得、搞得、逼得"等引导的致使句大多用于表述感知性事件，包括心理感受或生理感受。例如：

（9）a. 结果<u>叫</u>人不敢相信。

　　　b. 别说参加，瞅一眼也<u>叫</u>人眉飞色舞呀。

　　　c. 一碗面的吃法已经<u>叫</u>人眼花缭乱了。

　　　d. 神情<u>叫</u>人捉摸不透。

　　　e. 风和日丽，<u>使</u>人情绪开朗、心情乐观。

f. 这个回答让他哭笑不得。

g. 新人们幸福的表情令他忘记疲乏，感到发自内心的喜悦。

"得"字句表达致使时也较多引导感知性的致使事件，如前面例（4e）、例（4f）。下面例（10）"得"联系前后两个动核，其中例（10a）、例（10b）感知性事件位于"得"后，例（10c）、例（10d）心理动词"吓""急"本身充当第一个动核。例如：

（10）a. 细细地给她讲了几样中菜的做法及特点，说得安菲迪口水直流。

b. 他要对小伙伴们讲看到的一切，保管听得他们一愣一愣的。

c. 他这样说，吓得女孩连连摆手。

d. 急得他脸红脖子粗，说不出话来。

此外，动结式"X＋死""X＋坏"也可以用于表达"致使产生某心理感受"。例如：

（11）a. 这两天你真担心死我了。　　这两天你真让我担心死了。

b. 心疼死我了。　　叫我心疼死了。

c. 乐坏我了。　　把我乐坏了。

从汉英比较的角度看，表达"致使产生某心理活动"时，英语以词汇型致使为主，以分析型致使为辅。英语有大量表达使动意义的原生心理动词，如"disappoint、amuse、excite"，也有一些多词性的使动义心理动词，如"worry、bore、concern、delight、interest、puzzle、scare、shock、surprise、trouble、upset"，还有表达使动意义的词缀，如"-en、-ize、-ify"（如"frighten、sadden、terrorize、horrify"）。

汉语表达"致使产生某心理活动"时，以分析型致使为主，以词汇型致使为辅。习得汉语心理动词的致使意义时，需要注意母语的负迁移，如英语"disappoint"直接用于词汇型致使［如例（12a）］。汉语心理动词"失望"不直接用于致使［如例（12b）］，致使意义的表达需要借助分析型使令句［如例（12c）］。例如：

（12）a. She disappointed me.

b.* 她很失望我。

c. 她让我很失望。

14.　心理动词怎么表达被动？

一、汉语"被"字句

如果把一般的主动宾句记作"S＋V＋O"，那么"被"字句可以记作"O＋被（＋S）＋VP"，"O"为受事成分，是"受影响者"，"S"为"施加或诱发影响者"。较之"S＋V＋O"主动宾句，"被"字句旨在强调受事成分的"受影响性"。"S"可以不出现，如例（1b）、例（1d）。所受影响以"不如意"居多［如例（1a）、例（1b）］，也有中性的影响［如例（1c）］或积极的影响［如例（1d）］。

（1）a. 大部分黄金早已被人盗走。

　　　b. 窗户被砸了个窟窿。

　　　c. 他被大家簇拥到电视机旁。

　　　d. 498 车组被评为全国优质服务车组。

由于"被"字句表达受事成分受某动作、行为的影响而产生某种变化，谓语通常会明示该影响的结果，因此，"被"字句谓语通常不以光杆动词结句，而常常与其他成分构成复杂形式，如与动态助词"了、着、过"搭配，与趋向补语、结果补语等搭配。

二、"被"字句的"受影响"语义

"被"字句表达的是对受事成分产生影响的事件，能进入"被"字句的动词通常具有较高的及物性。不及物动词表达自身的行为（如"咳嗽、出发、游泳、休息、走、哭"等），或自身的状态、性质、变化（如"死、病、饿、胖、消失、出现、爆发"等），不涉及外物，因此很难进入"被"字句。

及物动词中，动作性强的动词容易进入"被"字句，一个事物向另一个事物做出一个行为，产生力的传递，使另一个事物受到影响，发生变化，包括形状、位置、状态等的变化。例如：

（2）a. 原先绑好的包扎带都被剪断了。

　　　　b. 门"砰"的一声被踢开了。

　　　　c. 她转身想逃离，手却突然被拉住了。

　　　　d. 衣服、被子被扔了一地。

　　　　e. 一秒钟的工夫，我们便被围住了。

　　　　f. 仅有的一点儿水都被喝光了。

　　例（2）中，"被"字句的复杂谓语形式赋予了动作一个自然的内在终结点，表明受事成分受到影响后，经历了明显的状态或位置变化。

　　存在一些动词，动作性并不强，受事成分也没有因受行为影响而发生明显的状态或位置变化，但这些动词也能进入汉语"被"字句，如一些表"认定、评价"意义的动词，如"称为、誉为、评为、认为、选为、看作、选作、当作、冠以、授予"等。例如：

　　（3）a. 希腊被称为西方文明的摇篮。

　　　　b. 这件事一定会被当作头条来报道。

　　　　c. 在宣传海报上，这本书被冠以"中国第一部晚生代作家的思想自传"的称谓。

　　例（3）中，"称为""冠以""当作"进入"被"字句后表达"事物如何被看待"，"为""作""以"等语素包含了结果意义，表明"认定行为的结果"。

　　是否使用"被"字句并非只和动词的及物性相关，语义上受事成分直接或间接地受到某行为的影响，是使用"被"字句的语义前提。例如：

　　（4）a. 我听见隔壁传来电话铃声。

　　　　＊隔壁传来电话铃声被我听见了。

　　　　b. 我听见他说你的坏话。

　　　　他说你的坏话被我听见了。

　　同样是谓词"听见"，例（4a）"我听见电话铃声"通常对事件其他参与者不会发生影响，不适用"被"字句；例（4b）"我听见他说你的坏话"对事件参与者"他"产生了不如意的影响，"被"字句是自然的。

　　这样，总体上看，一方面，汉语"被"字句具有"高受事性"的特点，强化了"受影响"这一受动语义；另一方面，"被"字句的施事性相对较弱。表现在"施加或诱发影响者"在句中可以不出现，如例（2）的所有例句都没有出现"影响者"。此外，"施加或诱发影响者"可以是无意识的事物，如下面例（5）"汗""风""杂草"显然不能有意识地诱发受事成分受到影响。

（5）a.脸上的粉<u>被汗</u>一浸，显出一种难看的青灰色。

　　 b.棉田一片泥浆，棉棵<u>被风</u>一吹，东倒西歪。

　　 c.在焦化厂南围墙外，有三个<u>被杂草</u>掩蔽的排水口。

三、"被"字句与心理动词

关系动词、心理动词、动作动词的动作性强弱可以表示为：

关系动词＜心理动词＜动作动词

最左端的关系动词（如"是、有、如同、属于、姓、成为、充满"）是静态动词，没有动作性，行为过程没有变化性，不会诱发某种结果，无法用于"被"字句；序列最右端的动作动词动作性较强，容易对宾语产生直接或间接影响，是最容易进入"被"字句的动词；心理动词的动作性介于两者之间，对"被"字句的适应性也介于两者之间。

根据能否带受事类宾语，心理动词可以分为及物心理动词和不及物心理动词。不及物心理动词只联系一个必有参与者——心理活动的感受者。该心理活动止于内在心理，不涉及外物，不会导致某个受事成分受到影响。因此，这种心理动词不能用于"被"字句，如"被慌张""被失望""被痛心""被发怵"等不成立。

及物心理动词虽然可以带受事类宾语，但由于大部分状态心理动词性状性强，动作性、完结性和变化性都相对较弱，受事成分受影响程度较低，即便是及物心理动词，多数也不能进入"被"字句，如"被佩服""被害怕""被迷信""被体贴""被盼望"等通常不成立。但是，添加补语后，一些心理动词进入"被"字句的合格度会有所提高，如"被大家佩服"不自然，而"被大家佩服得五体投地"的合格度则大大提高。

一部分状态心理动词可以进入"被"字句，主要集中在"爱恨""信疑""重视""轻视"等语义类，表达"事物如何被对待"，如"爱、宠、喜欢、深爱、热爱、疼爱、珍惜、迷恋、欣赏、赏识、看上、怀念、尊敬、爱戴、拥护、羡慕、渴望、折服、关心、爱护、呵护、感动、打动、震惊、吓、烦、同情、可怜、怜悯、谅解、原谅、讨厌、厌恶、敌视、痛恨、怨恨、反感、记恨、嫌弃、嫌恶、妒忌、信任、怀疑、质疑、猜忌、忽视、忽略、小看、看轻、无视、鄙视、低估、看不起、重视、高估、看好、认可、容忍、反对、支持、抵制、排斥"等。这些状态心理动词都能带上指人的名词性成分做宾语，"S + V + O"结构中施受关系显著，宾语的受事程度高，采用"被"字句可以强化宾语的受影响性。例如：

（6）a. 孩子从小<u>被宠</u>坏了。

b. 她又去挑第二担，爹和娘长出了一口气，她知道自己<u>被信任</u>了。

c. 皇室的婚姻一开始就常常是<u>不被看好</u>的。

部分行为心理动词也可以进入"被"字句，主要集中在"认为""知道""记忆"等语义类，表达"事物如何被看待或知晓"，如"认为、看作、当作、误会、误解、认定、认识、确认、知道、了解、熟悉、理解、发觉、觉察、忘、忘记、忘掉、遗忘、记得、铭记、缅怀"等。例如：

（7）a. 一名乘客已<u>被确认</u>感染流感病毒。

b. 你的密码是怎么<u>被他知道</u>的？

c. 郭女士的行李<u>被忘</u>在了酒店大厅。

一些由心理动词构成的"被"字句，介词"被"可以用"为"或"因为"替换。例如：

（8）a. 他<u>被</u>孩子上学的事<u>愁</u>得睡不着觉。

b. 我深深地<u>被</u>他们的革命浪漫主义精神<u>所倾倒</u>，<u>所折服</u>。

例（8）中，主语不是典型的受事，"被"后的体词性成分是诱发感受者产生某心理活动的诱因，该体词性成分也可以用"为"或"因为"引介。

除了"被"字句，心理动词也可能进入"为"字句表达被动意义。"为"引介施事成分。例如：

（9）a. 有这么一个"禁区"，也许<u>为少数人所不乐意</u>，却是党和革命的利益所需要的。

b. 好打小报告的人<u>为人所不齿</u>。

使用"受到、得到"也可以表达被动意义。例如：

（10）a. 然而，说来滑稽，狗在被人豢养之后，同时也<u>受到</u>人们的<u>鄙视</u>。

　　　b. 她格外<u>得到</u>父母的<u>信任</u>，也格外<u>受到</u>弟妹的<u>尊重</u>。

　　　c. 这种取暖器，升温快、耗电少、价格低，一上市就<u>得到</u>消费者的

<u>喜爱</u>。

　　　d. 一方面在承担责任，另一方面又<u>受到</u>上司的<u>怀疑</u>。

在例（10）中，"受到""得到"后接指称化了的心理动词，心理动词做"受到""得到"的宾语。"受到"既用于褒义（如"受到信任、受到尊重、受到喜爱"），也用于贬义（如"受到鄙视、受到怀疑"），"得到"则只用于褒义，如"得到人们的鄙视""得到上司的怀疑"不成立。

15. 多义心理动词有哪些类别?

多义心理动词可分为五大类：一、兼有性质意义与感受意义；二、兼有自动意义与使动意义；三、兼有心理意义与认识情态义；四、兼有多个心理意义；五、兼有心理意义与非心理意义；六、兼表恒常属性和一时心理活动。

一、兼有性质意义与感受意义

英语采用分词-ing 形式和-ed 形式分别表达事物性质与情感感受。例如：

（1）a. It's a <u>moving</u> spectacle.　　　　　　　　（这是一个感人的场面。）

　　　b. I was <u>moved</u>.　　　　　　　　　　　　　（我很感动。）

（2）a. I've never seen such a <u>boring</u> film.　　（我从没看过这么无聊的电影。）

　　　b. You know how <u>bored</u> I was today.　　　（你知道我今天特别无聊。）

"exciting/excited""frightening/frightened""surprising/surprised""pleasing/pleased""disappointing/disappointed""amazing/amazed""confusing/confused""relaxing/relaxed""tiring/tired"等都表现出工整的对应，前者表达引发某种心理感受的事物性质，后者表达意识主体的心理感受。

汉语多采用分析性手段，借助使令动词"令、让、使、叫"表达引发某种心理感受的事物性质，如"令人（感到）失望、叫人（觉得）困惑"。例如：

（3）a. 令人失望的回答

　　　对他的回答我很失望

　　b. 叫人困惑的解释

　　　我有点儿困惑他的解释。

一部分"X＋人""可＋X""讨＋X"式双音节形容词也可以表达引发某种心理感受的事物性质，如"惊人的巧合""感人的画面""烦人的家伙""雷人的情节""动人的故事""长势喜人""秋风恼人""说话气人""工作累人""可恨的事""可耻的行径""讨厌的人""讨骂的行为"。

部分多义心理动词既可以表达事物性质，也可以表达心理活动，主要有"可怜、讨厌、稀罕、讲究、奇怪、烦、重"等。例如：

（4）a. 可怜的他特别不招人喜欢。　　　　　　　　　性质

　　　大家也不说他，更不笑他，都可怜他了。　　　感受

　　b. 这在当时是个稀罕玩意儿。　　　　　　　　　性质

　　　不去，我才不稀罕他家的猪肉炖白菜呢。　　　感受

　　c. 确实是一个奇怪的现象。　　　　　　　　　　性质

　　　好多人奇怪他为什么没有走。　　　　　　　　感受

　　d. 这个人在他心里很重。　　　　　　　　　　　性质

　　　他很重感情。　　　　　　　　　　　　　　　感受

二、兼有自动意义与使动意义

英语表达"使人产生某种心理感受"时倾向于使用词汇型致使，分析型致使在英语中则是边缘结构。英语中存在大量表达使动意义的原生心理动词，如"disappoint、amuse、excite"，也有一些多词性的使动心理动词，如"worry、bore、concern、delight、interest、puzzle、scare、shock、surprise、trouble、upset"，还有丰富的表达使动意义的词缀，如"-en、-ize、-ify"（如"frighten、sadden、terrorize、horrify"）。例如：

（5）a. She suggested several ideas to help Laura amuse the twins.

（她给劳拉出了一些主意，好逗这对双胞胎开心。）

b. This news will delight his fans all over the world.

（这个消息将使他在全世界的粉丝们感到高兴。）

c. It saddened her that people could be so cruel.

（人能如此残忍，这让她很痛心。）

汉语也存在词汇型致使，有一些与心理活动相关的使令动词，如"取悦"指"使喜悦"，"刁难""难为"指"使为难"，类似的还有"打动、触怒、惹怒、惹恼、恫吓、吓唬、恐吓、威慑、叨扰、惊扰、难为"等。

相较于词汇型致使，分析型致使是汉语表达致使意义的主要手段。汉语表达"使产生某心理感受"时更倾向于使用分析型致使，主要包括"令、让、使、叫"致使句，表达致使意义的动结式、"得"字句等。如下例中的"让我意外""逼急了我"和"让村民们眼红"。

（6）a. 这两场比赛打得如此糟让我很意外。　　　使用使令动词的致使句

b. 逼急了我，于他们没有好处。　　　致使义动结式

c. 三层小白楼看得村民们眼红。　　　致使义"得"字句

汉语中还存在少量多义心理动词既可以表达自动意义，也可以表达致使意义，如"惊"可用于自动用法如"我惊出一身冷汗"，也可用于致使用法如"不敢高声语，恐惊天上人"，此时，"惊"表达"使天上人惊"。类似的与心理感受相关的多义谓词主要有"满足、感动、倾倒、折服、震惊、震动、振奋、振作、为难、委屈、恶心、迷惑、困惑、困扰、麻烦、辛苦、气、急、烦、瘆、苦、吓"等。例如：

（7）a. 唐骏当时看到这个数字很震动。　　　自动

裂变的发现震动了当时的科学界。　　　使动

b. 说你几句你也别委屈。　　　自动

这样真是委屈你了。　　　使动

c. 我有一个问题一直困扰到现在。　　　自动

这曾经困扰过您吗？您抗争过吗？　　　使动

  d. 听您这话就瘆得慌。   自动

    这声音是那么冷酷瘆人。   使动

  一些单音节多义心理动词表达致使意义时，宾语只能是"人"，如"急人、气人、瘆人、烦人"指"使人急、使人气、使人瘆、使人烦"。

三、兼有心理意义与认识情态义

  该类主要指多义词"怕"，"怕"既有心理动词用法，也有语气副词用法。《现代汉语词典》（第 6 版）（后文简称《现汉》）对"怕"的释义有四条：

  Ⅰ.动词"害怕、畏惧"   老鼠怕猫。

  Ⅱ.动词"担心"   他怕你不知道，要我过来告诉你一声。

  Ⅲ.动词"禁受不住"   瓷器怕碰。

  Ⅵ.副词"估计"   这个瓜怕有十几斤吧。

  Ⅰ"害怕、畏惧"是"怕"的最基本意义。"怕"用作"害怕"义时，主语为心理活动的感受者，具有［＋生命］特点。例如：

  （8）a. 谁怕谁啊？

    b. 人怕出名猪怕壮。

    c. 周围的人都非常怕他。

    d. 红军不怕远征难。

  "害怕、畏惧"的对象可以是一个体词或体词性短语［如例（8a）］，也可以是一个谓词或谓词性短语［如例（8b）］。"怕"可以受"很、非常"等程度副词修饰［如例（8c）］，也可以被否定［如例（8d）］。

  "怕"用作Ⅱ"担心"时，与"害怕"具有语义上的连续性，主语为心理活动的感受者，具有［＋生命］特点。"怕"带宾语受限制，只能带谓词性或小句宾语，宾语表达的是主语不期望出现的事情，带有不如意性。例如：

  （9）a. 到时候再提醒我一下儿，我怕忘了。

    b. 给它们洗澡时，赖月梅既怕水太热，又怕水太凉，总要反复调水温。

  在例（9）中，"怕忘了""怕水太热"指"担心忘了""担心水太热"，动词的"惧怕"义脱落。

"怕"用作Ⅲ"禁受不住"时，主语从有生扩大到无生，如"瓷器怕碰""这种材料怕水"，词义适用范围扩大。

"怕"用作Ⅵ"估计"时，"怕"表述的不是主语的心理活动，而是说话人对命题的真实性、可能性的估计。例如：

（10）a. 这个瓜怕有十几斤吧。

　　　b. 你爹怕不会同意吧？

　　　c. 事情怕会越来越糟。

　　　d. 他怕是忘了"人外有人，天外有天"这句话了。

在例（10）中，"这个瓜""你爹"并不是"怕"的感受者，"怕"用作情态副词，修饰的是整个命题——"这个瓜有十几斤""你爹不会同意"。用作情态副词的"怕"不能被否定，不能用于疑问句，也不被"很、非常"类程度副词修饰。此外，表达"畏惧、担心、禁受不住"的动词"怕"在句中不能省略，位置固定；而情态副词"怕"可以省略，在句中的位置也允许有一定的灵活性，如"他怕是忘了""怕是他忘了"。

情态副词"怕"也在一定程度上保留了动词"害怕、担心"的实义，多用于对不如意事态的猜测［如例（10b～10d）］。情态副词"怕"常与"吧"共现，可以替换为副词"恐怕"；既表达了说话人对事件发生与否的确信程度，也反映了说话人对事件期待与否的主观态度。

四、兼有多个心理意义

一些心理动词可以表达不止一个心理意义，主要有心理动词"怀疑、高兴、想、理会、心疼"等。例如：

（11）a. 失败会让人怀疑自己的能力。

　　　b. 我怀疑这些卡片是他故意放在这里的。

（12）a. 我很高兴再见到你。

　　　b. 我高兴留在这儿。

（13）a. 一闲下来就特别想家。

　　　b. 你想想这个问题。

  c. 我不想去。

  d. 我想你是对的。

（14）a. 这段话的意思不难理会。

  b. 对于别人的批评，他从不理会。

（15）a. 老太太最心疼小孙子。

  b. 不用心疼钱。

  例（11a）"怀疑"意思是"不相信，疑为假"，归入"信疑"类状态心理动词；例（11b）"怀疑"意思是"猜测，疑为真"，属于"思维"类行为心理动词。例（12a）"高兴"表达"愉快"，属于"喜"类情感；例（12b）"高兴"表达"乐意、愿意"，是"同意"类态度。例（13a）"想"表达"想念、惦记"，是"爱"类状态心理动词；例（13b）"想"表达"思考、思想"，是"思维"类行为心理动词；例（13c）表达"希望、打算"，是"意志"类行为心理动词；例（13d）表达"认为、觉得"，是"认为"类行为心理动词。例（14a）"理会"表达"领会"，属于"知道"类心理行为；例（14b）"理会"表达"理睬、过问"，多用于否定，表达"轻视"类态度。例（15a）"心疼"表达"疼爱"，属于"喜爱"类情感；例（15b）"心疼"表达"舍不得"，属于"关念"类情感。

  还有一些动词表达的心理意义接近，但用法不同，产生了不同的义项，如"禁不住、忍不住、觉得、感觉"等。例如：

（16）a. 禁不住他的哀求。

  b. 禁不住流下眼泪。

（17）a. 一点儿也不觉得疲倦。

  b. 我觉得应该先跟他商量一下儿。

  例（16a）"禁不住"接名词性宾语，表示"禁受不住"；例（16b）"禁不住"接动词性宾语，表示"抑制不住、不由自主"。例（17a）"觉得"接谓词，指"产生某种感觉"；例（17b）"觉得"接小句，表示"认为"。

五、兼有心理意义与非心理意义

一些动作动词兼表示心理意义，典型的如视觉动词"看、望"。"看"本身是视觉感知动词，人们对客观世界的反映并不是简单的镜像式反映，而是经过了我们的认知加工，加入了自己的思考，"看"的语义发生主观化，逐渐由感知动词演变出认知动词的用法，带上了小句宾语，表示说话人的主观认识。例如：

（18）a. 我<u>看</u>这事有希望。

　　　b. 依你<u>看</u>我们该怎么办？

例（18）"看"表示"认为"，属于行为心理动词。

（19）a. 这山<u>望</u>着那山高。

　　　b. 还<u>望</u>多多包涵。

视觉动词"望"则由"遥看"义［如例（19a）］发展出"盼望"义［如例（19b）］。

动词"当"也有多个意义，例（20a）、例（20b）后接名词性宾语，分别表示"抵得上"和"当作"，例（20c）接小句宾语，表示"以为"，用作行为心理动词。例如：

（20）a. 割麦子他一个人能<u>当</u>两个人。

　　　b. 别把我<u>当</u>客人。

　　　c. 我<u>当</u>你回去了，原来还在这。

动词"爱"除了情感意义［如例（21a）］外，还可以用于非心理意义，表示"容易产生某变化"［如例（21b）］。例如：

（21）a. <u>爱</u>劳动。

　　　b. 这种刀<u>爱</u>生锈。

上述动词都兼有心理意义和非心理意义，为多义动词。

六、兼表恒常属性和一时心理活动

一些心理动词可以用于表达恒常属性，也可以用于表达一时的心理活动，表达恒常属性时，为典型的形容词用法；表达一时的心理活动时，有一定的动作性。以"害羞、冷静"为例：

（22）a. 孩子害羞，你别这样说。　　　　　　　　恒常属性

　　　　b. 不知道他到底想怎么样，我都替他害羞。　一时心理活动

（23）a. 那一刻，向来冷静的吴美锦也感慨万千。　恒常属性

　　　　b. 老张自己冷静了几秒钟，把脑中几十年的经验匆匆过了一遍。

　　　　　　　　　　　　　　　　　　　　　　　　一时心理活动

微观分析篇

16. 为什么说"有点儿发毛"，不说"很发毛"？

一、"有点儿发毛"和"很发毛"

许多心理动词都可以受程度副词修饰，根据使用情况，程度副词大致可以分为三种量级：

A 否定式低量：不太、不大。

B 肯定式低量：有点儿、有些。

C 高量：很、十分、非常、相当、特别、挺、太、极、极度、极其。

心理动词有各自匹配的量级，这一特点造成"有点儿发毛"合格，而"很发毛"不合格。

二、心理动词对量级的选择性

能够被某量级下的某一个程度副词修饰，则该心理动词与某个量级匹配。心理动词对量级的选择可以分为以下八种情况：

（一）可以匹配 A、B、C 全部量级

"喜欢、欣赏、羡慕、留恋、关心、想念、尊敬、佩服、希望、讨厌、反感、害怕、同情、相信、在乎、介意、同意、认同、反对、抵触、高兴、兴奋、安心、满足、放心、过瘾、担心、吃惊、生气、伤心、难过、失望、着急、顾忌、恨、愁、烦、急、怕、怵、认识、知道、懂、懂得、理解"等心理动词覆盖量幅大，可以匹配 A、B、C 全部量级。以"同情"为例：

（1）a. 他皱着鼻子，对这个已经被累得有点儿像土匪的弟弟<u>有点儿同情又</u>

　　　　　　　　　　　　　　　　　　　　　　　　　　　　B 量级

<u>不大同情</u>。

　A 量级

　　　　b. 钟宇希对汤铃的身世<u>十分同情</u>。

　　　　　　　　　　　　　　　C 量级

部分心理动词在受低量级程度副词修饰时句法上较为自由，而在受高量级程度副词修饰时必须带宾语，如"认识、知道、懂"等。以"认识"为例：

（2）a. 前后左右的人都<u>不大认识</u>。

　　　　　　　　　　A 量级

　　　　b. 和他在赛场上交过几次手，<u>有点儿认识</u>。

　　　　　　　　　　　　　　　　　　B 量级

　　　　c. 他<u>很认识几个影视界的人物</u>。

　　　　　　　C 量级

例（2a）、例（2b）中的"认识"受低量级的"不太""有点儿"修饰，不带宾语也可以自足；例（2c）中的"认识"受高量级的"很"修饰，"认识"通常需要带宾语。

（二）不匹配 A、B、C 任一量级

这类心理动词不能做量级切分，不受程度副词修饰，如"暗笑、狂喜、大喜、大怒、大惊、暴怒、痛恶、巴望、觊觎、怄气、怪罪、默许、认怂、生怕、生恐、唯恐、抱屈、恨不得、巴不得、慑于、恼于、愧于、苦于、耽于、甘于、不畏、不惜、忍、忍耐、忍受、原谅、定神、铭记、牢记、梦想、思考、决心、企图"等。这类心理动词有些本身具有固定的程度意义，不需要再使用程度副词修饰，如"大喜、大惊、巴望、生怕、恨不得"等；有些则具有较强的动作性，性状意义较弱，也不能被程度副词修饰，如"忍耐、原谅、牢记"等。表达记忆、思维、意志等意义的行为心理动词绝大部分不能受程度副词修饰。

（三）只与 A 量级匹配

受程度副词修饰时，只与否定式低量级相匹配的心理动词主要有"情愿、服

气、认为、认得、晓得、领会、感到、留意、留心、打算"等。例如：

（3）a. 匆忙地赶一期毫无准备的节目，我心里没有把握，因此也<u>不大情愿</u>。

　　　b. 我也<u>不太晓得</u>整件事，那时我年龄还小。

　　　c. 她说得很轻松，对刚捡回一条命这件事似乎并<u>不太感到</u>兴奋。

　　　d. 她<u>不太打算</u>这么快地就跟这个人分手。

（四）只与 B 量级匹配

受程度副词修饰时，只与肯定式低量级相匹配的心理动词有"发毛、发怒、发火、发慌、发虚、发急、发怵、发怔、发愣、发呆、暗喜、窃喜、释怀、动气、动怒、犯疑、起疑、急眼、负气、慌神、懒得、疲于、恼、怒、火、发觉、察觉、觉察、走神、分神、分心、忘、忘记、遗忘"等。例如：

（4）a. 刘思佳<u>有点儿发火</u>了，眼睛眯起来，目光像针一样扎在何顺的脸上。

　　　b. 闵敏挂了电话，缓缓在床边坐下来，<u>有点儿发呆</u>。

　　　c. 拉科鲁尼亚的经验和技术使得曼联<u>有点儿疲于</u>应付。

　　　d. 他似乎<u>有点儿发觉</u>您的计划了。

　　　e. 他<u>有点儿分心</u>，似乎在考虑别的什么事情。

只能受"有点儿、有些"修饰的心理动词中，贬义色彩词较多，褒义或中性色彩词较少。一些褒义词与"有点儿"组合时需要变成否定形式，如"有点儿不放心、有点儿不满意、有点儿不冷静"成立，"有点儿放心、有点儿满意、有点儿冷静"则不成立。

（五）只与 C 量级匹配

受程度副词修饰时，只与高量级相匹配的心理动词有"深爱、挚爱、钟爱、钟情、酷爱、疼爱、倾倒、倾慕、敬仰、爱戴、拥戴、膜拜、渴慕、思慕、宠溺、宝贝、惊羡、神往、解气、震怒、悲恸、忧惧、笃信、坚信"等。这些动词自带高程度语义，只能与高量级匹配。例如：

（5）a. 那美妙的舞技使这位大文豪<u>十分倾倒</u>。

　　　b. 其轻描淡写的态度令有关领导<u>十分震怒</u>。

c. 当时还挺宝贝，现在大概只有小姑娘才戴这种便宜东西。

d. 胡柳听着，点着头，露出非常神往的样子。

（六）与A、B量级匹配

受程度副词修饰时，只与肯定或否定式低量级相匹配的心理动词比较少，主要有"感觉、觉得、记得"等。例如：

（6）a. 因为网购跟你掏腰包拿钱甚至刷卡都不太一样，你不太感觉／觉得自己在花钱。

b. 不看说明书就几乎不知道使用方法，所以有点儿感觉／觉得不方便。

c. 那时太小，影片的内容不太记得。

d. 我还有点儿记得那种衣服，它有一个较小的直领，左胸上有一个暗兜。

（七）与B、C量级匹配

受程度副词修饰时，只与肯定式量级相匹配的心理动词较多，有"不满、不悦、不爽、不服、不平、不齿、释怀、庆幸、渴望、动容、扫兴、败兴、得意、自豪、骄傲、松懈、迷恋、冒火、震怒、恼怒、悲愤、愤懑、愤恨、愤慨、恼恨、气恼、恼火、寒心、心酸、憋屈、惆怅、苦闷、犯愁、发愁、忧愁、哀愁、烦恼、犯难、为难、别扭、崩溃、绝望、迁就、感慨、后怕、疑心、痛恨、怪、堵、闷、当真、多虑、高估、高看、低估、低看"等。以"释怀、犯难、当真"为例：

（7）a. 烈文听志文那么一说，总算有些释怀，不那么生气了。

突然觉得很释怀，原来那些纠结的事一下子就什么都不是了。

b. 导演有些犯难了，不会演戏，怎么办？

高额的学费让本不富裕的农家十分犯难。

c. 我有点儿当真了，还特地为此追了好几期节目。

一篇小说而已，不要太当真。

其中，一些心理动词受高量级副词修饰时，只受"太"修饰，如"当真、多虑、高估、高看、低估、低看"等。

（八）与A、C量级匹配

受程度副词修饰时，只与低量（否定式）及高量级相匹配的心理动词有"尽兴、称心、解气、省心、如意、如愿、满意、冷静、镇静、热爱、爱惜、珍惜、尊敬、尊重、领情、体贴、体谅、费心、舍得、重视、清楚、爱、疼、敢、肯"等。以"尽兴、领情、舍得"为例：

（8）a. 俩人都有酒量，一人一瓶，平分秋色，<u>还不太尽兴</u>。

　　　　车迷们在各种互动活动中也玩得<u>非常尽兴</u>。

　　b. 老妇人嘀嘀咕咕了两句，似乎<u>不太领情</u>。

　　　　庆春这回<u>很领情</u>地笑了笑，马上又严肃起来。

　　c. 平时自己都<u>不太舍得</u>买的东西，给我爷爷买起来毫不手软。

　　　　市政府<u>很舍得</u>在教育上花钱。引进人才是我们教育局的一项重要举措。

可见，心理动词存在量级与量幅的差异，"发毛"只与肯定式低量级匹配，因此，"有点儿发毛"成立，而"不太发毛、很发毛"不成立。

17. 为什么说"很抗拒参加"，不说"很拒绝参加"？

一、"很抗拒 + 宾语"

"抗拒"和"拒绝"都表达一种心理态度——不接受，表达类似态度的还有"抵触"和"排斥"，但在下面的句式变换中，"拒绝"表现出了与其他三者的句法差异。例如：

（1）抗拒结婚　　　　很抗拒结婚　　　　对结婚很抗拒

　　　工人抵触企业改制　工人很抵触企业改制　工人对企业改制很抵触

　　　我排斥这类工作　　我很排斥这类工作　　我对这类工作很排斥

　　　拒绝入会　　　　　*很拒绝入会　　　　对入会很拒绝

"抗拒、抵触、排斥、拒绝"都可以带宾语，也可以受"很"修饰，但是前三者受"很"修饰的同时还可以带宾语，即自由进入"很＋V＋宾语"结构，而"拒绝"进入"很＋V＋宾语"后，句子合格度降低。"拒绝"所体现的这一句法特点在汉语中并不是孤立的。

二、受"很"修饰时不能带宾语的及物动词

部分动词表现出与"拒绝"平行的句法特点，如：

（2）A 类　　　　　　　　　B 类　　　　　　　　　C 类

    a. 投入精力做事　　　　*很投入精力做事　　　　做事很投入

    b. 抱怨生活　　　　　　*很抱怨生活　　　　　　对生活很抱怨

    c. 应付检查　　　　　　*很应付检查　　　　　　对检查很应付

    d. 回避要害问题　　　　*很回避要害问题　　　　对要害问题很回避

    e. 集中火力　　　　　　*很集中火力　　　　　　火力很集中

    f. 解放思想　　　　　　*很解放思想　　　　　　思想很解放

"投入、抱怨、应付"等动词本身可以带宾语（见 A 类例句），也可以受"很"修饰（见 C 类例句），其中，一些词的动形兼类用法已经凝固，词典中既有动词的义项，也有形容词的义项，如"投入"。这里值得注意的是，如 B 类所示，动词在进入"很＋V＋宾语"结构后，句子的合格度显著降低，即汉语中存在一部分及物动词，可以受"很"修饰，可以带宾语，但在受"很"修饰时，不能同时带宾语。

三、A、B、C 三种结构中动词的动作性

从结构中动词的动作性强弱来看，A、B、C 三种结构呈现出下面的等级序列：

    A 类（V＋O）＞B 类（很＋V＋O）＞C 类（对＋O＋很＋V）

A 类（V＋O）是汉语典型的及物句式，与 B、C 类结构相比较，A 类结构中的"V"动作性强，带体标记较为自由，还能前接时间副词"在、正在"，带动量补语，构成动词重叠等，如"投入了精力、抱怨过生活、解放了思想、在回避要害问题、正在集中火力、应付应付检查"。

B类（很 + V + O），一方面，动词仍然带宾语，保留了及物性；另一方面，在"很"框架下形容词性增强，动作性被削弱。表现为进入"很 + V + O"结构后，"V"已经不能自由地带体标记成分。例如：

（3）a. 母亲忽略了他的感受　　母亲很忽略他的感受　　*母亲很忽略了他的感受

　　　b. 母亲牵挂着孩子　　　　母亲很牵挂孩子　　　　*母亲很牵挂着孩子

　　　c. 我喜欢过他　　　　　　我很喜欢他　　　　　　*我很喜欢过她

　　　d. 我在妒忌她　　　　　　我很妒忌她　　　　　　*我在很妒忌她

例（3）"忽略、牵挂、喜欢、妒忌"都是心理动词，可以在受"很"修饰的同时后接宾语，但在进入"很 + V + O"结构后，一律不带体标记。可见，在 B 类结构中，"V"的动作性已经大大减弱。

C类（对 + O + 很 + V）结构中，动词受"很"修饰，且后面不带宾语，这已经类同于形容词的句法环境，许多典型的态度义形容词都可以进入该结构，如"很大方、很友善、很粗鲁、很温和"等。同时，一些动作性较强的心理动词则较难进入该结构，如"*对他参加很希望、*对我很发怒、*对这事很发慌"。

综上，从 A 类到 C 类，动词的动作性在递减，形容词性在递增。

四、动形之间的功能游移

首先，能够受"很"修饰的及物动词是有其语义基础的，具有性状义是动词进入 B 类或 C 类结构的前提。如"投入"，动词义为"进入某种阶段或状态"，可以构成动宾关系（如"投入生产、投入使用、投入新生活"），这一动作过程在人的头脑中形成的动作意象具有显著的性状特征——"专注于某事"的状态。认知在动作与性状之间建立起概念联系，用动作过程指代与之密切相关的性状，实现了从动作到性状的转喻。有些动词如"走、吃"等没有与之密切联系的性状意义，也就无法完成从动词性到形容词性的转换，如"很走、很吃"不成立。

反过来，也有从形容词向动词的转换，最典型的是一些具有使动用法的形容词，如"态度端正、端正态度""生活方便、方便生活""物价稳定、稳定物价""法制健全、健全法制"，形容词的动词用法是以事物性状指代实现该性状的行为。

无论是从动词性到形容词性，还是从形容词性到动词性，都反映了行为与性状之间的功能游移。

一些动词（如"牵挂、想念、妒忌、同情"）可以自由地在 A、B、C 三类格式之间切换，其功能在动词与形容词之间游移。它们可以带上宾语构成动宾结构（A 类），此时"V"动作性突出；可以受"很"修饰（C 类），此时"V"形容词性突出；也可以在受"很"修饰的同时带上宾语（B 类），此时，"V"的动作性与形容词性在 B 类结构（很 + V + O）中和平共处，不相抵触。可见"牵挂、想念、妒忌、同情"类动词属于动形共处型动词。

另有一些动词，可以带宾语，也可以受"很"修饰，但只能出现于 A、C 两类结构，不能出现于中间的 B 类结构。这些动词，要么选择动词性强的动宾式，要么选择形容词性强的"很 + V"式，不存在两者共现的中间地带，属于动形互斥型。"很抗拒 / 很排斥 / 很抵触 + 宾语"成立，而"很拒绝 + 宾语"不成立，正是因为"抗拒、排斥、抵触"属于动形共处型，而"拒绝"属于动形互斥型。

从语义来看，"拒绝"通常将"不接受"的心理态度外显于行为，动作性较强。可以进入及物性较强的"把"字句（如"他把我拒绝了"），也可以进入"被"字句（如"我被他拒绝了"），这种较强的动作性使其无法与它的形容词性高度融合。当置于"很 + V + O"结构时，这类词的动词性与形容词性发生抵触，造成句子合格度降低。

从语法功能来看，与"抗拒、排斥、抵触"相比较，"拒绝"的形容词性并不典型，表现在语法功能上，"抗拒、排斥、抵触"都可以在没有"的"的帮助下，直接修饰名词做定语，如"抗拒感、抗拒心理、排斥反应、抵触情绪、抵触心理"，可以做定语正是形容词的典型语法功能。而"拒绝"不能直接做定语，只有在"对 + O + 很 + V"结构中受"很"修饰并充当谓语时，其性状义才会凸显。

18.　为什么说"很热爱"，不说"很深爱"？

一、"热爱"和"深爱"

"热爱"和"深爱"都是偏正式心理动词。"热爱"中，"热"指"程度热烈"，表明了爱的程度，相同语素构成的动词还有"热议、热恋、热映、热卖、热购"等。"深爱"中，"深"指"程度深"，也表明了爱的程度，相同语素构成的动词有"深知、深信、深感、深思、深望"等。"热爱、深爱"两个词本身都包含了表示程度的语素，但"热爱"可以受"很"修饰。例如：

（1）a. 我很热爱我现在的这份工作。

　　　b. 特别是来自南方的大学生对冰雪景色十分热爱。

　　　c. 他对中国文化有很深的了解，还非常热爱。

"深爱"则通常不受"很"修饰。偏正式"热爱""深爱"在受程度副词修饰上表现出的差异在汉语中并不是孤立存在的，可以参照汉语状态形容词与"很"的组合情况。

二、包含程度量的词通常不再受"很"修饰

通常，当一个词在构词上已经包含了程度量，这个词就不再受"很"类程度副词修饰，能否受"很"修饰是用来区别汉语性质形容词和状态形容词的主要标准之一。性质形容词表达事物属性，这个属性有一个可伸延的量幅，在这一量幅内，我们可以对量级进行定位或切分，比如"深"，我们可以给出一个数值计量"两米深、十米深"，也可以给出一个程度计量"很深、相当深"。前者的计量客观、精准，后者的计量主观、模糊，但都对"有多深"进行了定量。

与性质形容词单纯指出属性相比较，状态形容词具有描写性，本身包含了量性意义。任何一个状态形容词都可以描述为"性质＋程度量值"。例如：

BA 式状态形容词

漆黑：黑（性质）＋像漆一样（程度）

飞快：快（性质）＋像飞一样（程度）

喷香：香（性质）＋香得喷鼻（程度）

稀烂：烂（性质）＋烂成稀泥状（程度）

语言还常常通过形式上的增音实现意义上的增量，如"很久很久以前""前面的路还很长很长"。许多单、双音节形容词构成状态形容词时，也是通过语言形式的重复或音节的增加以实现量级增加，如单音节形容词构成"AA＋的"式（如"大大的、红红的"）、双音节形容词构成 AABB 式（如"红红火火、热热闹闹"）、带后缀的状态形容词（如"孤零零、亮晶晶、可怜巴巴、黑不溜秋"）、带前缀的状态形容词（如"滴溜圆、稀巴烂"）等。上述状态形容词的语义内涵都可以描写为"性质＋高量级"，这个"高量级"往往是模糊的，且带有主观色彩。

正是由于汉语状态形容词本身标示了量性意义，因此其内部不再切分量级，一般也不再受程度副词修饰，如"很飞快、很干干净净、很大大的、很绿油油"等不成立。

三、语料中状态形容词受"很"修饰的现象

然而，实际语料中，状态形容词受"很"修饰的现象并不少见，多见于 BA 式状态形容词，如"雪白""滚圆"。BA 式状态形容词是由一个名词语素或动词语素与一个形容词语素复合而成，前面的名词语素或动词语素与后面的形容词语素构成偏正关系。下面是"很＋BA 式状态形容词"的用例：

（2）a. 文件年年发，口号经常喊，搞得很火热，却总是难见成效。

b. 气氛很阴森，空气又很冰冷，佛罗多倾听着水流声缓缓地穿过这座森林。

c. 在我国云南的西双版纳密林中，生长着一种树干非常笔直的树，直径最大的不过碗口粗。

d. 白色的亮光映着这流下来的水点，显得非常娇艳，非常鲜红。

e. 豆腐和它炒才是绝配，非常喷香，小孩多吃身体棒，整个冬天吃不腻。

f. 他父亲刚刮了脸，头发也梳理得很油亮，为了接待他儿子的探望。

g.非常碧绿的芙蕖多得像与天接近，在朝阳的映照下显得格外的璀璨。

一方面，BA 式状态形容词与性质形容词仍然存在显著的句法差异，如构成重叠式时，BA 式状态形容词构成 BABA 式，如"冰冷冰冷、喷香喷香"，双音节性质形容词则构成 AABB 式，如"大大方方、马马虎虎"；状态形容词做谓语较为自由，性质形容词则常常需要添加程度副词以使句子完整，如"今天的饭菜喷香、*今天的饭菜香、今天的饭菜很香"。

另一方面，一部分 BA 式状态形容词在长期的高频使用中，发生了向双音节性质形容词的转化，前面的名词或动词语素所表示的程度义发生磨损，状态形容词自带的程度描写义逐渐弱化，整个词带上了属性的色彩，因此和性质形容词一样可以切分量级，可以受程度副词修饰。

四、"热爱"类心理动词的程度义磨损

一方面，心理动词中存在一部分偏正式心理动词，由一个动词语素或形容词语素与另一个动词语素复合而成，前一个语素标示了后一个语素的程度，该心理动词通常不再受"很"修饰。例如：

（3）a.出门就戴墨镜，生怕（*很生怕）别人认出他。

b.出版社出版销路看好的书时，高兴之余，仍然免不了提心吊胆，生恐（*很生恐）被盗版。

c.一生挚爱（*很挚爱）出版事业。

d.我们深信（*很深信），几年后，这些幼苗会长成参天大树。

e.我们像别的父母一样，深爱（*很深爱）自己的孩子，但很难说我们做了些什么。

f.老百姓切盼（*很切盼）惩治腐败，安居乐业。

例（3）中，心理动词"生怕、生恐、挚爱、深信、深爱、切盼"在构词上已经标示了程度，在这些心理动词前再加程度副词就显得冗余。

另一方面，和部分 BA 式状态形容词可以受程度副词修饰一样，也存在一部分心理动词，虽然构词上已经标示了程度意义，但依然可以受"很"修饰。例如：

（4）a.羊城消费者对"羊"这一生肖动物十分钟爱，与羊相关的金饰、钻饰、玉饰虽然多得不可胜数，却也格外好销。

b.她很渴望他回来，又害怕他回来会跟她摊牌。

c.现代人非常渴求稳靠感，这恰恰是人的内心深处空虚无宁的表现。

d.他非常坚信，只要货真价实，就可以打开市场。

e.你说的事母亲知道了，她一听就非常暴怒，她不让我给你写信。

例（4）中，"钟爱、渴望、渴求、坚信、暴怒"本身都包含了描写程度量的语素，但在长期使用中，发生了向双音节性质形容词的转化，其程度义已经磨损，动词整体表达一种心理情感或状态，像大多数心理状态动词一样，该情感或状态可以切分量级，可以受程度副词修饰。题中的"热爱"被"很"修饰亦是如此。

19. 为什么说"不太认为"，不说"不很认为"？

行为心理动词"认为、觉得"等一般不能或不能单独受程度副词"很、太"修饰，"很认为、太觉得"等不成立，但是它们可以受低程度的"不大、不太"修饰，构成"不大觉得、不太认为"。

一、"不大"的句法结构

"不大"已经凝固成词，后接动词或形容词，构成"不大 + VP/AP"。例如：

（1）a.她这个人性子比较直，不大注意别人的感受。

b.我对一种服装的评价是看它的设计，而不大关心它是否流行。

c.文化用品行业在我国其他行业企业家眼里似乎是不大起眼的小行业。

d.母亲早就不大吃粽子，但她还是执意要每年包粽子。

e.识几个字也只写信记账，不大读书。

例（1）中，"不大"表程度低时，为程度副词［如例（1a～1c）］；表频率低时，为时间副词［如例（1d）、例（1e）］，整体作为一个副词修饰后面的"AP"或"VP"，不可分开。

二、"不太"的句法结构

"不太"的句法结构可以分为两类：一类为"不｜太 AP/VP"结构；一类为"不太｜AP/VP"结构。详见图 19-1。

"不｜太 AP/VP"结构　　　　　　　　"不太｜AP/VP"结构

图 19-1　"不太"的两类句法结构

在"不｜太 AP/VP"结构中，"太"与"VP/AP"先组合，作为整体被左边的"不"否定。例如：

（2）a. 只要天时<u>不太坏</u>，他就用上他的全力去操作，不省下一滴汗。

　　　b. 你们的白鼠是一般的白鼠，不很聪明，也<u>不太笨</u>，它们最终将走出迷宫。

　　　c. 这儿倒也并<u>不太差劲</u>，至少房子还不错。

　　　d. 这种想法令他感到舒服，因为即使被拒绝，也<u>不太难堪</u>。

　　　e. 这种面膜对皱纹并<u>不太深</u>的皮肤也有效。

例（2）中，重音落在"太"上，"太"的意义比较实在，表示高程度量级。"不｜太 AP/VP"否定了"AP/VP"达到某个高程度。格式可以改写为"不是 / 不算 + 太 AP/VP"，如"不是太坏""不算太笨"。"不｜太 AP/VP"的前提是肯定"AP/VP"，只是程度没有那么高，即"天时坏"，但不算"非常坏"；"你们的白鼠笨"，但不算"非常笨"；"这儿差劲"，但不算"非常差劲"。能进入"不｜太 AP/VP"结构的"AP/VP"多含有贬义色彩，如这里的"坏、笨、差劲、难堪、皱纹深"。

在长期使用中，"太"的高程度义逐渐弱化，重音也随之弱化，开始出现结构的分化，如例（3）可以做两种解释：

（3）a. 如此高雅的书店在台北能够生存，可见此地的读书人<u>不太穷</u>。

　　　b. 我只是在途中偶尔打了几架，如今见到打架也就<u>不太慌张</u>。

　　c. 头发蓬松，但<u>不太长</u>。

　　例（3）中，"不太穷""不太慌张""不太长"的重音如果落在"太"上，则"不太"可以分析为"不"和"太"，表达"是 AP/VP，但不算非常 AP/VP"，即"穷，但不算非常穷""慌张，但不算非常慌张""长，但不算非常长"。如果"太"不读重音，则旨在否定，表达"不太｜AP/VP"，即"不太｜穷""不太｜慌张""不太｜长"，此时，"不太"已经词汇化，与"不大"一样，作为整体修饰后面的"AP/VP"。

　　在一些句子中，观察语义或句法形式，"不太 AP/VP"并没有两可的解释，只能判断为"不太｜AP/VP"结构。例如：

　　（4）a. 听说经营<u>不太顺利</u>，生意<u>不太好</u>。

　　　　b. 他向来性格内向，<u>不太爱交际</u>。

　　　　c. 倒是没有人再怀疑了，但还是有人<u>不太服气</u>。

　　　　d. 对于孩子的鞋子的尺寸，我一直<u>不太吃得准</u>。

　　　　e. 老二成绩差，爸妈<u>不太待见</u>，由此及彼地对老二媳妇也不行。

　　　　f. 有些汉字常见却<u>不太认识</u>。

　　例（4a）、例（4b）结合上下文，"不太顺利""不太爱交际"只能理解为"不顺利""不爱交际"，否则前后语义矛盾。例（4c～4f）"太"与后面的"AP/VP"不能组合，如"太服气、太吃得准、太待见、太认识"在句法上不成立，"太"只能与前面的"不"组合，构成"不太｜AP/VP"格式。

　　从"不｜太 AP/VP"到"不太｜AP/VP"，"不太"有两种解释，再到"不太｜AP/VP"结构，"不太"从可以分析到不可以分析，经历了连续的词汇化过程。词汇化后，"不太"使用范围变宽，可以修饰"太"所不能修饰的成分，"不太认为"等能够成立正是源自"不太"凝固成词后的使用泛化，一些不能受"很"修饰的行为心理动词可以受"不太"修饰。"不太"多用于表达程度，也可以用于表达频率。例如：

　　（5）a. 我<u>不太认为</u>进口奢侈品对中国有什么好处。

　　　　b. 她说得很轻松，对刚捡回一条命这件事似乎并<u>不太感到</u>兴奋。

　　　　c. 她<u>不太打算</u>这么快地和这个人分手。

　　d.有时候我们<u>不太考虑</u>风险和承受能力，<u>不太考虑</u>可持续地、细水长流地过日子。

　　e.我们常常怨天尤人，<u>不太反思</u>自己的错误和不足。

三、"不很"是可以分析的短语

"不很"代表了"不十分""不特别"一类短语。例如：

（6）a.税务局也就是核对了一些数字，并<u>不很看重</u>审计报告。

　　b.这种跳跃式的大进化的机制，现在仍然<u>不十分清楚</u>。

　　c.赵希友爱钓鱼却<u>不特别爱吃鱼</u>。

　　d.我<u>不很同意</u>你的说法，那样太粗糙了。

从词汇化的程度来看，"不大""不太""不很"形成了下面的等级序列：

不大 > 不太 > 不很

"不大"高度凝固化，不可分析，没有两可的解释。"不太"可以分化出两种结构，用于"不太｜AP/VP"结构时，"不太"发生了重新分析，"不"与"太"的边界消失，词汇化程度较高，可以修饰"太"所不能修饰的成分。"不大/不太｜AP/VP"结构简单，常作为整体在短语中充当补语，如"听不太明白、看不大清楚、听不太懂、想象不大出来"。

"不很"则依然是一个短语，构成"不｜很AP/VP"，如"不特别爱吃鱼"理解为"不是｜特别爱吃鱼"，"不很同意"理解为"不是｜很同意"。如果"很AP/VP"不成立，则"不很AP/VP"通常也不成立。题中"很认为"不成立，故"不很认为"也不成立。

语用上，"不大""不太""不很"都有模糊限制语的性质，可用于委婉地否定，如"不大认为""不太觉得""不很同意"委婉地表达了"不认为""不觉得""不同意"的否定立场。

20. 为什么说"很不喜欢"，不说"很不讨厌"？

一、"很不+X"

"很不+X"结构是"高量级副词+不+中心词"。能进入"很不+X"结构的"X"大多为形容词，由于心理动词兼具形容词与动词的双重性质，部分心理动词也可以进入该结构，如"很不喜欢、很不放心"。但同样表达情感态度的"讨厌、想念"则不能构成"很不+X"，如"很不讨厌、很不想念"不成立。

二、进入"很不+X"的限制条件之一："X"具有积极意义

无论是形容词还是心理动词，能进入"很不+X"结构的"X"通常是褒义的或者有积极意义。例如：

（1）很不好看　*很不难看　　　很不虚心　*很不骄傲

　　很不从容　*很不慌乱　　　很不乐观　*很不悲观

　　很不赞成　*很不反对　　　很不高兴　*很不难过

　　很不重视　*很不轻视　　　很不满意　*很不失望

　　很不专注　*很不走神　　　很不熟悉　*很不陌生

"好看、难看""赞成、反对"等褒义、贬义成对的形容词或心理动词，只有褒义或积极意义的词语可以进入"很不+X"结构；"讨厌"类消极意义的心理动词不能进入"很不+X"结构。对"X"褒贬色彩的要求，使能进入"很不+X"格式的心理动词集中于表"高兴、喜欢、满意、重视、赞成、理解、专注"等积极的情感、态度或认知的词语。例如：

很不喜欢　很不喜爱　很不爱　　很不爱惜　很不珍惜　很不体贴

很不关心　很不照顾　很不体恤　很不自爱　很不尊重　很不尊敬

很不领情　很不欣赏　很不满意　很不满足　很不高兴　很不放心

很不舍得　很不服气　很不认同　很不同意　很不赞同　很不赞成

很不提倡　很不支持　很不欢迎　很不配合　很不信任　很不相信

很不警惕　很不重视　很不看重　很不注重　很不讲究　很不考究

很不关注　很不在乎　很不介意　很不在意　很不希望　很不想

很不愿意　很不情愿　很不乐意　很不甘心　很不确定　很不明白

很不清楚　很不理解　很不了解　很不注意　很不小心　很不熟悉

很不精通　很不习惯

见下面的例子：

（2）a. 他不同意当时很多人对李书的称赞，至少<u>很不喜爱</u>李建中书的"瘦"和"俗"。

b. 贝尔虽然清醒了，但他显然<u>很不欣赏</u>我开他宗教的玩笑。

c. 村里几位绅士听后连连摇头，表示<u>很不赞同</u>。

d. 居民们吹起海螺号，表示他们对即将在当地落成的一家沃尔玛分店<u>很不欢迎</u>。

e. 他似乎<u>很不看重</u>这个纪录，只是简单回答了记者关于新人快速成长的问题。

f. 一些<u>很不精通</u>"接待"艺术却带有"首席接待"头衔的先生向我投以严厉的目光。

g. "那些无非是恐吓，不管他。"史俊<u>很不介意</u>地说。

心理动词进入"很不＋X"后，该结构整体表达"不喜欢、不关心、不满意、不重视、不赞同、不专注、不看重、不理解"等消极评价意义。"不介意""不在意"有时也可以理解为积极的心理态度。

三、进入"很不＋X"的限制条件之二："X"具有程度伸延性

"X"具有褒义或积极意义是其进入"很不＋X"结构的必要条件，但不是充分条件。"想念""暗喜""记得"等心理动词具有积极意义，但不能进入"很不＋X"结构。

"很不＋X"的结构层次可以理解为先否定，再定量，即"不"先与"X"组合，构成"不＋X"，然后整体受程度副词修饰。可以被"不"否定是进入"很

不 + X"的前提。

　　汉语"不"可以否定性质形容词（如"不红、不胖、不干净"），不能否定状态形容词（如"*不雪白、*不白茫茫、*不干干净净"）。这是因为"不"是对有伸延性的连续量的否定，状态形容词具有固定的量点，没有可伸延的量幅，因此不能被"不"否定。同样，不具有量幅的心理动词也不能被"不"否定（如"*不暗喜、*不铭记"）。

　　与"不"结合后构成的"不 + X"整体受程度副词修饰，可以从低到高切分为四个量级，"不 + X"从左到右程度在递增。详见表 20-1。

表 20-1　"不 + X"的量级

L1	L2	L3	L4
有点儿不 + X	不 + X	很不 + X	一点儿也不 + X

　　不同心理动词能覆盖的量幅存在差异，如"喜欢""想"可以覆盖 L1～L4 四个量级（如"有点儿不喜欢、不喜欢、很不喜欢、一点儿也不喜欢"）；"记得""认识"可以覆盖三个量级（如"有点儿不记得、不记得、一点儿也不记得"）；"讨厌""想念"覆盖两个量级（如"不讨厌、一点儿也不讨厌"）；"暗喜""铭记"在程度量上表现为一点，而不是一段，不能进入任何一级否定结构。详见表 20-2。

表 20-2　不同心理动词在否定量度上的表现

| 心理动词 | L1 | L2 | L3 | L4 |
	有点儿不 + X	不 + X	很不 + X	一点儿也不 + X
喜欢	+	+	+	+
想	+	+	+	+
记得	+	+	−	+
认识	+	+	−	+
讨厌	−	+	−	+

续表

心理动词	L1	L2	L3	L4
	有点儿不 + X	不 + X	很不 + X	一点儿也不 + X
想念	−	+	−	+
暗喜	−	−	−	−
铭记	−	−	−	−

不同心理动词在肯定结构上同样也表现出不同程度的伸延性，也可以分为四个量级。详见表 20-3。

表 20-3　不同心理动词在肯定量度上的表现

心理动词	L1	L2	L3	L4
	有点儿 / 有些 + X	X	很 / 非常 / 十分 + X	极 / 极其 / 极度 + X
喜欢	+	+	+	+
想	+	+	+	+
记得	−	+	−	−
认识	−	+	−	−
讨厌	+	+	+	+
想念	+	+	+	+
暗喜	−	+	−	−
铭记	−	+	−	−

可见，在否定结构中表现自由的"喜欢""想"等动词在肯定结构中也同样表现自由，可以从低到高覆盖"有点儿 + X""X""很 + X""极 + X"四个量级，这样的心理动词可称为"全量幅心理动词"。

"记得""认识"等在否定结构上表现自由，在肯定结构上则很受限制。与之相反，"讨厌""想念"在肯定结构上表现自由，在否定结构上则较受限制。两者都属于"半量幅心理动词"。

"暗喜""铭记"则是在否定、肯定两个方向上都不能做量级切分，属于"无量幅心理动词"。不具有量幅的谓词通常不能被"不"否定。

能够进入"很不＋X"的"X"无论在肯定还是否定上都具备较大的伸延性，量级切分上具有较高的自由度，通常可以覆盖全部量幅。

一些近义心理动词表达类似的语义概念，体现相同的褒贬色彩，但在程度伸延性上差异较大。如"愿意、甘心、甘愿"，三者概念意义接近，但"愿意、甘心"具有可伸延的量幅，能够被"不"否定，可以进入"很不＋X"结构；而"甘愿"在负向上不能被"不"否定，在正向上不能做量级切分，其本身具有高程度义，在量级上表现为固定的一点，不可伸延。这一点与状态形容词自带一个固定量级，从而不能被"不"否定同理（如"*不雪白"）。

与一些书面色彩较浓的词汇相比较，一般词汇更容易进入"很不＋X"结构，如下面例（3）"好看"和"美丽"、"佩服"和"钦佩"等的对比：

（3）很不好看   *很不美丽   很不喜欢   *很不宠爱

　　很不爱   *很不爱好   很不尊重   *很不拥戴

　　很不关心   *很不关怀   很不佩服   *很不钦佩

也可以认为"美丽""钦佩"等在语义上自带了一个较高的基础量级，不容易受"不"否定。

21. 为什么说"老大不高兴"，
不说"老大高兴"？

"老大"用作程度副词表示"很、非常"，如"老大不高兴"指"很不高兴"，但这一格式不能任意类推，"老大高兴""老大自在"就不成立。"老大"对其所修饰的中心词具有选择性。

一、程度副词"老大"

程度副词"老大"后接谓词，通常以"老大＋不＋V/A"格式出现。能够被

"老大"修饰的"V/A"是有限的，一般为双音节词。例如：

（1）a. 初见汪老，他斜躺在床上，<u>老大不高兴</u>。

　　　b. 这一天是中秋节，大家都回家吃月饼去了，他心里不免<u>老大不痛快</u>。

　　　c. 他觉得<u>老大不对劲</u>。

　　　d. 怎么喝那样的茶，真是<u>老大不恭敬</u>。

　　　e. 他心里<u>老大不愿意</u>，但还是不折不扣地执行了。

　　　f. 有人听了，心里<u>老大不服气</u>。

　一些本身包含否定语素"不"的词可以受"老大"修饰。例如：

（2）a. 心里<u>老大不忍</u>，还泛出同情的脸色。

　　　b. 她翻开第一名的试卷，见姓名是朱汝珍，便<u>老大不悦</u>。

　　　c. 惹得对方<u>老大不快</u>，但又无可奈何。

　　　d. 只见萧峰背负双手，正在滴水檐前走来走去，似是<u>老大不耐烦</u>。

　一些带否定词的短语也可以受"老大"修饰。例如：

（3）a. 突然间心中<u>老大不是滋味</u>。

　　　b. 心里头<u>老大过意不去</u>。

"老大"可以后接助词"的"，构成"老大的 + V/A"表示程度，接谓词用法可以认为是"老大的"接名词用法的类推。例如：

（4）a. 兜了<u>老大的一个圈子</u>，才绕道到正题上。

　　　b. 费了<u>老大的力气</u>，才把活干完。

　　　c. 一位小车司机被安排到其他部门跑运输，一开始<u>老大的不情愿</u>。

　　　d. 饭店虽然<u>老大的不乐意</u>，可既然是上级主管部门给做的主，也不好多说什么。

　　　e. 这就使人看了感到<u>老大的不舒服</u>。

　　例（4a）、例（4b）中的"老大的"接名词，"大"语义实在，明确指向后面的名词，指"圈子大""力气大"。"老"语义较虚，修饰"大"，"老大"是可分析的短语，可以用短语"挺大""很大"替换，如"很大的一个圈子、挺大的力气"。例（4c～4e）"老大的"接谓词，"大"语义较虚，与后面的谓词不直接构成修饰关系，如"大不情愿、大不乐意"不成立；"老大"作为一个词，不能用短语"很大""挺大"替换，如"很大的不情愿、挺大的不乐意"不成立。"老大的 + V/A"在句中可以独立做谓语［如例（4c）、例（4d）］，也可以做宾语［如例（4e）］。

使用"老大的 + V/A"格式时，可以不出现否定词"不"。例如：

（5）a. 我心中老大的惋惜和不忍。

　　b. 我跟你说，我娶你妈，我还抱老大的委屈呢。

　　c. 免去坐着甚至站着旅行的辛苦已是老大的满足，少睡几个小时又算得了什么。

例（5）"老大的惋惜""老大的委屈""老大的满足"中，"惋惜""委屈""满足"充当定中结构的中心词。

二、现代汉语程度副词"老大"的语义缩小

现代汉语程度副词"老大"只用于修饰心理谓词或短语，表达"不高兴、不乐意、不舒服、不恭敬"之类消极的情感态度。该用法经历了语义缩小的过程。"老大"作为程度副词在明清时期就已经普遍使用，且用途广泛，既可以修饰名词或名词短语，也可以修饰谓词或谓词短语。谓词可以是否定结构，也可以是肯定结构，且语义上不限于心理谓词。见下面的格式：

（一）"老大 + 不 + VP/AP"

近代汉语中，可以进入"老大 + 不 + VP/AP"结构的心理谓词或谓词短语更广泛。例如：

（6）a. 你这个夯货，老大不知高低！　　　　　　　《西游记》

　　b. 他老先生见了这个折子老大不以为然。　　　《官场现形记》

　　c. 但见那周选侍忽然脸上飞赤的起来，老大不甚过意。　　《续济公传》

　　d. 脸皮老大不知羞，倒退三千又出头。　　　　《大藏经》

（二）"老大的 + 不 + VP/AP"

近代汉语"老大的 + 不 + VP/AP"不限于心理谓词，"闻名、忠厚"等形容

词也可以进入该格式。例如：

（7）a. 手里的一杆兵器，又不在十八般武艺之内，<u>老大的不闻名</u>。

《三宝太监西洋记》

　　　b. 原来你这个人<u>老大的不忠厚</u>。　　　　　《三宝太监西洋记》

（三）"老大的 + VP/AP"

现代汉语中，"老大的 + VP/AP"中的"VP/AP"做定中结构的中心词，失去了陈述性，其后不会再出现宾语。与之相比，近代汉语中，"老大的 + VP/AP"中的"VP/AP"具有陈述性，可以带宾语。例如：

（8）a. 天师晓得这个火母有些利害，<u>老大的堤防于他</u>。　《三宝太监西洋记》
　　　b. 老爷看见这个马译字，应对如流，心上<u>老大的敬重他</u>。

《三宝太监西洋记》

（四）"老大 + VP/AP"

现代汉语只有"老大的"可以带肯定的"VP/AP"，近代汉语"老大"可以直接带肯定式"VP/AP"。例如：

（9）a. 天师心上<u>老大吃惊</u>。　　　　　　　　　《三宝太监西洋记》
　　　b. 羊角仙人看见打翻了无底洞，心上<u>老大吃力</u>。　《三宝太监西洋记》
　　　c. 春花看得光景出来，心里<u>老大懊悔</u>。　　　《二刻拍案惊奇》
　　　d. 两口儿见了儿子，心里<u>老大喜欢</u>。　　　　《今古奇观》

可见，近代汉语广泛使用的程度副词"老大"，在现代汉语中经历了语义缩小，只能用于修饰"不高兴、不乐意、不舒服、不恭敬"等有限的几类消极情感。

22. 为什么说"这件事感动了我"，不说"这件事激动了我"？

一、感动和激动

"感动"表示"感情受外界影响而激动，引起同情或向慕"，"激动"表示"感情因外界刺激而冲动"。两者都属于"感"类情感，都可以进入"NP$_1$（感受者）+ 很 + V$_{心理}$"结构。例如：

（1）a. 我很感动。

b. 我很激动。

但是，两者并不都能进入"NP$_2$ + V$_{心理}$ + NP$_1$"格式，"NP$_2$"表示引发某心理活动的原因事件，"NP$_1$"表示感受者，格式整体表达"NP$_2$ 使 NP$_1$ 产生某种心理活动"。例如：

（2）a. 这件事感动了我。

a'. 这件事令我很感动。

b.* 这件事激动了我。

b'. 这件事令我很激动。

例（2）中，"感动"可以进入"NP$_2$ + V$_{心理}$ + NP$_1$"表达致使意义，而"激动"致使意义的实现只能借助于使令动词"使、令、让"，例（2b）不成立。

二、兼有自动和使动用法的动词

汉语中存在一部分动词集自动和使动用法于一身，通常称为"作格动词"（ergative verb）。例如：

（3）a. 铁环在地上滚。　　　　　孩子在地上滚铁环。

b. 社会根基动摇了。　　　　巨大的贫富差距动摇了社会根基。

c. 同学关系改善了。　　　　小明改善了同学关系。

d. 孩子的见识增长了。　　　孩子增长了见识。

　　e. 棒球队<u>解散</u>了。　　　　学校<u>解散</u>了棒球队。

　　f. 小王的学习态度<u>端正</u>了。　　小王<u>端正</u>了学习态度。

　　例（3）"滚、动摇、改善、增长、解散、端正"既可以用于"Y＋V"，表示"Y"的行为、状态或变化，不带宾语，这是动词的自动用法。也可以用于"X＋V＋Y"，构成述宾结构，形式上类似一个及物动词，功能上表达使动语义"X＋使 / 让 / 令＋Y＋V"。如"小孩滚铁环——小孩使铁环滚""学校解散棒球队——学校让棒球队解散""小明端正学习态度——小明使学习态度端正"，这是动词的使动用法。

　　作格动词包括具有较高动作性的动作动词如"滚、摇、摆、动、晃、转、开、关、睁、闭、运动、活动、转移、掉转、摇晃"等。此时，述宾结构"V＋Y"表示"使 Y 进行 V 所示的动作"，如"开门——［使 Y：门＋V$_{动作}$：开］""动动身体——［使 Y：身体＋V$_{动作}$：动动］"。

　　也包括部分表示心理情感的词，如"感动、震惊、兴奋、满足、振奋、为难、委屈、恶心、温暖、振作"等。此时，述宾结构"V＋Y"表示"使 Y 发生 V 所示的心理活动"，如"感动了我——［使 Y：我＋V$_{心理}$：感动］""为难你了——［使 Y：你＋V$_{心理}$：为难］"。

　　也有表示变化意义的动词，如"更新、更改、改变、改进、改良、改善、增长、增强、发展、扩大、放大、缩小、缩短、减少、提高、降低、延长、延缓、消耗、削弱、恢复、振兴、美化、简化、强化、弱化、淡化、激化、开始、爆发、暴露、成立、结束、终止、中止、完成、实现、丢、丢失、丧失、解除、解散、解放"等。此时，述宾结构"V＋Y"表示"使 Y 发生 V 所示的变化"，如"更新了软件——［使 Y：软件＋V$_{变化}$：更新］""结束会议——［使 Y：会议＋V$_{变化}$：结束］"。

　　还有一部分表示状态的动词，如"分散、瓦解、粉碎、败坏、荒废、歪曲、动摇、轰动、惊动、颠倒、混淆、端正、规范、重复、模糊、缓和、缓解、融洽、平静、团结、统一、完善、健全、方便、便利、活跃、孤立、麻痹、丰富、繁荣、壮大、突出、稳定、安定、纯洁、乱、热、暖、弯"等。此时，述宾结构"V＋Y"表示"使 Y 变成 V 所示的状态"，如"分散精力——［使 Y：精力＋

V$_{状态}$：分散]""活跃气氛——[使 Y：气氛 + V$_{状态}$：活跃]"。

变化与状态无法截然分开，在这里，"变化"强调一个新情况的开始、出现、结束、消失、增强或减弱；"状态"则聚焦变化的结果或终点，包括大量源自形容词的使动用法。

三、不及物结构与致使结构之间的交替

兼有自动与使动用法的作格动词既有不及物的用法，也有可以用于表达致使的双论元及物结构：

$$Y + V \qquad X + V + Y$$

"Y + V"表达静态的行为或变化的结果，"X + V + Y"表达"X"致使"Y"发生某种行为或变化。"Y"为"被影响者"，是必有论元，"X"为"引发者"，是非必有论元。作格动词的这一句法表现与单纯的不及物动词或一般的及物动词形成对比。

单纯的不及物动词如"咳嗽、发抖、睡觉、醒、着想、发毛、发火、结婚、休息、散步、出发、毕业、入学、帮忙"等，只能进入不及物结构：

$$Y + V$$

这些不及物动词的概念结构只涉及行为或变化的主体，不涉及变化的引发者，动词本身没有使动用法，试比较"他咳嗽了、*咳嗽了他"和"他醒了、*醒了他"。

一般及物动词如"打、骂、教、派、哄、骗、帮助、接待、救济、拒绝、教育、靠近、参观、访问、虐待、防备、发现、躲避、攻击、讽刺、欺骗"等，作为及物动词，首先，它们可以进入双论元及物结构；其次，在一定语境下，它们的宾语可以缺省，构成不及物结构：

$$X + V + Y \qquad X + V$$

例如：

（4）a. 张三打了李四。　　　（张三打没打李四？）张三打了。

　　b. 张三接待了李四。　　　（谁接待了李四？）张三接待了。

但是这类动词无法同作格动词一样，进入被影响者做主语的"Y + V"结构，

否则，动作的传递方向会发生改变。例（4）的事件用"Y＋V"结构"李四打了、李四接待了"表达，则意味着"李四打了张三、李四接待了张三"，语义发生改变。

另有一部分及物动词如"吃、喝、买、卖、洗、叫、写、读"等，和作格动词一样，也可以进入下面两类结构，及物结构中的宾语在不及物结构中充当主语：

$$X＋V＋Y \qquad Y＋V$$

例如：

（5）a. 我吃了早饭。

　　　早饭吃了。

　　b. 我叫了车。

　　　车叫了。

　　c. 我写了作业。

　　　作业写了。

　　d. 我买了票。

　　　票买了。

区别于作格动词表达的使动用法，这部分及物动词与宾语之间不存在使动意义，无法变换为"X＋使＋Y＋V"结构，即"我吃早饭"不是"我使早饭吃"，"我叫车"也不是"我使车叫"。"X＋V＋Y"是施事的及物句，而不是致使的及物句。这部分及物动词构成的"Y＋V"（"早饭吃了""车叫了"）蕴含了施事的存在，与之相对，作格动词构成的单论元句"铁环在滚""关系改善了""会议结束了"只表达变化或结果，并不蕴含施事的存在。

四、"感动"是作格动词

作格动词语义上蕴含了"状态变化"及"致使性"，既可以出现在双论元的"X＋V＋Y"结构，也可以出现在单论元的"Y＋V"结构。其概念结构可以描写为：

$$[\,X\ CAUSE\ [\,Y\ TO\ BECOME\ STATE\,]\,]\ 或\ [\,Y\ BECOME\ STATE\,]$$

以"感动"为例：

感动［Y BECOME 感动］ 或 ［X CAUSE［Y TO BECOME 感动］］

于是，"感动"可以出现在单论元句"我很感动"，也可以出现在双论元句"这件事感动了我"。与之相对，"激动"的概念结构是单纯的状态变化，不具有致使性，可以描写为：

激动［Y BECOME 激动］

另一个相关词汇"打动"，则只具有致使性，不用于不及物结构，可以描写为：

打动 ［X CAUSE［Y TO BECOME 被打动］］

"高兴"与"兴奋"、"震惊"与"吃惊"的概念结构呈现出类似的对比：

高兴［Y BECOME 高兴］

兴奋［Y BECOME 兴奋］［X CAUSE［Y TO BECOME 兴奋］］

吃惊［Y BECOME 吃惊］

震惊［Y BECOME 震惊］［X CAUSE［Y TO BECOME 震惊］］

上述概念结构的差异体现到句法上，导致例（6a'）、例（6c'）不成立，而例（6b'）、例（6d'）是成立的。

（6）a. 所有人都很高兴。　　　a'.* 这个消息高兴了所有人。

　　 b. 所有人都很兴奋。　　　b'. 这个消息兴奋了所有人。

　　 c. 我很吃惊。　　　　　　c'.* 这个消息吃惊了我。

　　 d. 我很震惊。　　　　　　d'. 这个消息震惊了我。

需要注意的是，"感动"与"激动"、"高兴"与"兴奋"、"震惊"与"吃惊"等表达类似情感的两个词，一个是作格性的，一个不是，学生在学习过程中，应当避免过度类推或泛化。汉语最典型的致使用法仍然是"分析型致使结构"，即致使行为与结果行为由两个独立的谓词承担，如"这个消息令他很兴奋 / 很吃惊"，致使行为由使令动词"使、令、让"承担，结果行为由"兴奋、吃惊"等谓词承担，两者互相合作，共同表达一个致使事件。

23. 为什么"我想死你了""你想死我了"
意义相同?

一、"我想死你了"和"你想死我了"

"我想死你了"和"你想死我了"主宾易位,但概念意义相同,都可以表达"我想你想到极高的程度"。类似的词语还有"羡慕、妒忌、崇拜、担心、操心、恶心、烦、恨、愁"等。例如:

(1) 羡慕死我了　羡慕死你了　　　　妒忌死我了　妒忌死你了

崇拜死我了　崇拜死你了　　　　担心死我了　担心死你了

操心死我了　操心死你了　　　　烦死我了　　烦死你了

恨死我了　　恨死你了　　　　　愁死我了　　愁死你了

"X+死"有歧义的情况下,语境可以消歧。例如:

(2) a. 我们孙先生输了不少钱还要赌,恨死我了。

b. 你一天不惹事就难受,专欺负女孩子,恨死我了。

c. 亚平从出事到现在没给我打过一个电话,也许心里恨死我了。

d. 连我自己也没有明白是怎么发生的,耿林现在恨死我了,我只能听天由命了。

例(2)都使用了"恨死我了",其中例(2a)、例(2b)"我"为感受者,例(2c)、例(2d)第三人称"亚平""耿林"为感受者。

二、"X+死"中"死"的实义和虚义

"X+死"格式中,"X"不同时,"死"的意义有虚实之分。

"X+死"构成"打死、压死、淹死、憋死、捏死、摔死、踩死"时,"死"表达实义"死亡"。

"X+死"构成"堵死、锁死、钉死、焊死、封死、定死、说死"时,"死"表达引申义"固定、不活动",意义较实。

　　"X＋死"构成"乐死、笑死、馋死、爱死、咸死、吵死、心疼死"时，"死"表达虚义——"极高程度"。汉语可以用"死"类词表达高程度义，如"慢得要死、怕得要死、馋得要命、懒得要命"，语气比较夸张。

　　能够进入"X＋死"并表示虚义"极高程度"的"X"主要有下面四类：

（一）感官感觉类

　　"酸、甜、苦、辣、咸、腻、馊、臭、热、烫、冷、痒、疼、饿、渴、撑、累、困、晕、馋、噎、闷、熏、呛、难吃、难闻、难看、难听"等表达味觉、嗅觉、生理感受等感官感觉的词可以进入"X＋死"结构。

（二）心理情感类

　　"急、悔、恨、爱、迷、美、乐、逗、笑、哭、羞、臊、愧、苦、恼、愁、烦、闷、冤、想、吓、怕、郁闷、无聊、讨厌、后悔、懊悔、担心、操心、伤心、恶心、羡慕、妒忌、可怜、可恶、心疼、委屈、纠结、心痛、冤枉、感动、高兴、开心、兴奋、喜欢"等表达情感感受的形容词或动词可以进入"X＋死"结构。

（三）损害行为类

　　"骂、害、磨、缠、吵、闹、折磨、折腾、闹腾"等一部分给别人造成损害、使别人蒙受损失的行为动词可以进入"X＋死"结构。部分"X＋死"结构需要借助语境理解其损害义。例如：

　　（3）这道题考死了当年的一大半考生。

　　例（3）中，"考死"指的是"难倒考生，使考生错答或答不出来"。

（四）事物性质类

　　"脏、蠢、笨、坏、重、慢、卡、挤、难、麻烦、懒、闲、忙、烂、破、啰唆、小气、浪费、亏、赔、赚、萌、可爱"等描写事物、事态性质的形容词或动词也可以进入"X＋死"结构。

综上，"X＋死"在表达虚化的程度义时，仍然受"死"的实义的影响。表现在：

首先，受"死"的消极意义的影响，绝大多数"X"为消极语义色彩词。如感官感觉类可以说"难听/难闻/难看/难受/难吃＋死了"，通常不说"好听/好闻/好看/好受/好吃＋死了"；事物性质类可以说"脏/蠢/重/坏＋死了"，一般不说"干净/聪明/轻/好＋死了"。也存在一部分表达积极意义的"X＋死"，如"高兴/兴奋/爱＋死了"，但数量较少，可以理解为"死"的实义和其所蕴含的消极色彩发生了弱化，作为程度补语，出现了功能扩展或泛化。

其次，"X"并不是一个开放的类，"死"的实义特点影响了"X"的语义类别。第一、二类生理感受、心理情感与人的身体密切相关，部分生理、心理感受甚至可能危及健康或生命。一部分感官感觉类"X＋死"如"饿死、撑死、冻死、累死、噎死"等，本身存在歧义，"饿、撑、冻、累、噎"有实际导致死亡的可能性，可能表达实义，同时也可能表达程度义。同样，心理情感也与生命密切相关，从下面的"X＋而死"结构短语中可窥一斑，如"郁闷而死、忧郁而死、羞愧而死、心痛而死、痛苦而死"。第三类"骂"类行为可以看作是对"打死"类行为动词的类推，只是区别于"打、砸、摔、掐"等，"骂、吵、缠、磨"等行为不会导致实际的死亡后果，只用来夸张地表述损害的程度。第四类"脏"类词与第三类损害行为一样，多用于表达事物的消极性质带来的不利或损害。以上四类"X＋死"均主要用于表达生理或心理上受损的消极意义。

三、"X＋死＋N"中的自动和使动

"X＋死"带上宾语构成"X＋死＋N"结构，该结构可表达自动和使动两种语义。例如：

（4）a. 我恨死你了　　我想死你了　　我讨厌死你了　　我担心死你了

　　　b. 困死我了　　　急死我了　　　害死我了　　　　辣死我了

　　　c. 把我困死了　　把我急死了　　把我害死了　　　把我辣死了

例（4a）"S＋X＋死＋N"表达自动语义。感受者（S）"我"在句中做主语。宾语（N）"你"是及物心理动词"恨、想、讨厌、担心"的受事，"X"与"N"

构成述宾支配关系（恨／想／讨厌／担心＋你）。

例（4b）"X＋死＋S"表达使动语义。感受者（S）"我"在句中做宾语。"X"与宾语之间，既可以是表述关系"我困""我急"，也可以是述宾关系"害我"，还可以既不存在表述关系，也不存在述宾关系，如"辣"和"我"之间不存在直接的表述关系或支配关系。使动必然引发致使对象发生某个行为或产生某种变化，是较强的支配关系，因此，使动句例（4b）可以变换为及物性较强的"把"字句，见例（4c）。

从句法上看，"X＋死"结构中的"死"的语义是否指向宾语，是区分自动、使动的决定性条件。例（4a）补语"死"的语义指向主语"我"，句子表达自动；例（4b）补语"死"的语义指向宾语"我"，句子表达使动。"死"以宾语为表述对象，才可能与宾语构成使动关系。

补语的语义指向与自动、使动之间的对应关系在汉语其他述补结构中也有同样的表现。例如：

（5）a. 她哭肿了眼睛   踢球踢伤了脚   发烧烧坏了脑子   妈妈晒干了衣服

　　　b. 她把眼睛哭肿了 踢球把脚踢伤了 发烧把脑子烧坏了 妈妈把衣服晒干了

　　　c. 他喝醉了酒   他吃腻了大鱼大肉 孩子听厌了说教   妈妈洗累了衣服

例（5a）述补结构的补语成分"肿、伤、坏、干"的语义指向宾语"眼睛、脚、脑子、衣服"，构成使动关系"使眼睛肿、使脚受伤、使脑子坏掉、使衣服干"，可变换为"把"字句〔如例（5b）〕。

例（5c）述补结构的补语成分"醉、腻、厌、累"指向主语，意为"他醉、他腻、孩子厌、妈妈累"，句子表达自动语义。例（5c）不能变换为"把"字句，如"他把酒喝醉了""妈妈把衣服洗累了"不成立。

四、"我想死你了"和"你想死我了"的同义机制

汉语没有严格的形态变化，语序是重要的语法手段，主语位置与宾语位置互相对立，易位后通常导致意义相反，如"我想你"和"你想我"，"我害死你了"和"你害死我了"意义相反。

"我想死你了"和"你想死我了"在主宾易位后仍然表达相同的概念意义，

这可以从信息疆域（information territory）角度进行解释。

生理感受、心理情感等个人信息属于感受主体的信息疆域，感受者是信息的权威知晓者。当感受者为第二人称（听话人）时，说话人通常不能以陈述句形式来宣称对方的生理、心理感受或其他属于对方信息疆域的个人信息，否则这等于侵犯了对方的信息权属。说话人只能以疑问或确认的方式向对方求证或确认。如陈述句"你是上海人。""你冷。"单独使用时，语用上不自然，而向听话人征询或确认信息的"你是上海人吧？""你冷不冷？"则是自然的。

"想"以及具有相同语法表现的"羡慕、担心、操心、恨"等动词都为及物心理动词，可以带受事宾语，构成述宾结构，表达自动语义（如"想死你了、担心死你了、羡慕死你了"）；同时，也可以通过将"死"的语义指向宾语来获得使动意义（如"想死我了、担心死我了、羡慕死我了"）。

遵照语序理解，"我想死你了"中，动词"想"为及物动词，可以支配宾语"你"，补语"V＋死"表达高程度义，"死"指向主语"我"。"我想你"表达第一人称主语的心理情感，为自动语义。

同样遵照语序理解，"你想死我了"如果理解为"你想我"到"V＋死"的程度，则句子是由说话人宣称第二人称听话人的心理情感，违背了信息疆域原则，语用上不合理。

因此，对于"你想死我了"的理解不能单纯遵照语序，而需要基于语用重新解码。汉语动结式补语有多种语义指向，可以指向主语（如"我吃饱了"），也可以指向宾语（如"战士们击退了敌兵"），或可以指向动作本身（如"他握紧了方向盘"）。"你想死我了"中，补语"死"可以理解为指向宾语"我"，这样，句子就获得了使动意义"你让我想死了"。同"我想死你了"一样，"你让我想死了"同样表达"我想你"。

这样，"我想死你了""你想死我了"虽然主宾易位，但表达相同的概念意义。

24. 为什么"恨得他牙痒痒"有歧义?

一、"恨得 N 牙痒痒"的歧义

除了单个词或短语可以做补语外,句子也可以做补语,通过"得"字引介,称为小句补语。一些小句补语句是有歧义的,试比较下例中的"恨得牙痒痒":

(1) a. 二十出头便数度入狱,全村人都<u>恨得他牙痒痒</u>。

　　a'. 二十出头便数度入狱,全村人都<u>恨他恨得牙痒痒</u>。

　　b. 她的心早已灰冷,对于令儿子远离她的有关人等,<u>都恨得她牙痒痒</u>。

　　b'. 她的心早已灰冷,对于令儿子远离她的有关人等,<u>她都恨得牙痒痒</u>。

例(1a)"恨得他牙痒痒"指"全村人恨他","他"是谓词"恨"所关涉的对象,句子可以变换为重动句[如例(1a')];例(1b)指"她恨有关人等","她"为"恨"的感受者,可移于谓词之前做主语,句子意义不变,见例(1b')。

二、能进入小句补语句的谓词

能进入小句补语句的谓词并不是开放的,单音节动词或形容词居多,语义类别上有较明显的倾向,主要分为三大类:

(一)泛义动词

包括"弄、搞、引、害、闹、搅、招"等。例如:

(2) a. 唱片的事已经<u>弄得大家一贫如洗</u>。

　　b. 他这边打,士兵们就往那边跑,<u>引得街上看热闹的人们一阵阵哄笑</u>。

(二)感受类谓词

主要包括一些表达心理或生理感受的单音节动词或形容词,如"乐、气、恨、愁、急、吓、慌、惊、羞、想、闷、累、忙、困、闲、痒、冷、热、疼、饿、噎、呛、撩"等,也有部分双音节心理谓词,如"兴奋、羡慕、感动、激动、惭愧、刺激"等。例如：

（3）a. 我笑她这么爱哭，<u>气得她拧我的耳朵</u>。

　　　b. 她看着男兵女兵们调笑打闹，<u>羡慕得鼻子发酸</u>。

（三）身体动作动词

由身体发出的动作，有"述人"特征，如"看、说、听、讲、逗、笑、哭、叫、喊、打、骂、摔、撞、敲、追、等、找"等。例如：

（4）a. 演员们的幽默语言、诙谐表情，<u>逗得观众捧腹大笑</u>。

　　　b. 夜晚，楼下火爆爆的夜总会，高重低音<u>敲得你心烦意乱</u>。

除上述三个语义类别外，另有少量不具有"述人"特征的动词或形容词，也可以带小句补语，如"照、晃、刺、震"等。例如：

（5）a. 顿时，房屋里的灯光都打开，强烈的光<u>照得我有点儿晕</u>。

　　　b. 1994 年破产锣乍地响起，<u>震得企业员工心神不宁</u>。

三、小句补语句中的"N"的语义二分

小句补语句可以描写为：

$$S + V_1 + 得 + N + VP_2$$

"V_1"代表谓词，包括动词和形容词。从"N"与"V_1"的语义关系看，"N"可以分为两大类：一类为广义施事，包括动作行为的发出者，心理活动、生理感受等性状行为的系属者；另一类为广义受事，包括动作行为的接受者，心理活动、生理感受等性状行为的关涉对象。"VP_2"表达"N"发生的变化。例如：

（6）a. 娟子的干呕声<u>听得他又难受又担心</u>。

　　　b. 呼国庆自然是反复给人家解释，说那是一个造假的窝点，是在"北京挂了号的"等等，<u>说得他口干舌燥</u>。

　　　c. 腰上连遭猛击，每中一棍，都<u>痛得他脱口喊出声</u>，但他就是不依从。

　　　d. 他甚至连嚼也不嚼，往下吞咽，一顿饭<u>吃得他满头冒汗</u>。

　　　e. 慧素现在会在什么地方呢？这个问题<u>憋得他真想放声大哭</u>。

例（6）中，小句补语句中的"他"为广义的施事（如"他听、他说、他痛、

他吃、他憋"），该施事成分可以前移做主语，构成"他听得又难受又担心""他说得口干舌燥""他痛得脱口喊出声"。

（7）a. 她纠缠不休，<u>缠得我喘不过气来</u>。

　　b. 小发电机发出隆隆噪音，<u>吵得市民日夜不宁</u>。

　　c. 有时候经理也找不到他，<u>害得我只好替他上场</u>。

　　d. 他激动得<u>声音都抖了</u>。

　　e. 她哭得<u>眼睛都肿了</u>。

例（7）中，小句补语句中的"N"为广义的受事。其中，例（7a～7c）"N"为动作行为的接受者（如"缠我、吵市民、害我"）；例（7d～7e）表达受前事影响引发了事物变化，即"激动使声音抖、哭使眼睛肿"，"声音""眼睛"为致使行为的接受者，可以纳入广义的受事。

部分及物动词后接小句补语时，"N"既可能是广义的施事，也可能是广义的受事，解读需要依赖语境，试比较例（8）"看得"、例（9）"追得"、例（10）"打得"：

（8）a. 小镇上果然人来人往，弯弯曲曲一条街的铺面<u>看得我脚都挪不动了</u>。

　　b. 来往的行人都朝我们这一家人身上看，<u>看得我浑身不自在</u>，不知该把目光投向哪儿才好。

（9）a. 马忽然拼命往前跑，到了田埂那里才停下来，<u>追得我累趴在地</u>。

　　b. 欠下高利贷的吴英伦坐卧不宁，上门催债的人<u>追得他无处藏身</u>。

（10）a. 我变得挺经打的，到最后<u>打得我妈自己手都乌青了</u>，索性不打了。

　　b. 明天他若真敢上门，我就<u>打得他鼻青脸肿、满地找牙</u>。

例（8a）、例（9a）、例（10a）"我看一条街的铺面""我追马""我妈打我"，"N"为广义的施事；例（8b）、例（9b）、例（10b）"行人看我""催债的人追他""我打他"，"N"为广义的受事。

无论"N"表示广义的施事，还是广义的受事，"S＋V₁＋得＋N＋VP₂"中，"VP₂"表达"N"发生的变化，"V₁"和"VP₂"表述的两个事件之间存在时间上的先后和逻辑上的因果联系，可以用"为什么"对补语成分进行提问，此时，整个小句补语句可以作为答句。例如：

（11）a. A：为什么<u>满头大汗</u>？

　　　　B：这顿饭吃得<u>他满头大汗</u>。　　　"他"：广义施事

　　b. A：为什么<u>喘不过气</u>？

　　　　B：她缠得<u>我喘不过气</u>。　　　　"我"：广义受事

例（11）中，"他吃饭""她缠我"是先行的原因事件，"他满头大汗""我喘不过气"是后发的结果事件，两者共同构成了复杂的致使事件："这顿饭让他吃得满头大汗""她缠我让我喘不过气来"。

与之相对比，当补语成分"VP$_2$"不指向"N"时，不构成致使事件，因此不能用"为什么"来提问。例如：

（12）a. 你<u>缠得他太紧了</u>，会把他吓跑的。

　　b. A：[*]为什么<u>太紧了</u>？

　　　　B：你缠得<u>他太紧了</u>。

　　c. A：缠得怎么样？（缠成什么样子？）

　　　　B：缠得太紧了。

例（12）中，"太紧了"不指向"他"，而是指向动词"缠"本身，"太紧"只是对谓词的表述，不构成致使事件，只能用"怎么样"等提问，小句补语句也不能作为答句回答。

四、心理谓词小句补语句中的"N"

一些单音节心理谓词以及少量双音节心理谓词可以带小句补语句，多为不及物心理谓词。"N"通常为心理活动的感受者，属于广义的施事。例如：

（13）a. 没事时还能给我们唱很多段河南地方戏，<u>乐得我们直拍巴掌</u>。

　　b. 边开发、边生产，使新产品迅速打进市场，<u>惊得同行们目瞪口呆</u>。

　　c. 高理文面红耳赤，据理力争，<u>慌得众人赶忙劝阻</u>，遂不欢而散。

　　d. 妻子的话<u>气得他胡子都翘起来了</u>。

　　e. 经费的事儿<u>愁得他坐立不安</u>。

　　f. 父亲的这一席话，说得大顺店香汗淋淋，面色绯红，<u>羞得她无地自容</u>。

　　g. 76 岁的老太太，自己提着篮子到地里刨土拾花生，回家炒好后送给工作队，<u>感动得队员们直流热泪</u>。

　　例（13）中，"N"作为施事可以移至"V₁"前，构成"我们乐得直拍巴掌""同行们惊得目瞪口呆""众人慌得赶忙劝阻"等。

　　心理谓词带上小句补语，"N"也可能是广义的受事，此时，"N"常常是"S"的领属成分，如例（14）"脸""鼻子"与"我们""她"具有领属关系，"N"承受了谓词所表述的事件的影响。

　　（14）a. <u>我们紧张得脸都煞白了</u>。

　　　　　b. <u>她羡慕得鼻子发酸</u>。

　　题中"恨得他牙痒痒"产生歧义的原因是："恨"为及物心理动词，"他"既可以理解为广义施事——感受者，也可以理解为广义受事——情感的关涉对象，需要通过具体语境消歧。

　　类似的例子还有及物心理动词"想"。例如：

　　（15）小王想得她好苦。

　　例（15）也会产生两种理解："她"是"想"的受事，意为"小王想她，想得好苦"；"她"是"想"的施事，意为"她想小王，想得好苦"。

　　当"V₁"（如"想"）出现的小句补语句中，"S"和"N"为第一人称和第二人称时，会出现主宾易位、概念意义相同的结果。例如：

　　（16）a. 我想得你好苦。

　　　　　b. 你想得我好苦。

　　例（16a）、例（16b）中，"你""我"易位，但概念意义相同，都表达"我想你想得好苦"，同本书第 23 问（"我想死你了""你想死我了"）一样都可以从信息疆域的角度进行解释。例（16a）按照语序理解，"我"做施事，"你"做受事，语义、语用上都是自然的；例（16b）如果遵照"施事 + V + 受事"的一般语序理解为"你想我"，则侵犯了情感信息的权威归属者——听话人——的信息疆域，语用上不合格，因此，要通过将小句补语句中的"N"处理为施事，使句子合法化。这样，例（16a）、例（16b）虽然"你""我"易位，但"我"做施事，"你"做受事，概念意义不变。

25. 怎么理解"把＋宾语＋X＋坏了"？

一、结果补语"X＋坏"和程度补语"X＋坏"

"坏"出现在述补结构中有两类用法：充当结果补语和充当程度补语。

"坏"充当结果补语时，"X"为动作动词，"坏"表示由该动作引起了"不好的变化"。谓词"X"的动作性有强有弱。"压坏、踩坏、跺坏、撞坏、砸坏"中，"压、踩、跺、撞、砸"本身带有"破坏"语义，动作性强，有瞬时性，与客体产生直接接触并造成客体形状破损。"走坏、宠坏、带坏、教坏、晒坏"中，"走、宠、带、教、晒"本身无"破坏"语义，动作性较弱，无瞬时性，客体在较长时间的影响下发生不好的变化。试比较例（1a）、例（1b）与例（1c）、例（1d）：

（1）a. 一阵大风将树木刮倒，压坏了部分网络线路。

　　　b. 你敲归敲，踩归踩，不过，千万别敲坏了座椅，踩坏了地板。

　　　c. 陈师傅每天在园区内打扫卫生，已经走坏了四双鞋。

　　　d. 孩子从小被宠坏了。

"坏"充当程度补语时，表示程度高。"X"为表示心理活动或生理感受的谓词。

心理活动谓词主要包括：

乐、高兴、兴奋、气、愁、担心、挂念、操心、心疼、委屈、伤心、难过、急、着急、吓、惊讶、为难、紧张、激动、感动、憋屈、憋、闷、郁闷、恶心

生理感受谓词主要包括：

冻、热、饿、撑、渴、馋、累、疼、忙、折腾

例如：

（2）a. 吉祥物不知去向，这可急坏了大运会的工作人员。

　　　b. 看到饲养员送来的西瓜，这可乐坏了它。

　　　c. 这群孩子是馋四川的饭菜馋坏了。

　　d. 几天来的寒潮大风忙坏了设备检修工们。

　　结果补语"X＋坏"和程度补语"X＋坏"都表达一个致使事件，由两个子事件构成，可记作：

＜A＞致使＜B＞

　　"A"为使因事件，"B"为使果事件。一个完整的致使事件包括四个语义要素：致事、行为、客体和致使结果。其中，"致事"是致使行为的发起者或变化的引发者，"行为"是对客体施加致使性影响的方式，"致事"和"行为"构成了使因事件"A"；"客体"是致使行为的承受者，也是变化的主体，"致使结果"交代客体的变化，"客体"和"致使结果"构成了使果事件"B"。

　　结果补语"X＋坏"表达一个典型的致使事件，例（1）可以写作：

＜树木压在部分网络线路上＞	致使	＜部分网络线路坏了＞
＜你敲座椅，踩地板＞	致使	＜座椅坏了，地板坏了＞
＜陈师傅每天走在园区里打扫卫生＞	致使	＜鞋坏了＞
＜父母从小宠孩子＞	致使	＜孩子培养坏了＞

　　以例（1a）为例看致使事件的四个语义要素，"树木"是致事，"压"是行为，"部分网络线路"是客体，"坏"是结果。动词"压"的发出者为致事，承受者为客体，补语"坏"语义指向客体。

　　程度补语"X＋坏"也表达一个致使事件，例（2）可以记作：

＜吉祥物不知去向＞	致使	＜大运会的工作人员急坏了＞
＜饲养员送来西瓜＞	致使	＜它乐坏了＞
＜这群孩子馋四川的饭菜＞	致使	＜这群孩子馋坏了＞
＜几天来的寒潮大风＞	致使	＜设备检修工们忙坏了＞

　　与结果补语"X＋坏"表达的致使事件相比较，程度补语"X＋坏"的致使作用变弱，表现在三个方面：

　　第一，从致事看，结果补语"X＋坏"表达的致使事件中，致事通常是具体的人或物。如例（1）的致事"树木、你、陈师傅、父母"是"压、踩、踩、走、宠"等行为的发出者。与之相对比，程度补语"X＋坏"中的致事通常是一个原因事件，例（2）"吉祥物不知去向""饲养员送来西瓜""孩子馋四川的饭菜""几天来的寒潮大风"并不是一个有意识的施事，也不是能对客体造成形态品质改变的物体。

第二，从行为看，程度补语"X + 坏"中，谓词"X"并不指向致事，而是指向客体。例（2）"急、乐、馋、忙"的语义指向"工作人员、它、这群孩子、设备检修工"。

第三，从致使结果看，心理、生理谓词并不会实际造成客体物理状态或品质上的损坏。这里的"坏"表达的是某种性质或某种行为状态达到了相当高的程度。

二、"把"字句的致使意义

汉语表达一个致使事件有多种方式，主要包括基础句式"S + V + O"、"把"字句、被动句、受事主语句、重动句。下面以"< 他唱歌 > 致使 < 嗓子哑了 >"为例进行说明，这一致使事件可以有如下表达：

（3）a. 他唱哑了嗓子。　　　　　　　　　基础句式

b. 他把嗓子唱哑了。　　　　　　　　　"把"字句

c. 嗓子被他唱哑了。　　　　　　　　　被动句

d. 嗓子唱哑了。　　　　　　　　　　　受事主语句

e. 他唱歌唱哑了嗓子。　　　　　　　　重动句

"把"字句"S + 把 + O + V + C"表达"S"作为起因，以"O"为客体对象，以"V"的方式进行，使"O"发生了"C"的致使行为。与基础句式"S + V + O"相比较，"把"字句中，客体变化的结果"C"［如例（3）"哑了"］落在了句末，又因为句末是汉语句子的自然焦点，因此，"把"字句表达的致使事件有将致事对客体施加致使行为所引发的结果进行凸显的功能。

"把"字句后面的动词不能是光杆动词，应为动词的复杂形式。述补结构是用于"把"字句的常见动词结构，且述补结构中的补语可以有不同的语义指向。例如：

（4）a. 他踢开门。　　　　　　　　　　补语"开"指向宾语"门"

他把门踢开了。

　　　b. 他听烦了长辈们说的大道理。　　　　　　补语"烦"指向主语"他"

　　　　长辈们说的大道理<u>把他给听烦了</u>。

　　　c. 他抓紧了扶手。　　　　　　　　　　　　补语"紧"指向动词"抓"

　　　　他<u>把扶手抓紧了</u>。

　　当述补结构表达的复杂事件的两个子事件具有显著的致使关系时，汉语可以使用"把"字句凸显"致使行为所引发的结果"。例如：

（5）a. 水流进屋内，泡坏了地板。　　　　　　补语"坏"指向宾语"地板"

　　　　＜水流进屋内，浸泡了地板＞使＜地板坏了＞

　　　　水流进屋内，<u>把地板泡坏了</u>。

　　　b. 张琪从锻工变成了电工，他高兴坏了。

　　　　　　　　　　　　　　　　　　　　　　补语"坏"指向主语"他"

　　　　＜张琪从锻工变成了电工，相当高兴＞使＜张琪高兴坏了＞

　　　　张琪从锻工变成了电工，这让他高兴坏了。

　　　　张琪从锻工变成了电工，这<u>把他高兴坏了</u>。

　　例（5）结果补语"X＋坏"和程度补语"X＋坏"表达的致使事件都可以改写为"把"字句以凸显结果。例（5b）程度补语"X＋坏"的致使性虽然弱于例（5a）的结果补语"X＋坏"，但同样表述了一个致使事件，可以使用使令动词"让"明示两个子事件间的致使关系。在"高兴坏了"中，"高兴"不会实际造成物体物理状态上的损坏，而是表示达到较高的程度，含有夸张的意味。汉语中同类型的程度补语还有"死""毙""歪""呆""翻""爆"等，如"恨死了""酷毙了""爽歪了""帅呆了""美翻了""弱爆了"，这些词本身都带有较为极端的意义，用于述补结构中表达"极性程度"。这些单音节极性程度补语和"X＋坏"一样，使用时需要与"了"共现。

　　当述补结构表达的复杂事件并不包含明显的致使意义，"把"字句的变换则是不自由的。例如：

（6）a. 他住惯了乡下。

　　　　[*]乡下把他住惯了。

　　　　[*]他把乡下住惯了。

　　b. 他<u>买贵</u>了衣服。

　　　　*他把衣服买贵了。

　　　　*衣服把他买贵了。

　　例（6）中，例（6a）补语"惯"指向主语"他"，例（6b）补语"贵"指向宾语"衣服"，句子不含致使义，也就不能进入"把"字句。

26. 为什么"小心碰头""小心别碰头"
意义相同？

一、"小心别碰头"和"小心碰头"

　　"小心别碰头"和"小心碰头"，前者有否定词"别"，后者没有，但两者概念意义相同，即在这样的句子中，否定词"别"对于语义表达是可有可无的。这种否定我们称之为"冗余否定"或"羡余否定"。

　　与"小心"语义接近的心理动词"当心、注意、留神"也会出现类似的冗余否定现象。例如：

（1）a. 小心别闪了腰　　　　＝　　　　小心闪了腰

　　　b. 当心别再自讨苦吃　　＝　　　　当心再自讨苦吃

　　　c. 注意别拉（lá）了手　＝　　　　注意拉（lá）了手

　　　d. 留神别被人给抢了　　＝　　　　留神被人给抢了

二、"小心"的词性

　　"小心"词典标注为动词或形容词，用作动词时可以独立成句，可以带宾语，也可以不带宾语。带宾语时，可带的宾语包括名词性宾语、谓词性宾语、小句宾语。例如：

（2）<u>小心</u>！　　　　　　　　　　　　　　　　　独立成句

　　　坐这辆老爷车一定要<u>小心</u>再<u>小心</u>。　　　　不带宾语

　　　　小心火烛！　　　　　　　　　　　　　　　　带名词性宾语

　　　　市民要注意防寒保暖，<u>小心</u>感冒。　　　　带谓词性宾语

　　　　<u>小心</u>聪明反被聪明误。　　　　　　　　　带小句宾语

　　　　战士们眺望着前行，<u>小心</u>避让着凸起的树桩和电线杆。　形容词做状语

　　冗余否定只发生在"小心"带谓词性宾语或小句宾语时，构成"小心（别）+ X"。"别"为否定副词，表示禁止或劝阻，同"不要"。接小句宾语时，"别"的位置未必总是紧贴动词"小心"。例如：

　　（3）小心聪明反被聪明误。= 小心别聪明反被聪明误。= 小心聪明别反被聪明误。

　　　　小心前方有埋伏。= 小心别前方有埋伏。= 小心前方别有埋伏。

三、冗余否定结构"小心（别）+ X"

　　冗余否定结构"小心（别）+ X"有以下句法语义特点：

（一）只出现在祈使句语境

　　该冗余否定只出现在祈使句环境下，包括道义情态蕴含的祈使意图。例如：

　　（4）a. 小心碰着（= 小心别碰着）！

　　　　　b. 还是要小心掉入他的陷阱（= 小心别掉入他的陷阱）。

　　例（4a）为祈使句，例（4b）助动词"要"表达了"必要"的道义情态，有祈使的意图。

（二）劝阻一个不可控的未然事态

　　"别"用于祈使，可以对已经发生或正在进行的行为加以制止（如"别折腾了、别哭了、别说了"），"X"为被制止者意志可以支配的行为。"别"也可以表示提醒，劝阻一个未然事态的发生（如"别感冒了、别闪着腰、别上了他的当"），"X"为被提醒者的意志所不能控制的事态。冗余否定结构"小心（别）+ X"只发生在"别"表达后者的情形——劝阻一个不可控的未然事态。

　　"不可控"表现在语言形式上，"X"本身由非自主动词或动词短语构成。

例如：

（5）a. 眼睛长到后脑勺上，小心<u>摔倒栽跟头</u>（＝小心别摔倒栽跟头）。

b. 小丑鱼关照说："可别瞎跑，小心<u>遇到鲨鱼</u>（＝小心别遇到鲨鱼）。"

c. 你以后也不要总是迷恋虫子了，迷来迷去，小心<u>自己也变成虫子</u>（＝小心别自己也变成虫子）！

d. 您今天吃得太多啦，小心<u>胃疼</u>（＝小心别胃疼）。

e. 可别嘴硬，小心<u>你这块钢在葡萄山上碰卷了刃</u>（＝小心你这块钢别在葡萄山上碰卷了刃）！

f. 小点儿声，你小心<u>叫他听见</u>（＝你小心别叫他听见）。

g. 这种人眼高，心肠又硬，小心<u>把你甩了</u>（＝小心别把你甩了）。

例（5）中的"摔倒、栽跟头、遇到、变成、胃疼、碰卷刃、听见"都为非自主动词短语，且动作蕴含了结果义。对比制止一个正在进行的行为"别折腾了、别哭了、别说了"，"折腾、哭、说"属于"活动动词"，动作无内在终结点，可以在动作主体的意志支配下随时终止，具有自主性。

羡余结构"小心（别）＋X"中的"X"也可以由自主动词构成，但"X"整体表达被动、受损的意义，如例（5g）"甩"为自主动词，但"把你甩了"对于被提醒者而言是受动的非自主事态。

有一些动词虽然是自主动词，但用于非自主的用法。例如：

（6）他们正在进行研究工作，<u>小心别打扰他们</u>（小心打扰他们）。

例（6）中，"打扰"表达的是结果义"打扰到"，因此可以进入冗余否定"小心（别）＋X"结构。

当要"小心"的事态是由提醒者支配的行为，即说话人是施事时，"小心＋X"表达的是"警告"，此时，"小心"不构成冗余否定。例如：

（7）a. 再逃课，小心我告诉你姐姐。　　≠　　小心我别告诉你姐姐。

b. 小心我揍你。　　　　　　　　≠　　小心我别揍你。

c. 小心他告诉你姐姐。　　　　　＝　　小心他别告诉你姐姐。

d. 小心他揍你。　　　　　　　　＝　　小心他别揍你。

e. 小心挨揍。　　　　　　　　　＝　　小心别挨揍。

例（7a）、例（7b）"我告诉你姐姐""我揍你"，说话人是施事，"小心 + X"表达"警告"，不构成冗余否定。例（7c）、例（7d）施事为第三人称"他"，"小心 + X"表达"提醒"，可以构成冗余否定。例（7e）"小心 + X"采用非自主的被动语态，则无论施事是不是说话人，都可以构成冗余否定。

四、语义冗余与语用驱动

"小心（别）+ X"构成冗余否定是因为否定副词"别"有劝阻、防止某消极事态发生的意义，而动词"小心"也表示提醒注意以防某消极事态的发生。在"小心"构成的谓语句中，经常可以看到"防止、以防、以免"等词紧邻出现。例如：

（8）a.他叮嘱她们要苦练，但还要<u>小心防止</u>受伤。

b.使用腐蚀性药品要特别<u>小心</u>，<u>以防</u>沾到皮肤或洒在衣服上。

c.采集有刺的植物必须<u>小心</u>，<u>以免</u>被刺扎伤。

动词"小心"的"劝阻、防止"义和副词"别"的"劝阻"义发生了重叠，其他近义表达"当心、注意、留神"在与"别、不要"组合时发生羡余否定现象，也同样源于"防止"义的语义冗余。

既然"防止"义发生了冗余，为什么要加"别"？即，既然"小心碰头、小心着凉"是合格的，为什么要再加一个否定成分构成"小心别碰头、小心别着凉"呢？这可以解释为语用上说话人主观意愿的强化。

冗余否定成分"别"的添加表达了说话人要避免消极事态发生的强烈愿望，加强了劝阻语气。我们在动词"避免"上可以看到同样的冗余否定现象。"避免"已经表达了防止、阻断义，为了强化"不希望某消极事态出现"的主观愿望，可以加否定成分"不"，而在概念意义上，"避免 + X"和"避免不 + X"的意义是相同的。例如：

（9）只有这样才能<u>避免</u>再次出现这样的问题。

= 只有这样才能<u>避免不</u>再出现这样的问题。

汉语中常见的冗余否定结构还有"差一点儿 + X""险些 + X"。例如：

（10）差一点儿没背过气去   =   差一点儿背过气去

差点儿没暴露身份	＝	差点儿暴露身份
险些没摔倒	＝	险些摔倒
险些没闹出事儿来	＝	险些闹出事儿来

"差一点儿＋X""险些＋X"结构会出现冗余否定也同样可以用语义冗余和语用强化来解释。一来，语义上，"差一点儿""险些"都表示"不及、没有达到、差一定的程度"，而否定词"不、没"也都表示"less than"，如"不漂亮"指的是"没有达到称为漂亮的程度"，"平均工资没有3000"，指的是"低于3000"。这样，"差一点儿""险些"与否定词在"不及、不到"的意义上产生了冗余。

语义冗余的情况下依然可以使用"差一点儿没＋X""险些没＋X"则是语用的驱动。加冗余否定成分"没"，强化了"某消极事态没有发生"的庆幸语气，表达了说话人对于某消极事态"还好没有发生"的主观态度。因此，当后续事态是积极的、肯定的时，"差一点儿＋X""险些＋X"就不会发生冗余否定现象。例如：

（11）差点儿没考上　　≠　　差点儿考上

　　　差点儿没买着　　≠　　差点儿买着

例（11）中，"考上、买着"为积极、肯定的事态，说话人不抱有"还好没有发生"的庆幸情绪，也就不会发生冗余否定。例（11）"没"表达客观的否定意义，而不是用于强化主观意愿，"没"的有无会影响句子的语义。

心理动词"后悔"也会基于语义冗余及语用驱动而发生类似的冗余否定。例如：

（12）a. 我后悔对他说那样的话。

　　　b. 我后悔<u>不该</u>对他说那样的话。

例（12）中，"后悔"本身包含了"某事不当为，但已为之"，与"不该"发生语义冗余，语用上为了强化主观的懊悔情绪，"不该"被冗余使用。

27. 为什么"待见"多用于否定?

一、"待见"多用于否定

"待见"原义为"等待召见"。

（1）宾客待见而不敢去，车骑交错而不敢进。　　　　　《后汉书·仲长统传》

《现汉》释义为"喜爱、喜欢"，多用于否定式。

（2）a.要不左邻右舍的，都不待见你呀！

b.碰了一鼻子灰，生了一肚子气，当初怎么就没有报考中戏而偏偏报了所没人待见的学校呢?

二、语义程度高低对肯定、否定的选择

概念意义相近的一组词在语义程度上存在差异，以"待见、喜欢、喜好、钟爱"为例，"待见、喜欢、喜好、钟爱"都属于"爱"类心理动词，但所表达的"爱"的程度并不一样。

"待见"原义为"等待召见"，先"愿意见"而后才谈得上"喜欢"，"待见"表达的"爱"属于微量程度；"喜欢"为基本词汇，使用频率最高，表达的"爱"为中量程度，词典中多用"喜欢"对其他近义词进行解释；"喜好"为复合词，由"喜"和"好"并列而成，程度叠加，高于中量程度的"喜欢"；"钟爱"指"特别喜欢，特别爱"，在这四个词中语义程度最高。这样，下面的序列中，从左到右，"爱"的语义程度逐渐升高：

待见 ＜ 喜欢 ＜ 喜好 ＜ 钟爱

在对肯定、否定的选择上，序列最左端的"待见"多用于否定；序列靠左的"喜欢"在肯定与否定之间选择自由；序列靠右的"喜好"语义程度较高，多用于肯定；序列最右端的"钟爱"只用于肯定，"不钟爱、没钟爱"不成立。可见，词的语义程度越低，越容易选择否定式；语义程度越高，越容易选择肯定式。

心理谓词是由各类情感、态度或认知行为构成的语义聚合类，"待见"之外，还有多组心理谓词，它们概念意义接近，而语义程度存在差异，详见表27-1。

表 27-1　概念意义相近的心理谓词的语义程度差异

微量（否定倾向）	中量（肯定、否定自由）	高量（肯定倾向）
服、服气、服软、服输	佩服	钦佩、敬重、膜拜
红脸	生气	暴怒、恼恨、激愤
理、理会、理睬、搭理	关心	关爱、呵护、宠溺
买账	服从	拥戴
捉摸	懂	彻悟
经意	留心	入神
顾	顾及	过虑
饶人	原谅	
知羞	害羞	
认账	承认	
	记得	铭记、牢记
	相信	信仰、笃信
	后悔	痛悔、懊恨
	愿意	巴望
	知道	知悉

对于语义程度接近的词语，较难区分其语义程度的高低，这里只列出处于微量与高量两极的词汇，以及处于两极之间使用频率较高的中量词汇。可以看到，一方面，序列左端口语色彩较浓，序列右端书面语色彩较浓，序列中间则无明显的口语或书面语倾向；另一方面，并不是每一个概念都可以找到从微量到高量、从否定倾向到肯定倾向一一对应的一组词，如"饶人、原谅"表示容让，没有明

显只用于或多用于肯定的对应词。"记得、牢记"表示记忆，没有只用于或多用于否定的对应词。

一些特定语素容易构成否定倾向词，如"服"所构成的词或短语"服、服气、服软、服输、服老、服管教"，"理"构成的"理、理会、理睬、搭理"，"知"构成的"知羞、知足、知趣、知耻"，"识"构成的"识趣、识逗、识货"，"认"构成的"认账、认怂"，"经"构成的"经心、经意"，"放"构成的"放眼里、放心上"等都多用于否定。这些语素在表达某概念时，可以表达微量语义，如"服"在表达"敬服"一类情感时，先有"服气、不抵触"，而后才有"敬重或认同"；"理"在表达"爱"一类情感时，先有"愿意搭理"，而后才有"关心、关爱"。

三、微量—否定、高量—肯定倾向的形成原因

微量语义程度词多用于否定，高量语义程度词多用于肯定，这一倾向与其各自的特点相关。

语言对性状的否定并不在于"指反"，"不 + 性状意义词"表示的是"less than"，如"不喜欢"不代表反义"讨厌"，只是"不到喜欢的程度"。汉语中存在"不 A（也）不 B"结构，如"不喜欢也不讨厌""不赞成也不反对""不高估也不低看"。哪怕"死与活、男与女"这样的绝对对立的概念，也可以组成"不死不活、不男不女"这样的表达。

就微量语义程度词而言，否定一个微量语义程度词等同于完全否定，连微量等级都否定了，这意味着周遍否定。而肯定一个微量语义程度词，其肯定的程度较低，能覆盖的量幅有限。以"待见"为例，"不待见"自然也意味着"不喜欢、不喜好、不钟爱"，是周遍否定；而肯定形式"待见他"如果为真，"喜欢他或钟爱他"却未必为真，对微量的肯定并不能覆盖较高的量级。

就高量语义程度词而言，否定一个高量并不意味着对低量级也进行了否定，而肯定一个高量，则意味着对相应的低量级也进行了肯定。以"钟爱"为例，"不钟爱他"并不表示"不喜欢或者不待见他"，只是表示没有达到"钟爱"的高量级程度；而肯定了"钟爱他"，则蕴含了较低量级的"喜欢他或待见他"。

这样，否定一个高量或者肯定一个微量都会留下较大的语义模糊空间，与之相比，否定一个微量或肯定一个高量则指向明确的周遍否定或高度肯定（如"不待见""十分钟爱"）。因此，否定一种情况，否定微量更有效；肯定一种情况，肯定高量最有效。这种辖域特点使微量语义词更容易进入否定式，使高量语义词更容易进入肯定式。

通过对微量的否定来表达周遍否定，也可见于例（3）"一点儿、丝毫、一分一秒、半分钟、一分钱"构成的否定表达上。例如：

（3）a. 这招呼打得一点儿不像是学生，倒像是大人。

　　b. 这对她丝毫没有影响，她照例努力工作。

　　c. 她气得身上的血管都要破裂了，她连一分一秒也待不下去。

　　d. 在汽车制造厂，装配这样一辆汽车用不了半分钟。

　　e. 他赶这回集，连一分钱的买卖都没做。

例（3）中，对微量的否定表达了"完全不像、完全没有影响、完全待不下去、完全不用时间、没做任何买卖"的周遍否定。

当我们否定一个微量，收到的是周遍否定的效果。这一规律在一些表微量的名词、形容词上也得到同样的体现，如"好气儿、二话、起眼、像话"一般只用于否定。例如：

（4）a. 他一时也发了老来倔，没好气地说："那也得讲个先来后到呀！"

　　b. 他二话没说就批了。

　　c. 这种产品并不起眼，但很受欢迎。

　　d. 结果他听了这件事情以后气坏了，一拍桌子说，太不像话。

例（4）中，"好气儿、二话、起眼、像话"带有较强的口语色彩，在相关概念的表达上处于微量级，试比较"好气儿"与"好态度"、"二话"与"异议"、"起眼"与"引人注目"、"像话"与"合情理"。这些微量名词或形容词在句中容易用于否定。

四、微量语义程度词的多种否定形式

汉语主要的否定词，包括"不""没（有）""别"，也存在一些否定意义的语气副词"未必、不见得"，和一些隐性的否定意义词，如"难以、懒得、很少"等。例如：

（5）a. 婶娘的侄儿虽说年轻，却也是他敬我，我敬他，从来<u>没有</u>红过脸。

b. 但武田老师<u>毫不理会</u>园长的告诫，只说了声"对不起！"

c. 一些厂商为牟取暴利，置消费者利益于<u>不顾</u>，甚至危害人们的生命健康。

d. 我花了钱，客人也<u>不见得</u>买账。

e. 我也<u>懒得</u>搭理他，从不给他笑脸，不顺心的时候看着他就更是来气。

f. 这类股票涨升状况有时脱离常理，因此股价习性也较<u>难以</u>捉摸。

g. 对于一个泪痕尚未拭干的人，真是<u>不大容易</u>消受。

除了上述否定意义词汇，反问句也可以用于表达否定意义。例如：

（6）a. 他若长得这么秀气，海上群豪<u>怎么会</u>服他？

b. 这就是呕心沥血五年的大作？<u>谁会</u>买账？

c. 人都吃不上水，<u>哪</u>还顾得上牲口？

d. 集邮者顶多不过千万之众，<u>如何</u>消受得了？

例（6）中，"服、买账、顾得上、消受得了"为肯定形式，用于反问句中表达否定意义"不会服他、没人买账、顾不上牲口、消受不了"。

需要指出的是，微量语义词只用于或多用于否定，这只适用于表达现实事态的陈述句，不适用于非现实句。例如：

（7）a. 要想让大家<u>服</u>你，首先做好自己。

b. 为了让消费者<u>买账</u>，商家也是各显神通。

c. 他勤勤恳恳地扛回来，一路上就在想如何<u>消受</u>这些别致的口粮。

d. 怎样才能让员工<u>服</u>你？

e. 嘴巴<u>饶饶</u>人！考虑一下儿别人的感受！

在条件句例（7a）、目的句例（7b）、疑问句例（7c）和例（7d）、祈使句例（7e）等非现实句中，微量语义词可以以肯定的形式出现。

28.　怎么理解"NP_1 + 讨厌 + NP_2" "NP_2 + 很讨厌"?

一、"NP_1 + 讨厌 + NP_2"和"NP_2 + 很讨厌"

"讨厌"可以同时用于"NP_1 + 讨厌 + NP_2"和"NP_2 + 很讨厌","NP_1"为感受者,"NP_2"为情感关涉的对象。大多数心理动词无法在不改变语义的情况下,同时进入这两种格式。例如:

（1）a. 我喜欢他。

　　　他很喜欢。

　　b. 我害怕他。

　　　他很害怕。

"我喜欢他""我害怕他"中,"我"是感受者,"他"是情感所涉及的对象。而"他很喜欢""他很害怕"中,"他"成为感受者,句子语义发生了改变。

二、英语两类心理形容词形式"-ed""-ing"

英语中,有使役意义的心理动词大多数都可以派生出两种形容词形式:一种词尾加"-ed",一种词尾加"-ing"。以使役心理动词"interest""satisfy"为例,试比较:

（2）a. Politics doesn't interest me.　　　政治没有让我感兴趣。

　　　I'm not interested in politics.　　我对政治不感兴趣。

　　　Politics is not interesting.　　　政治没意思。

　　b. The meal satisfied her.　　　这顿饭让她很满足。

　　　She's satisfied with the meal.　　她很满意这顿饭。

　　　It's a satisfying meal.　　　这顿饭令人满意。

"excited/exciting" "frightened/frightening" "surprised/surprising" "pleased/
pleasing" "bored/boring" "disappointed/disappointing" "amazed/amazing" "tired/
tiring" "relaxed/relaxing" 等形容词都表现出类似的对立。这样，英语可以通过
形态手段区分两类形容词——"感受者的心理活动"与"引发某种感受的事物
性质"。

三、汉语如何区分"心理感受"与"事物性质"

汉语表达"事物性质"，通常是在表达情感感受的心理谓词的基础上，添加
"引发"类语义成分，即较之英语的形态手段，汉语一般采取分析型手段，合成
"事物性质"的意义。例如：

（3）a. 当初为她买旱冰鞋花了三四百块钱，我也没心疼过。

　　　叫辆三轮车，既可以省去挤公共汽车或步行之累，又不至于付出让人
心疼的价钱。

　　b. 员工因不满工资太低，走上街头示威，致使交通要道被堵塞 4 小时
之久。

　　　决议草案虽然仍有一些令人不满的措辞，但我们没有阻拦其通过。

　　c. 如果很看重胜负，你就会很失望。

　　　一些往年令人失望的基金，今年却可能脱颖而出，成为升幅榜首。

　　d. 她一直疑惑父亲受过那么高的教育，却那么专横、主观、武断。

　　　院子打扫得很干净，但有一股令人疑惑的刺鼻气味。

例（3）中，心理谓词"心疼""不满""失望""疑惑"陈述了主体的心理感
受，短语"让人心疼""令人不满""令人失望""令人疑惑"则是描写"价钱""措
辞""基金""刺鼻气味"等事物所具有的引发某种感受的性质。

对"事物性质"的描述可能还会辅以"感知"类动词。例如：

（4）a. 拨打 120，叫来的是一辆直升机，这事儿是不是让人感到惊讶？

　　b. 这是一支骁勇善战的特种部队。然而，这支部队的服装却总是让人感
到疑惑。

例（4）中，"让人感到惊讶""让人感到疑惑"描述的是"这事儿""部队的

服装"的性质。

　　这样，汉语有时用明确的使令动词"使、令、让、叫"承担"引发"意义，有时用"感到、觉得、认为"等动词承担"感知"意义，构成"使 / 令 / 让 / 叫 + 人（+ 感到 / 觉得 / 认为）+ 心理谓词"。每个语义成分都由一个独立的谓词承担。这是分析型手段的主要特点。

　　分析型手段之外，汉语也存在词汇手段表达"引发某种感受的事物性质"，主要有"X + 人""可 + X""讨 + X"式双音节形容词，如"惊<u>人</u>的巧合""感<u>人</u>的画面""烦<u>人</u>的家伙""雷<u>人</u>的情节""动<u>人</u>的故事""长势喜<u>人</u>""秋风恼<u>人</u>""说话气<u>人</u>""做事急<u>人</u>""工作累<u>人</u>""<u>可恨</u>的事""<u>可恶</u>的老鼠""<u>讨喜</u>的做法""<u>讨骂</u>的行为"。分析型手段和词汇手段都可以表达类似的意义。例如：

　　（5）a.我周围除了黑暗还是黑暗。这种<u>让人害怕</u>的黑暗完全出乎我的想象。

　　　　西方人认为龙是<u>可怕</u>的，中国人则认为龙是神圣的。

　　　　b.不管面试设计得如何科学，<u>让人喜欢</u>的气质在决定谁能获得职位时总是起着很大的作用。

　　　　交往的知心友人多半会说笑话，有<u>讨喜</u>的外表，并且有自由自在的性情。

　　　　c.人们的大部分时间都用在了漫长单调的、<u>令人厌恶</u>的工作上。

　　　　这些<u>可恶</u>的虫子，为什么总和槐树过不去？

　　　　d.正是这样一些<u>让人感动</u>的小事，使我感觉到这个世界的可爱、人情的温暖。

　　　　从台湾到大陆，琼瑶用她<u>动人</u>的爱情故事感动着我们。

　　例（5）中，"让人害怕"和"可怕"，"让人喜欢"和"讨喜"，"令人厌恶"和"可恶"，"让人感动"和"动人"都表达相近的概念意义。

四、"讨厌"同时表达"心理感受"和"事物性质"

　　"讨厌"由动宾短语演变为一个复合词，"讨"本身有"引发、招惹"义，在近代汉语中，"讨"作为动词，常用于表达"引发某人产生某种心理感受"。例如：

（6）a. 他是兴头的时节，不要讨他鄙贱。　　　　　　《二刻拍案惊奇》

　　　b. 恐无益于事，反讨他抱怨。只得忍气吞声。　《醒世恒言》

　　　c. 轻则讨他耻辱，重则功名不保。　　　　　　　《绿野仙踪》

　　　d. 我何苦讨你的疑心。你且回去，我如今没银子了。《醒世恒言》

　　　e. 你又在难中，谁肯唾手交还，枉自讨个厌贱。　《元代话本选集》

"讨厌"常以松散的短语形式出现，在语法化过程中逐渐凝固成词。例如：

（7）a. 废话不宜多说，多说使人讨厌，赶紧接谈正事。　《八仙得道》

　　　b. 想是讨厌我老胡子不如文老爷长得标致？　　　《官场现形记》

例（7）中，"讨厌"凝固成词，"讨"的"引发、招惹"意义脱落，前面可以叠加表达"引发、致使"的使令动词"使、令、让、叫"，构成"使人讨厌"，如例（7a）；此时，"讨厌"已经整合为一个复合词，可以作为一个整体带上宾语，如例（7b）。

现代汉语中，"讨厌"兼用于表示"心理感受"和"事物性质"。例如：

（8）a. 我真讨厌这套衣服，穿它走路太碍手碍脚。　　　心理感受

　　　b. 这鬼炉子真讨厌，三天两日地出毛病。　　　　　事物性质

除"讨厌"外，现代汉语中还有一些"讨 + X"式复合词，如表示"积极引发、索取"的"讨好""讨巧""讨便宜"，表示"消极引发、招惹"的"讨打""讨骂"。

五、同时表达"心理感受"和"事物性质"的其他二价心理动词

一方面，"讨厌"作为及物二价心理动词，可以联系两个必有体词性成分，一为感受者，一为感受涉及的受事成分；另一方面，"讨厌"可以用作形容词，表示"引发某种感受的事物性质"。具有类似用法的二价心理动词数量较少，主要有"可怜、稀罕、讲究、奇怪、烦"等。例如：

（9）a. 小五觉得大家是在可怜他。　　　　　　　　　　　　感受

　　　　小海豚太可怜了，不要再捕杀它们了。　　　　　　性质

　　　b. 谁稀罕你那脏手帕！　　　　　　　　　　　　　　感受

　　　　网上购物在 1999 年绝对是非常稀罕、有趣的事情。　性质

c. 专卖店一般非常<u>讲究</u>店面装饰，给人以精品的感觉。　　　　　感受

古代的书都装帧得特别<u>讲究</u>，有用红色丝绒做封面的，非常精美。　性质

d. 同事们<u>烦</u>他，父母亲担心他，连油井周围的老百姓都惧他三分。感受

结婚还包括很多很<u>烦</u>的事情，我觉得那些事情是极其不浪漫的。　性质

例（9）中，"可怜""稀罕""讲究""烦"既可以用于"NP$_1$ + V$_{心理}$ + NP$_2$"，也可以用于"NP$_2$ + A$_{心理}$"。"讨厌""讲究"本身由动词语素构成，"讨厌"为动宾式，"讲究"为联合式，凝固成词后带上了宾语，成为二价心理动词。"可怜""稀罕""奇怪"构成的动宾结构则可以认为是形容词的意动用法，这种动宾结构有"以……为……"的意思，其构成的"主 + 动 + 宾"结构可以表述为"主 + 以 + 宾 + 为 + 动"，即"主语<u>觉得或认为</u>宾语具有某种性质"。如"大家可怜他"可以理解为"大家觉得他可怜"，"谁稀罕那脏手帕"意为"谁认为那脏手帕稀罕"。

"烦"具有多义性，既可以用于"心理感受"和"事物性质"，也可以表达"使某人产生某心理感受"的致使意义。例如：

（10）每日回到家中见他疲惫不堪，（芳姐）自然就不忍再拿家务<u>烦</u>他。

例（10）中，"烦他"指"让他烦"。

有些心理动词既可以用于二价心理动词，也可以用于形容词，但意义差异较大。例如：

（11）也不能全<u>怪</u>他。　　　　　　　　　　　　　　　　　感受

事情常常很<u>怪</u>，越想得到的东西，偏偏失之交臂。　　　性质

例（11）中，"怪"用作二价心理动词，表示"责怪、责备"，用作形容词时，则表示"奇怪"。由于语义差异较大，它们可以看作两个词。

29.　怎么理解"可＋X"？

一、"可＋X"的几个词类

现代汉语的"可＋X"主要有以下几个类别：

形容词：可爱、可悲、可恶、可憎、可恨、可气、可耻、可怕、可畏、可怜、可惜、可敬、可叹、可笑、可靠、可疑、可信、可观、可贵、可亲、可喜、可行、可人、可口、可心、可意；

动词：可知、可见、可谓；

助动词：可以、可能、可否；

名词：可能；

连词：可是；

副词：可好、可巧、可不；

介词：可着。

形容词、动词、助动词的"可＋X"结构的可解析性较强，可以理解为"可"与"X"意义的组合。如"可行"表达"可以实行"，"可乘之机""可望而不可即"分别指"可以利用的机会""可以望见而不可以接近"。"可"已经成为一个具有较强派生能力的类词缀，如新词"可再生能源、可持续发展、可见度、可视性、可比性、可塑性、可读性、可盐可甜"。

连词、副词、介词的"可＋X"结构的虚化度较高。例如：

（1）a. A：外面雨下得很大吗？

B：<u>可不</u>，在下倾盆大雨呢。

b. 他们谈起来却没完没了，油灯都点亮了，好几位索性坐在床上，<u>可不</u>，山上这单调寂寞的生活，就靠这点儿安慰。

c. 我刚想找他，<u>可好</u>他自己来了。

d. 有些基层干部向上报数字时，<u>可着</u>劲儿往里掺水。

例（1）中，"可不""可好""可着"语义上作为一个整体被提取，不再单独分析。

与心理感受相关的"可 + X"结构为形容词类，形容词占据了"可 + X"结构词汇的主体部分。

二、形容词"可 + X"

英语有许多形容词词尾，如：

-able: comfortable, readable;

-ful: helpful, useful;

-al: personal, musical;

-ed: discouraged, pleased;

-ive: defensive, attractive;

-some: tiresome, troublesome.

类词缀"可"类似于英语后缀"-able"，有一定的形容词标记作用。"可"可以后接动词或名词性语素，接动词性语素如"可爱、可恶"，接名词性语素如"可心、可口"。"可"的添加使"X"发生范畴变化，"可 + X"成为一个形容词。

形容词"可 + X"表达"事物具有令人产生某种情感感受的性质"，与"令人 + X"语义接近，不能重复进入"令人"类致使结构。例如：

（2）令人信服　　　*令人可信

　　令人喜爱　　　*令人可爱

　　令人怜惜　　　*令人可惜

　　令人悲哀　　　*令人可悲

形容词"可 + X"中的"可"包含了说话人的态度判断，具有较强的主观色彩。试比较例（3）中的"可贵""珍贵"和例（4）中的"可笑""好笑"：

（3）a. 她不仅有女孩子的心细如发，还有一种可贵的实干精神。

　　b. 坚持说真话，对荒诞年代持有可贵的怀疑态度。

　　c. 许多野生动植物还是珍贵的药材，为治疗疑难病症提供了可能。

　　d. 这样珍贵的历史建筑怎么可以说拆就拆呢？

（4）a. 可以多看喜剧片、好笑的漫画（*可笑的漫画），学习乐观地面对眼前的状况。

　　　b. 我在这本书里描述我充满快乐，又好玩又好笑的童年和成长过程（*可笑的童年），以及父亲给我的不平凡的教育。

　　例（3a）、例（3b）"可贵"用于说话人对某事物的主观判断，即"认为 + NP + 珍贵 / 宝贵"，常用于对抽象事物的评价如"可贵的实干精神""可贵的怀疑态度"。例（3c）、例（3d）"珍贵"则多用于对事物客观性质的评价，常用于更容易得出客观性质的具体事物如"珍贵的药材""珍贵的历史建筑"。

　　与之相类似，例（4）"好笑"不能用"可笑"替换，"可笑"带有浓厚的主观贬低色彩；"好笑"则相对客观，指"事物引人发笑"。

　　形容词"可 + X"在句中常做定语、谓语，有时也可以做补语。例如：

（5）a. 这些可恶的老鼠昼伏夜出，极具破坏性。　　　　　　定语

　　　b. 从史料看，吴芮之死确实可疑。　　　　　　　　　　谓语

　　　c. 他用尽最后的力气喊着，却只感到自己的声音低得可怜。　补语

三、形容词"可 + X"的意动用法

存在一些形容词"可 + X"可以带宾语，构成"可 + X + O"。例如：

（6）a. 言标又可怜他，又生他的气。

　　　b. 可惜了这天时地利，日子越过越穷，光景越来越不如从前。

　　例（6）中，"可怜 + O""可惜 + O"构成一种特殊的动宾关系，表示"觉得 / 认为 + O + 可怜 / 可惜"，即"觉得兰奇可怜""觉得这天时地利可惜"。"可怜 + O""可惜 + O"可以理解为形容词的意动用法。形容词的意动用法在古汉语中很常见，可以用"以为 / 认为 / 觉得宾语是……""把宾语当作 / 看成……"等来解读。例如：

（7）贵五谷而贱金玉。　　　以五谷为贵，以金玉为贱

　　　渔人甚异之。　　　　　以之为异

　　　邑人奇之。　　　　　　以之为奇

　　　且庸人羞之。　　　　　以之为羞

用作意动时，谓宾之间的语义关系是：主语在主观上认为宾语具有谓语所表

示的性质或状态。用作意动用法的主要是活用为动词的形容词和名词，形容词如例（7）的"贵、贱、异、奇、羞"，名词如"宝"，现代汉语名词"宝贝"也有类似的意动用法。例如：

（8）a. 宝珠玉者殃必及身。　　　　　　　　　　　　以珠玉为宝

　　　b. 爸爸妈妈要明白，太宝贝孩子不是在爱孩子。　　以孩子为宝贝

除了带体词性宾语，"可怜""可惜"还可以带上谓词性宾语或小句宾语。例如：

（9）a. 北风起，大雪飞，可怜他的双脚、手面上，生满了腐烂的冻疮。

　　　b. 可怜这位刚刚动过鸡眼手术的跛脚人爬着楼梯，逐户搜查。

　　　c. 可惜扑空了，"丛林之王"还在不远处慢悠悠地扇动着翅膀，似乎在向我挑战。

　　　d. 可惜年深日久，经风雨长期剥蚀，石头上面这些题咏多已模糊难辨了。

例（9）中，"可怜""可惜"将后面整个短语或小句纳入辖域，表达"觉得＋宾语＋可怜／可惜"。与之相类似，"可恨""可笑""可叹"也可以带上谓词性或小句宾语表示意动。例如：

（10）a. 只可恨那老水牛斯文得既不能腾越，又不能奔跑，气得我一个劲地往牛屁股上抽打。

　　　b. 尽管他做事隐秘，但是还是包子张嘴——露馅了，可笑他浑然不知。

　　　c. 可叹他贪求二者兼得，终于竟是一事无成。

较之带体词性宾语，"可怜""可惜"等与谓宾或小句宾语之间的句法联系要松散得多。例如：

（11）a. 可惜，由于年代久远，往下的字迹已经模糊不清难以辨认了。

　　　b. 可惜呀，一个军，一个装甲旅，吃不完对面的敌军呀。

例（11）中，"可惜"与宾语之间形式上允许有语音停顿，书写上可以加入逗号，还可以插入语气词。

30. 怎么理解"发愁＋原因宾语"？

一、怎么表达"发愁"和"犯愁"的原因

动作行为的原因可以用介词"为""因为"引介，有的动词可以直接带原因宾语，有的则不能。以"发愁""犯愁"为例，两者语义接近，"发愁"可以带原因宾语，"犯愁"不能。

（1）发愁

　　a. 正当我们<u>为无法交流发愁</u>时，能讲英语的队长走过来解了围。

　　b. 正当我们<u>发愁无法交流</u>时，能讲英语的队长走过来解了围。

　　犯愁

　　c. 这么多父母<u>为接送孩子犯愁</u>，能不能把它市场化呢？

　　d.[*] 这么多父母<u>犯愁接送孩子</u>，能不能把它市场化呢？

例（1a）、例（1b）"为/因为＋O＋而＋V"和"V＋O"可以变换；例（1c）、例（1d）"为/因为＋O＋而＋V"成立，原因宾语"V＋O"不成立。

二、能带原因宾语的心理动词

汉语"V＋O"结构语义复杂，除了典型的施受支配关系，"V"还可以带原因宾语，表示"因为＋O＋而＋V"，如"养病""晕车""醉酒""歇病假""争吵责任归属问题""愁儿女婚事""着急孩子不听话"。

能带原因宾语的动词并不多，大部分集中于表达"喜、怒、哀、愁、惊、悔"等情感的状态心理动词。例如：

（2）a. 我很<u>高兴成为全明星的一员</u>，也很<u>高兴一切都结束了</u>。

　　b. 回首当年，顾彪非常<u>庆幸自己当初的选择</u>。

　　c. 有些家长，孩子会一点儿什么，就<u>暗喜自己的孩子智力过人</u>。

　　d. 敏丽看到约翰在大厅里时并不觉得意外，只是非常<u>失望他没有走</u>。

　　e. 梁必达说："我就<u>难过一条</u>，没文化。我<u>难过我是个苦出身</u>。"

f. 只着急贷款不到位，不着急资产闲置，看不到资产闲置是资金最大的浪费。

g. 人们惊讶一个来自东方古国的歌手怎么会给人如此超前的感觉。

不同情感类别的心理动词带原因宾语的能力有差异。同一情感类别语义相近的心理动词，有些能带原因宾语，有些则不能。例如：

（3）a. 我真后悔没上场，没为球队拼搏到最后。

b. 龚长江懊悔自己不该自讨苦吃来干这种又苦又累的活。

c. 他们在斯巴达克斯的营帐前排列起来，开始大声忏悔他们所犯的卑劣罪行。

d. 小剑文是多么思念自己温暖的家，多么悔恨自己的无知与天真。

e. 她追悔刚才的举动太粗暴，太没有理由。

f. 我非常遗憾她不能够亲自来领取这一奖项。

g. 我内疚自己太苛刻，孩子哪有不犯错的？

h. 人们痛惜失去了一位好青年、好战友、好党员。

i. 他不仅感到害臊，而且感到惋惜，惋惜他从此失去了她。

j. 虽然龙渊没说出口，但她知道他对她很失望，痛心她的所作所为。

表达"悔"的心理动词大多可以带原因宾语，例（3）"后悔、懊悔、忏悔、悔恨、追悔、遗憾、内疚、痛惜、惋惜、痛心"等动词带上了宾语表示原因，而"反悔""负疚""抱憾"一般不带原因宾语。

表达"怒"的心理动词只有少部分可以带原因宾语，如"气、生气、气愤、不满、恼火"等可以带上宾语表示原因，大多数表达"怒"的心理动词如"恼怒、怄气、动气、赌气、愤慨、激愤、愤懑、大怒、暴怒、来火、冒火、急眼、负气、不悦、扫兴、败兴"等不能带原因宾语。

（4）a. 她瞪他一眼，气他竟会这样问。

b. 我很生气她不能确定是不是真爱自己的男朋友就贸然结婚。

c. 她看到了一批和她不同的同性，她很气愤她们的存在。

d. 许多观众不满他在比赛中派过多的新手上场。

e. 她无法容忍这个事实，她也恼火自己竟是如此的脆弱。

类似的词语如"难过"与"难受"、"高兴"与"痛快"、"伤心"与"寒心"、"失望"与"绝望"、"暗喜"与"狂喜"、"操心"与"费心"、"着急"与"气急"、"犹豫"与"犯难"等，这些表达相近情感的心理动词，前者可以带原因宾语，后者通常不能，表现出它们带原因宾语能力的差异。

三、主谓小句做复杂原因宾语

心理动词后的原因宾语以谓词性宾语［如例（3a）］或小句宾语［如例（3b）］为主，也有体词性成分做原因宾语，多为抽象意义的体词性宾语［如例（2b）、例（2e）］。

带主谓小句做原因宾语的心理动词既可以是及物心理动词，也可以是不及物心理动词。例如：

（5）a. 我喜欢他不矫揉造作。

b. 大家同情他们童年不幸，又恨他们无法无天。

c. 她怪他磨磨蹭蹭，耽误了时间。

d. 他嫌她出身低微，看不起她。

e. 商贩每每讨厌他不爽快。

f. 妈妈担心孩子吃不饱饭。

g. 老板总是怕骨干员工突然跳槽。

h. 我敬佩他做事一丝不苟。

（6）a. 她生气他不干活。

b. 我们很伤心他要离去，但我们依然衷心祝愿他。

c. 我奇怪他为什么要在武汉最难熬的炎热季节回来。

d. 人们惊讶一个来自东方古国的歌手怎么会给人如此超前的感觉。

例（5）中，"喜欢""同情"等为及物心理动词，"他不矫揉造作""他们童年不幸"等构成了主谓小句，成为心理动词的原因宾语。"我喜欢他""大家同情他们""她怪他"等可以自足，构成"V＋受事类宾语"。

例（6）中，"生气""伤心""奇怪""惊讶"为不及物心理动词，动词不能与后面的名词性成分直接组合。不及物心理动词连接的小句宾语也可以是一个疑问小句，如例（6c）、例（6d）。

四、心理动词所带原因宾语和受事类宾语的交叉

动作动词带受事类宾语时，动词与宾语之间存在一定的支配关系，可以变换为"对/向+O+V"。例如：

（7）教育学生　　　接待客人　　　慰问伤员　　　挖苦别人

报复他　　　　回复他　　　　警告他　　　　学习他

例（7）中，"教育学生"即"对学生进行教育"，"学习他"即"向他学习"。心理动词带受事类宾语容易与原因宾语产生交叉和界限模糊的情况。例如：

（8）妒忌她的美貌　担心他的安全　钦佩她的才华　不满他的浮躁

放心他的人品　心疼他的境遇　满意他的进步　忧心他的病情

例（8）既可以理解为受事类宾语"对+N+V"，也可以理解为原因宾语"因为/为+N+V"，如"妒忌她的美貌"可以解读为"对她的美貌很妒忌"，也可以解读为"因为她的美貌而妒忌"；同样，"担心他的安全"可以解读为"对他的安全很担心"或者"为他的安全而担心"。

31. 怎么理解"沉迷（于）游戏"中
"沉迷"的及物性？

一、"沉迷于游戏"和"沉迷游戏"

部分双音节心理动词如"沉迷、钟情、醉心、痴迷、专注、满足、气愤、惊讶"等，可以进入"$X_双$+于+O"结构带上宾语，"于"可以脱落。例如：

（1）a.我和我的同事钟情于莎士比亚研究三十载。

我和我的同事钟情莎士比亚研究三十载。

b.专注于翻译国外优秀设计教程。

专注翻译国外优秀设计教程。

c. 他不仅<u>气愤于</u>酒店违约，更<u>惊讶于</u>会议的奢侈程度。

他不仅<u>气愤</u>酒店违约，更<u>惊讶</u>会议的奢侈程度。

二、能进入"X_双 + 于 + O"的动词或形容词

"于"具有多种用途，双音节动词或形容词进入"X_双 + 于 + O"后可以表达多个意义：

（一）表达方所

能进入"X_双 + 于 + O"表达方所的"X_双"通常为动词，较为开放，如"出生、出产、发生、开始、就读、毕业、留学、移民、落户、扎根、定居、任职、兴起、起兵、创业、效力、执教、坐落、矗立、屹立、附着、重逢、相识、会师、征战、关押、幽禁、病逝、淹没、消失、张贴、跃然、呈现、凌驾、穿梭、往返、徘徊、游走、游离、出入、周旋、潜伏、立足、分布"等。"O"可以是表示处所、机构或"之间、之上"等表示方位的词语。例如：

（2）a. 他的高尚人品<u>跃然于</u>字里行间。

b. 她<u>周旋于</u>一般贵妇与名门淑媛间。

表方所时，少部分"X_双 + 于"可省略"于"（如"留学日本、会师延安、落户上海"），大多数情况下"于"不能省略（如"*相识上海、*任职高校、*凌驾人民之上"）。"X_双 + 于 + O"还可以表示抽象的处所、方面或范围。例如：

（3）a. 这一代导演<u>着力于</u>历史、传统和文化的反思。

b. 其作品经久不衰，一直<u>蜚声于</u>世界文坛。

这一类动词也较为开放，如"着力、着眼、致力、用力、努力、献身、投身、寄托、使用、操心、忙碌、沉湎、沉溺、潜心、执着、执迷、无意、无疑、倾斜、倾向、擅长、精通、习惯、涉足、跻身、著称、闻名、驰名、风靡、享誉、扬名、称雄、流行、盛行、流传、记载、暴露、拘泥、归结、归因"等。

"操心、沉湎、潜心"等部分"X_双"与心理活动相关。相较于具体的方所，"X_双 + 于"后接抽象处所、方面或范围时，"于"容易脱落，如"着眼细微处、致力打造一流产品、投身 IT 事业"。

（二）表达时间

能进入"$X_双$ + 于 + O"表达时间的"$X_双$"通常为动词，也较为开放，如"出生、诞生、发生、开始、结束、完成、产生、出现、兴起、成名、走红、流行、盛行、毕业、发表、出版、创作、形成、成立、建立、建造、修建、筹建、建成、创建、设立、创立、创办、发明、相识、重逢、实施、制定、竣工、成熟、衰落、衰败"等。表时间时，"于"通常不能省略。例如：

（4）a. 地下荧光湖形成于1100万年前。

b. 最后一个电话结束于10时26分。

（三）表达来源、起点

能进入"$X_双$ + 于 + O"表达来源、起点的"$X_双$"相对封闭，主要有"来源、发源、起源、发端、发祥、得益、得力、得利、受益、受惠、受教、取景、取材、选材、摘选、摘录、起始、脱胎、借助、来自、产生"等。此外，一部分"$X_双$ + 于"可以表达被动意义，从深层语义看，是被动事件的起点或施事，如"受……局限"表述为"局限于"，"由……决定"表述为"取决于"，这样的"$X_双$"还有"受制、受限、受控、受困、受挫、受聘、决定"等。例如：

（5）a. 越剧发源于嵊州，发祥于上海。

b. 这部影片取景于三个城市。

c. 受制于人。

d. 青海队主场0 : 1受挫于天津队。

表来源、起点时，少部分"$X_双$ + 于"可以省略"于"，如"影片取材真实事件""照片来自上个月的团建活动"。在绝大多数情况下，"于"不能省略。

（四）表达比较的对象

能进入"$X_双$ + 于 + O"表达比较对象的"$X_双$"也相对封闭，如"相较、相当、对应、等同、无异、类同、类似、近似、趋近、好比、混淆、混同、区别、区分、有别、有悖、不同、相对、媲美、领先、优先、优越、逊色、落后、垂直、平行"等。此外，否定词"不"可以构成一系列表示比较的"不 + X$_单$ + 于"，如"不亚于、不少于、不次于、不弱于、不高于、不晚于"等。这类词大多存在对应的肯定形式如"少于、次于、弱于"等，其结构可以切分为"不丨X于"。

（6）a. 明代的尺，一尺<u>相当于</u> 0.311 米。

　　　b. 21 世纪的城市形象及功能应当<u>有别于</u> 20 世纪。

"相较、领先、落后、类似、好比"等可以脱离"于"直接带宾语，如"战绩稍稍<u>领先</u>欧洲球队""<u>落后</u>第 1 名 3 分"。

（五）表达行为的对象

能进入"X$_双$ + 于 + O"表达行为的对象的"X$_双$"，有如"沉迷、迷恋、留恋、垂爱、钟情、寄情、移情、倾心、眷顾、同情、醉心、迁怒、垂涎、无愧、无悔、热衷、安心、甘心、热心、依赖、期待、执着、顺从、屈服、臣服、苛求、怪罪、不屑、不甘、计较、取悦、偏重、注重、专心、专注、关注、适用、方便、不便、有害、有利、有助、无助、有益、无益、无损、归咎、归还、归功、求助、求救、转让、赐福、让位、效力"等。这部分"X$_双$"多涉及心理活动的对象。此时，"X$_双$ + 于 + O"可以变换为"对 / 向 / 给 + O + X$_双$"。对象宾语是较典型的宾语，"X$_双$ + 于 + O"表达行为的对象时，"于"的引介功能较弱，因此容易脱落。

（7）a. 她本能地<u>同情</u>（于）弱者。

　　　b. 太<u>计较</u>（于）一己之私利，处于永远无法满足的困惑中。

（六）表达原因

一大部分表达情感的心理动词可以进入"X$_双$ + 于 + O"表达原因，如"高兴、开心、兴奋、得意、自得、欣慰、庆幸、骄傲、满足、满意、陶醉、沉醉、动心、动情、感动、感奋、感怀、感慨、感佩、感叹、折服、有感、叹服、失望、不安、不满、悲伤、苦恼、忧心、烦恼、痛苦、悲痛、痛心、伤心、难过、厌倦、紧张、心虚、震惊、奇怪、讶异、惊诧、惊愕、惊讶、惊奇、气愤、愤怒、愤慨、恼怒、恼火"等，另外，也有少量非情感类心理动词，如"成功、失败"等可以进入该结构表原因。表原因时，"$X_双$ + 于 + O"可以变换为"为 + O + 而 + $X_双$"，当"$X_双$"为心理动词时，多可以做"感到"的宾语。如例（8）"为有车而感到高兴""为他向传统的急遽回归而感到惊奇"等。例如：

（8）a. 高兴于有车的同时，也有养车的麻烦。

　　　b. 认识他的人不免惊奇于他向传统的急遽回归。

　　　c. 大药房成功于他们所创造出来的企业文化。

在"$X_双$ + 于 + O"结构中，"于"借助上下文可以表达不同语义，如"不齿"：

（9）a. 虽是世家子弟，行为无赖，不齿于乡党。　　起点（被动句施事）

　　　b. 欧洲常常不齿于美洲文化。　　　　　　　对象（对 + O + 不齿）

三、"$X_双$ + 于"中"于"对"$X_双$"的黏附程度

"$X_双$ + 于"中，"于"对"$X_双$"的黏附程度并不一样。例如：

（10）a. 北京市已经决定于1997年兴建首都图书馆。

　　　　b. 保护环境、治理污染，已经深深扎根于世界各国人民的心中。

　　　　c. 奶奶颇得意于自己理财有道，笑纹不自觉地加深了许多。

例（10a）"于"先与后面的名词短语构成介宾短语，再同前面的"$X_双$"组合，"于"与"$X_双$"之间有明显的语音停顿，对"$X_双$"无黏附性，是独立的介词。例（10b）"于"后的名词短语仍可以理解为"于"的直接成分，但是韵律上"于"与后面的直接成分相分离，而与前面的"$X_双$"完成了组块，结构上"于"对"$X_双$"的黏附度提高。例（10c）"于"与后面的成分无法直接组合，无论在韵律上，还是在结构上，"于"都完全附缀化，黏附于"$X_双$"。

动词后的介词短语处于不稳定的句法环境中，容易与直接成分相脱离，并依附于前面的动词，处于介词到词缀的连续统上。介词"在、到、向、往、以"等在"V + 介 + N"结构中都表现出了类似的发展倾向，如在"放在桌上""等到成年""看向窗外""开往南京""处以罚款处罚"等短语中，"在、到、向、往、以"在韵律及结构上都依附于前面的动词，"放在、等到、看向、开往、处以"被视作一个韵律单位，介词在该韵律单位中充当构词成分或附缀。

同时，受汉语双音化的韵律特点的制约，附缀化后的"于"与前面的"X_双"构成了不稳定的三音节超音步，一旦不影响语义表达，就容易发生"于"的脱落。例如：

（11）a. <u>扎根（于）</u>基层才是了解实情的最有效途径。

　　　b. 石拓正<u>得意（于）</u>捉到一只小银貂时，抬头一望，当场傻住了。

"于"脱落的语法后果是一些不带宾语的不及物动词或形容词带上了宾语，如例（11）的"扎根""得意"。类似的例子如"沉迷游戏""热心公益""醉心艺术""迁怒他人""专注学术""满足现状"等。

一个词是及物动词还是不及物动词，取决于其是否带宾语，或者说其带宾语的用法是否固化。脱落"于"后的"X_双"的带宾语能力不尽相同：如"得意"带宾语时只能带小句原因宾语，而"沉迷、满足"等可以带名词性对象宾语；"得意"直接带宾语的情形并不占多数，而"沉迷、满足"直接带宾语已经不是临时用法。当一个词可以常态性地带上受事、对象或结果宾语时，那么在语法上，其作为及物动词的地位就会日渐巩固，并最终得到认可。像"聚焦"这样的动宾式动词，本不带宾语，但随着带宾语的用法成为优势用法，其及物动词的地位已经被普遍接受。同理，随着"沉迷于游戏"中的"于"的脱落，"沉迷"作为及物动词也逐渐被接受。

32. 怎么理解"否定语素＋X"构成的心理动词？

一、"否定语素＋X"构成的心理动词

现代汉语中常见的否定语素有"不、没、无、非"。《现汉》收录的与心理活动意义相关的"不＋X"类动词有"不安、不齿、不惮、不服、不甘、不敢、不计、不拘、不觉、不堪、不吝、不满、不屈、不忍、不容、不爽、不惜、不想、不屑、不厌"等。其中，词典标记为形容词的"不安、不爽"可以进入"正……着"结构，"不服、不满"可以带宾语，均具有一定的动作性，这里一并纳入心

理动词范畴。此外，词典还收录了表达心理活动意义的三音节的"不＋X"，如"不过意、不在乎"等。

收录在《现汉》中的"无＋X"类心理动词包括"无意、无心、无愧、无悔、无视、无奈、无聊"等，其中，词典标记为形容词的"无聊"可以进入"正……着"结构，可纳入心理动词范畴。一些与心理活动相关的三音节"无＋X"，如"无所谓、无奈何"等也被收录在词条中。

"没＋X""非＋X"则少见与心理活动意义相关的词条。

二、"不＋X"

现代汉语中，"不"既可以用于句子层面，也可以用于词汇短语层面。"不"既可以在句中充当否定词（如"他不住在这儿。"），又可以作为否定应答词单用（A：你一起去吗？ B：不了，我今天有事。），又可以在动补结构中充当中缀（如"放不下"），也可以在词层面充当前附成分（如"不甘"）。

无论在句法层面，还是在词法层面，"不"主要用于否定谓词性成分（包括动词和形容词）。"不＋X"构成偏正结构时，"X"为中心词，如"不去、不重视、不考虑、不安、不大"等。也有少量名词可以进入"不＋X"结构，如"不男人、不规则"等，此时，该结构表达"不具备该名词所蕴含的性质"，格式整体表现为形容词性，可以受程度副词修饰，如"很不男人、极不规则"等。

"不＋X"结构蕴含较强的主观意愿。比较"他不去"和"他没去"，"不去"是主观意愿上"他不想去（He won't go）"；"没去"则是客观描述一件事情没有发生（He didn't go）。因此，除目的、反问等虚拟句外，在现实句中，"生病、爆发、流传、碰见、听说、完毕"等不包含主观意愿的行为通常不受"不"的否定。

就心理动词而言，一方面，绝大部分心理动词具有较强的主观意愿特点，可以用"不"表达"主观上不采取某情感态度或不实施某心理行为"，如"不希望、不将就、不认可、不相信、不认为、不分心、不考虑、不计划"等；另一方面，心理动词具有较强的性状意义，与形容词交叉，可以用"不"表达极性的对立，如"不高兴、不放心、不喜欢、不生气、不害怕、不慌张、不羡慕"等。

三、"无 + X"

"无"在现代汉语中主要用于词汇层面（如"无耻、无赖"），也可以在句法层面上用作动词并带宾语（如"无不良反应、无显著差异"）。

与偏正结构"不 + X"表示极性对立不同，"无"表示"没有"，与"有"对立。"无 + X"构成动宾结构，后接名词或动词性成分，否定"X"的存在，接名词如"无意、无心、无效、无情、无条件"等，接动词如"无视、无奈、无眠、无妨、无记名"等。当"X"为名词性成分时，"无 + X"通常存在对立的肯定形式"有 + X"，如"有意、有心、有效、有情、有条件"等。

四、"没 + X"与"非 + X"

"没"可以用于句法层面（如"没去"），可以作为否定应答词单用（A：吃了吗？ B：还没。），也可以用于词汇层面（如"没门儿、没辙"）。在词汇层面上，"没 + X"构成动宾结构，构成的词汇具有习语性。在语义层面上，"没 + X"的整体意义不是单纯的部分意义之和，如"没门"不是表示表面意义"没有 + 门"，而是表示"不同意、不可能"；"没辙"不是表示"没有 + 辙"，而是表示"没有办法"。

除个别词语如"没脸、没羞没臊"与心理活动相关，"没 + X"结构较少有表达心理活动的谓词。"没脸"可改作"没有脸"，如"我没有脸再见你"，可见，"没脸"作为词的凝固性还不高。

"非"在现代汉语中，除个别特殊构式（如"非……不可"）外，通常只用于词汇层面，表达对立的"类属"。"非"后接名词时，名词需为类指成分，如"非卖品、非金属、非成员国"，否定的是对立的范畴身份"卖品、金属、成员国"；"非"后接形容词性成分时，该形容词性成分通常为非谓形容词，即指明类属的区别词，如"非处方、非婚生、非正式"。"非 + X"结构中未见与心理活动相关的谓词。

现代汉语中还有一些新兴的表否定的前附成分，如"零"，否定的是"量"，如"零污染、零距离、零增长"等。其中"零容忍、零懈怠"与心理活动的

"量"有关，"零＋X"构成的新词通常出现在较为固定的句法环境中，如充当"做到、保持"等动词的宾语。"零＋X"本身不及物，不能带宾语。

五、"否定语素＋X"

汉语大多数复合词来自短语的词汇化，"否定语素＋X"结构中，"否定语素"与"X"容易发生黏合，凝固成词。即原本是两个分离的单位，在长期紧邻共现的句法环境中，两者之间的边界消失，逐渐形成一个难以分离的单位。此时，否定语素成为具有能产性的构词手段。否定语素成为构词手段并不是汉语特有的现象，英语中"non-""dis-""un-""in-、im-、il-、ir-""a-、an-"为否定前缀，"-less"为否定后缀，这些表达否定意义的语素附加在词根上，用来派生成词。

六、"否定语素＋X"的内部黏合度

凝固成词的"否定语素＋X"的黏合度存在差异。可以通过以下几个标准对黏合度进行考察：

Ⅰ. 形式标准：肯定形式"X"是否可以自由使用；

Ⅱ. 意义标准：整体意义是否是部分意义之和；

Ⅲ. 句法标准："否定语素＋X"与"X"的语法功能是否不变。

如果这三条标准都能给出肯定答复，即"否定语素＋X"的肯定形式"X"依然可以自由使用，整体意义等于部分意义之和，黏合后结构的语法功能不发生改变，那么说明"否定语素"与"X"各自保留了较大的独立性，黏合后结构具有可分析性，意义清晰，两者并没有实现高度黏合。反之，则可以断定"否定语素＋X"具有较高的黏合度。

以《现汉》收录的"不＋X"结构的心理动词为例，对比"不图、不想、不顾"，并结合副词"不禁"做比较。

不图：形式上，肯定形式"图"可以自由使用；意义上，部分意义可以推出整体意义；句法上，"图"与"不图"都是动词。

不顾：形式上，肯定形式"顾"除了可以构成固定词汇"顾家、顾大局"

外，通常不能脱离"不"自由使用。但"不顾"意义上可以分析，句法上也保持功能不变。

不想：当"不想"表示"不要、不愿意"等意义［如例（1a）、例（1b）］时，结构、意义可以推导；当"不想"表示"不料"［如例（1c）］时，部分意义之和不等于整体意义，句法上"不想"由动词变成语气副词。例如：

（1）a. 我待惯了这儿，哪儿也不想去。

　　　b. 走到这一步，谁都不想。

　　　c. 不想用塑料袋装，一烫化学的东西都出来了。

不禁：形式上，肯定形式"禁"不能单独使用；意义上，"不禁"表示"禁不住、抑制不住"，整体意义不等于部分意义之和；句法上，"禁"为动词，而"不禁"为副词，"不禁"在句中只做状语，句法功能发生了改变。

以上，从黏合度高低来看，这几个词可以标识如下：

$$不图 < 不顾 < 不想 < 不禁$$

从左到右黏合度逐渐增高。整体来看，"否定语素＋X"结构的心理动词具有较高的可分析性，并未实现高度黏合。

汉语中区分词和短语并不太容易。表音文字中，短语黏合为词后，可能会出现语音脱落、元音弱化等显而易见的语音变化，书写上也会从分词变为连写，如"foot ball—football""black board—blackboard"。然而，汉语采用表意文字，不显示语音变化，书写上也不采用连写，某个短语是否凝固成词，书面上是无法辨识的。"否定语素"与单音节"X"在汉语中构成了稳定的双音音步，不管结构上是否高度黏合，语音上都实现了组块。因此，不管是从书写上，还是从语音上，区分双音节词和短语是困难的，需要综合形式、意义及功能标准去辨识。本书只将少数固化程度较高的"否定语素＋X"结构词列入了心理动词词表。

33. 怎么理解"X$_单$ + 于"和"X$_双$ + 于"？

一、"安心于"和"安于"

"X$_单$"和"X$_双$"都可以同"于"组合，如下例"安于、安心于""悔于、懊悔于"。

（1）a.尽管用户对牛奶的质量颇有怨言，但还是安于"工厂生产什么顾客消费什么"的现实。

　　b.真正安心于图书馆工作的计算机专业人员却微乎其微。

　　c.嫁于华年的女人悔于嫁早了，嫁于暮年的女人悔于嫁晚了。

　　d.他懊悔于曾心生恶念，意图加害赵玉墨。

汉语中不乏这样意义接近的成对组合：

乐于—乐意于	甘于—甘心于	苦于—苦恼于	急于—着急于
羞于—羞愧于	愧于—有愧于	慑于—恐惧于	耻于—不屑于
怵于—畏惧于	惧于—惧怕于	碍于—顾忌于	勇于—无畏于
恼于—气恼于	耽于—沉迷于	吝于—吝啬于	困于—受困于
拘于—拘泥于	囿于—受限于	疏于—疏忽于	迫于—受迫于
疲于—疲惫于	忠于—忠诚于	精于—精通于	惯于—习惯于
谙于—谙熟于	工于—擅长于	擅于—擅长于	忙于—忙碌于
源于—来源于	益于—有益于	便于—方便于	利于—有利于
属于—隶属于	等于—等同于	异于—不同于	

二、词缀和附缀

现代汉语中，"于"可以独立引介名词短语，置于谓语前充当状语成分。例如：

（2）加强对劳务人员的技能培训，于国于民，于现在于将来，都是极有意义的。

  置于谓语前的介词"于"具有较强的文言色彩，其功能多由新兴介词"对、对于"代替。现代汉语中，"于"的主要句法位置是置于谓词后，构成"X＋于＋O"，"X"主要为单、双音节的动词或形容词。

  与前置的介宾短语相比较，汉语中，谓词后的介宾短语处于较不稳定的句法环境中。一方面，"于"后的"O"是"于"的直接成分。另一方面，语音上，汉语句子，重音一般在句尾，是以最后一个谓词为中心构造句尾重音的韵律单位，因此，句尾宾语的重音由动词，而不是介词来指派，于是总是紧邻共现的"谓词＋于"在语音上逐渐组块；结构上，"于"与后面的直接成分也渐渐剥离，越来越依附于前面的"X"，最终融合成一个新的动词或动词短语。"X＋于＋O"结构内部的边界也发生了变化，"X｜于O"演变成"X于｜O"，实现了结构跨层，后面的"O"成为这个新的复合动词或短语的宾语。

  在与"X"进行组块的过程中，汉语的韵律特点触发了句法的运作和调节。当"X"为单音节时，这与汉语双音化的韵律特点正好契合，"X$_单$＋于"容易凝固成一个双音节复合词，复合词"X$_单$＋于"中，"于"为词缀，是构词成分；当"X"为双音节时，"X$_双$＋于"构成一个短语词，此时，"于"为附缀，是短语词的后附成分。

  "于"作为词缀和附缀呈现出不同的特点，主要表现在以下三个方面：

  第一，对"X"的选择性不同。

  词缀"于"对"X"的选择较为严格，能够和"于"复合成双音节词的"X$_单$"是一个封闭的类。它们主要构成一些虚词和动词，虚词如"关于、对于、基于、鉴于、至于、由于、终于、过于"等，动词如"急于、勇于、乐于、善于、在于、属于、少于、等于"等。

  附缀对"X"的选择则较为自由。"于"作为介词具有强大的引介功能，"X＋于"可以表达方所、时间、方面、范围、起点、对象、原因等多种语义。因此，"于"可以附着的"X"是一个较为开放的类，可以是"X$_单$"，也可以是"X$_双$"，还可以是多音节的"X"。例如：

  （3）a. 这是法国作家凡尔纳<u>写于</u>100多年前的著名科幻小说。

    b. 我们<u>自豪于</u>悠久的历史，<u>欣慰于</u>丰硕的成果，然而我们更放眼未来。

c. 这真让我<u>惊讶于</u>宗仁发的做事效率，更<u>兴奋于</u>我的这篇作品刊发于该刊头条。

d. 生活的重担拖垮了他，使他成为<u>斤斤计较于</u>一分钱、一把米的人。

e. 人们<u>津津乐道于</u>"引进国外先进技术"，其实世界上 90% 的技术可以通过专利文献检索到。

例（3）中，"于"都可以理解为"X"的附缀成分。其中，例（3a）"X$_单$ + 于"结构的"写于"，"于"虽然在语音上附着于前面的动词，但是引介功能显著，后面只能接时间 NP 或方所 NP。语义上，"写于 + NP"仍然理解为介宾短语做补语，这一类"X$_单$"有一定的开放性，如"建于、造于、作于、画于、位于、生于、挂于、贴于"等，不能算作凝固的双音节词，只能视为"接近词的短语词"。

例（3b）、例（3c）"X$_双$ + 于"结构中，"X$_双$"是一个开放类，包括及物动词（如"使用于、同情于"），也包括一些不及物动词（如"倾心于、震惊于"）和形容词（如"热心于、欣慰于"）。"X$_双$ + 于"构成一个三音节短语词。例（3d）、例（3e）"斤斤计较于""津津乐道于"则构成了"X$_多$ + 于"，是显而易见的短语。

第二，对"X"的黏着度不同。

词缀"于"作为词的构词成分，不能脱离它所依附的词干独立出现，也不能脱落，如"羞于表达、*羞表达""急于辩解、*急辩解""乐于帮忙、*乐帮忙"。

与之相对，附缀"于"所在的短语词并没有凝固，在汉语韵律制约下，"X$_双$ + 于""X$_多$ + 于"形成了一个不稳定的超音步构造，在不造成语义歧义或结构歧义的情况下，"于"可以脱落，如"奇怪于他的脑回路太清奇、奇怪他的脑回路太清奇""震惊于他的身手如此敏捷、震惊他的身手如此敏捷""斤斤计较于蝇头小利、斤斤计较蝇头小利"。

第三，语音上与"X"的整合度不同。

"安于、急于"等双音复合词中，作为词缀的"于"与词干之间没有停顿，哪怕是犹豫性的停顿。

与之相对，"出生于、惊讶于、斤斤计较于"等短语词中，一方面，"于"与前面的"X$_双$""X$_多$"实现了组块，语音上的停顿出现在"X$_双$ + 于""X$_多$ + 于"

之后，而不是"X_双""X_多"之后；另一方面，"X"与"于"之间依然允许有一定的犹豫性停顿。

综上，介词"于"向"X"的并入既有发生于复合词内部的词法上的并入，也有发生于词或短语之间的句法上的并入，这一差异也同样体现在汉语谓词后的其他介词上，以"到、在、自、向"为例。详见表 33-1。

表 33-1   "X_单+介词""X_双+介词"和"双音复合词化"

X_单 + 介词	X_双 + 介词	双音复合词化
跳到马背上	讨论到傍晚 6 点	等到玩累了才回了家
放在桌子上	消失在人群里	好在他来了
寄自本市	摘选自去年的报刊	能量与热量都来自体内营养物质的氧化
爬向终点	肩膀稍稍倾斜向一边	定位偏向 20 岁左右的女性市场

"跳到、放在、寄自、爬向"等"X_单"后接具体的场所名词短语，引介功能明显，仍然可以理解为述补关系的短语词。部分"X_单+介词"结构中，介词也会发生脱落，如"跳马背上、躺沙发上、钉墙上、存银行里、堆院子里"等。

"讨论到、消失在、摘选自、倾斜向"等"X_双+介词"结构根据汉语韵律特点，仍然被视作短语词，具有开放性。"X_双+介词"结构中的介词不易脱落。

"等到、好在、来自、偏向"后面可以接复杂宾语，用法较凝固，词汇化等级高。

可见，和"于"一样，动词后的"到、在、自、向"也处于从介词到词缀的连续统上。

三、"于"构词能力的强大与引介功能的萎缩

因为"于"可以逐渐附着于前面的"X"，且"X"是一个较为开放的类，因此，构建大量的新的动词及动词短语是"于"的突出功能。许多不能独立成词的"X_单"因为与"于"组合，成为一个独立的词，如"濒+于""囿+于""慑+于"；许多形容词因为与"于"组合，成为一个动词短语，具有了及物性，如"热心+于""欣慰+于""忠诚+于"；许多不及物动词因为与"于"组合，带上了宾语，

如"混同＋于""无悔＋于""陶醉＋于"。

与"X"组块后的"于"的引介功能发生了萎缩，发展为一个黏宾动词或黏宾动词短语的词缀、附缀。在引介功能萎缩虚化的同时，"X＋于"的带宾语功能则得到了扩展和泛化。"X＋于"可以带上各类宾语，包括 NP 宾语、VP 宾语或小句宾语，其所带的宾语也囊括了从具体到抽象的多个种类。

大多数能进入"X＋于＋O"的心理谓词或短语都可以带上 VP 宾语或小句宾语。

（4）a. 北京大侃爷有这个特性，他们<u>不屑于</u>干那些执行起来非常费劲儿，一步一个眼儿的事，但是都特能侃。

b. 奶奶颇<u>得意于</u>自己理财有道，笑纹不自觉地加深了许多。

c. 许多发展中国家<u>急于</u>与国际接轨，纷纷效仿。

d. 我们<u>惊讶于</u>与会的外国学者几乎都能操一口流利的汉语。

"于"已经从独立的介词转变为词汇或短语层面的后缀，具有强大的构建及物动词及动词短语的能力，其中就包括大量的心理谓词。

34.　怎么理解"发＋X"类心理动词？

一、"发＋名词性成分"和"发＋谓词性成分"

"发＋X"构成的动宾结构可以分为两大类：一类为"发＋名词性成分"，一类为"发＋谓词性成分"。

"发＋名词性成分"如"发货、发车、发信、发邮件、发稿、发帖、发评论、发言、发话、发誓、发兵、发炮、发大水、发电、发光、发芽、发霉、发炎、发病、发汗、发财、发家、发面"等。当"X"是名词性成分时，"发"的语义较实在，《现汉》中列出了"送出、交付""发表""派出""发射""发生、产生""得到大量财物而兴旺""食物因发酵或水浸而膨胀"等多个义项。

"发＋谓词性成分"如"发红、发黄、发潮、发酸、发臭、发胖、发胀、发紧、发苦、发麻、发怒、发笑、发愁、发慌"等，接谓词性成分时，"发"的语义较虚，语义重心在"X"上。例如：

（1）a.体重短时间内减10公斤，人会出现头晕、贫血、脸色<u>发黄</u>、头发干枯等症状。

　　　b.人类一思考，上帝就<u>发笑</u>。

例（1）中，"发"省略后，"脸色黄""上帝就笑"并不影响句子概念意义的表达。

与心理活动相关的是"发＋谓词性成分"构成的"发＋X"，称为"发＋X_谓"。

二、"发＋X_谓"的感知性

"发＋X_谓"表达显露出某种性状，该性状可以通过人的感知获得，主要分为三大类：

（一）五官感受

外部事物呈现出的某种性状，我们可以通过视觉、味觉、触觉等感官获知，如视觉可以感知色彩、明暗、形状等的变化，如"发红、发黑、发绿、发黄、发白、发暗、发亮、发旧、发皱"等。味觉、触觉、嗅觉可以感知"发涩、发苦、发甜、发脆、发硬、发挺、发臭"等事物性状，可以添加"看起来、吃起来、摸起来"等感知义成分。例如：

（2）a.用久了的灯泡会<u>发黑</u>。

　　　b.票面手感绵软，颜色<u>发暗</u>，确是假钞。

　　　c.相册里的照片已<u>发黄</u>、<u>发旧</u>，散发着久远年代的气息。

　　　d.牛仔布洗了会<u>发硬</u>。

　　　e.这是色素和糖精兑的，所以<u>发苦</u>。

　　　f.茶是好茶，入口苦，后味<u>发甜</u>。

（二）身体感受

人自身的身体变化也可以用"发＋X_谓"表达，如"发紧、发直、发软、发

轻、发凉、发冷、发热、发酸、发麻、发胀、发木、发飘、发颤、发抖、发痒、发胖、发福、发粗、发蔫、发困、发晕、发昏"等。例如：

（3）a. 这位长年搏风击浪的船长，此时只觉得心头<u>发颤</u>、嗓口<u>发紧</u>、眼角<u>发咸</u>。

　　b. 一天下来，眼睛<u>发胀</u>，四肢<u>发软</u>，依然没能完成老板的任务。

　　c. 激动得鼻子<u>发酸</u>，眼窝<u>发热</u>。

　　d. 新喜身体开始<u>发胖</u>，腿开始<u>发粗</u>。

（三）心理感受

"发＋X$_谓$"可以描述人的心理感受，主要有"发愁、发慌、发怵、发虚、发毛、发蒙、发窘、发急、发愣、发呆、发怔、发狠、发狂、发愤、发怒、发火、发笑"等。"发火、发笑"等心理感受伴随着显著的外显行为。例如：

（4）a. 实力不行，难免心里<u>发虚</u>。

　　b. 她被从没见过的大场面弄得有点儿<u>发蒙</u>，在一个不起眼的小动作上失手掉下杠来。

　　c. 他望着乱糟糟的工地，心里<u>发急</u>。

　　d. 民兵们个个怒气冲天，有的大声叫骂，有的心里<u>发狠</u>。

部分描写身体感受的"发＋X$_谓$"也可以描述心理感受，如"心里发热""脸上发烫""脊背发凉""心头发紧"。另有一些"发＋X$_谓$"并不能明确区分是身体还是心理感受，如"发疯、发傻"。

三、"发＋X$_谓$"的非自主性

"发＋X$_谓$"描述的是感知到的事物性状，或是人自身的身体、心理感受，这些都可以作为客体被人所感知，但人对"发＋X$_谓$"所描述行为的产生不具有控制力。"发＋X$_谓$"通常不用于肯定祈使句，如"身体发轻！""脊背发凉！""心里发慌！"不成立。人们最多可以控制一部分"发＋X$_谓$"行为，如"唱歌时喉咙<u>不要发紧</u>！""<u>别发慌</u>！""<u>不要发怵</u>！"。

同样，"努力、用力、决定、决心、计划、打算、有意、故意"等表意志、

意识的词也不能与"发＋X_谓"连用，如"努力发麻""用力发飘""决心发愁""打算发窘"不成立。

四、"发＋X_谓"的静态性与动态性

"发＋X_谓"既可以描写静态的性状，也可以陈述动态的变化，如"一张发黄的老照片"是对照片静态属性的描写；"照片发黄了"则是对"照片变黄"这一变化的陈述。

描写性状属性时，"发＋X_谓"无动态性，近似于一个形容词。其中，描写色彩时，"发＋X_谓"与词缀"泛"功能接近，如"泛黄、泛红、泛白、泛绿"等。

陈述动态变化时，一些"发＋X_谓"可以接体标记或表示"开始""持续"的时间副词，体现出"发"的动态特点。例如：

（5）a. 暖暖和开田正坐在新房屋里<u>发着愁</u>，青葱嫂忽然兴冲冲地跑进来。

　　b. 车上的人都<u>发了慌</u>，一齐问："到底是怎么回事？"

　　c. 看完报纸，苒青<u>一直发愣</u>。

　　d. 她的心在激烈地跳动，脸上<u>开始发烫</u>。

　　e. 建昆婶倒上茶，又拿出几个<u>已经发皱</u>的小橘子，热切地叫我们吃。

与接名词性成分的"发＋X_名"相比较，"发＋X_谓"总体上动作性相对较弱。"发＋X_名"带体标记、构成动词重叠式较为自由，如"发了言""发过稿""发着光""发发邮件"，而绝大多数"发＋X_谓"不能接体标记，不能重叠（如"*发了麻""*发过慌""*发发冷"）。

五、"发＋X_谓"的不如意色彩

"发＋X_谓"多用于描写不如意的性状感受，如在描写感知到的事物性状时，有"发旧、发皱"，没有"发新"；在描写身体感受时，有"发胖"，没有"发瘦"；在描写心理感受时，有"发愁"，没有"发喜"。在描写心理感受的"发＋X_谓"动词中，可能表达积极情感的只有"发笑"一例，而"发笑"除了用于积极情感，也可以用于轻视、嘲笑等消极场景。例如：

（6）a. 如果你一时想不出令你<u>发笑</u>的趣事，就至少想些愉快的事。

　　b. 愚蠢的问话只会令对方发<u>笑</u>，甚至引起反感。

　　在表达不如意的身体、心理感受时，一部分"发＋X_谓"与"犯＋X"功能接近，如"犯晕、犯傻、犯愁、犯怵、犯难、犯疑、犯疑惑"等。例如：

（7）a. 有一次两天没吃上饭，头直犯<u>晕</u>，走路的力气都没有。

　　　　b. 他沉吟不语，马上就犯<u>疑</u>了。

35.　怎么理解"X＋得慌"？

一、能进入"X＋得慌"的三类"X"

　　单音节心理动词"慌"在句中可以独立做谓语（如"不要慌、慌了神、慌了手脚"），此时，结构重音在"慌"上。

　　"慌"也可以出现在"X＋得慌"结构中充当补语（如"累得慌、闷得慌、闲得慌"），此时，结构重音在"X"上，"慌"读轻声。

　　"X＋得慌"格式整体表达"某种不如意的心理、生理感受"。

　　能进入"X＋得慌"的"X"并不是开放的，主要为单音节谓词，少数为双音节谓词，可以分为以下三类：

（一）心理感受类

烦得慌　愁得慌　闷得慌　憋得慌　急得慌　气得慌　燥得慌　愧得慌
冤得慌　屈得慌　想得慌　惦得慌　怵得慌　怕得慌　窘得慌　瘆得慌
委屈得慌　憋屈得慌　憋闷得慌　难受得慌

（二）生理感受类

馋得慌　饿得慌　渴得慌　胀得慌　撑得慌　累得慌　困得慌　疼得慌
呛得慌　齁得慌　噎得慌　咸得慌　涩得慌　辣得慌　热得慌　冻得慌
痒得慌　腻得慌　恶心得慌

（三）普通谓词类

堵得慌　揪得慌　闲得慌　闹得慌　吵得慌　挤得慌　扎得慌　硌得慌
亏得慌　熏得慌　烧得慌　烤得慌　晃得慌　捂得慌　勒得慌　箍得慌
震得慌　晒得慌　空得慌　僵得慌　压得慌　窝堵得慌　拥堵得慌

一些"X＋得慌"既可以表达生理感受，也可以表达心理感受，如"闷得慌、疼得慌、痒得慌、空得慌"等。例如：

（1）a. 驾车在路上，不开窗吧闷得慌，开了窗吧，扑面而来的都是充满汽油味的空气。

　　没什么急事，就是闷得慌，想找你聊聊。

　　b. 小小老虎你太猖狂，咬得我屁股疼得慌。

　　对吴英民光工作不注意身体的劲头，他又气又恨又疼得慌。

　　c. 他胖乎乎的，咿呀叫着，口水流进我们的脖子，（我的脖子）就好像钻进了毛毛虫，痒得慌。

　　一架大棚当年就盈利一二万元，姐妹们看了心里痒得慌。

　　d. 咽下去之后，肚子分外空得慌，看这样儿，是非吃点儿什么不可呀！

　　哪怕分开一小会儿，他的心里也觉得空得慌。

第（三）类普通谓词"X"进入"X＋得慌"格式后，获得了心理、生理感受义。例如：

（2）a. 整天被跳蚤咬得慌，坐在火车上又不好意思伸手在身上乱抓，结果浑身是包。

　　b. 见光光这副模样，阿英心里就揪得慌。

　　c. 瑞丰的中山装好像有几千斤重似的。他觉得非常的压得慌。

　　d. 既不挤得慌，又不僻静，最小的胡同里的房子也有院子与树，最空旷的地方也离买卖街不远。

例（2）中，"咬、揪、压、挤"本身没有心理、生理感受义，"咬得慌、揪得慌、压得慌、挤得慌"表达了某种生理或情绪变化。

二、"X + 得慌"的句法特点

"X + 得慌"的句法特点主要有：

（一）句法功能

"X + 得慌"在句中主要做谓语，充当"觉得、感到、嫌、怕"等心理动词的宾语，在补语小句中做谓语，少数情况下也可以做定语。例如：

（3）a. 人是铁，饭是钢，一顿不吃<u>饿得慌</u>。　　　　　　　　　做谓语

　　　b. 就是胆儿大的这会儿也<u>觉着瘆得慌</u>。　　　　　做"觉着"的宾语

　　　c. 我也不想喝酒，我<u>嫌辣得慌</u>。　　　　　　　　做"嫌"的宾语

　　　d. 你一言，我一语，说得我<u>心中闹得慌</u>。　　　　做补语小句的谓语

　　　e. 借着酒劲儿，很多平常说不出口，说出来<u>臊得慌的话</u>讲出来也不脸红了。

　　　　　　　　　　　　　　　　　　　　　　　　　　　　　　　做定语

（二）否定形式

"X + 得慌"描写某个生理、心理状态，动作性较弱，可以用"不"否定，不能用"没"否定。

（4）a. 招来的小姑娘有的肉乎乎，有的白净净，起码让人看着<u>不堵得慌</u>。

　　　b. 每天这么长时间独自待在家里，<u>闷不闷得慌</u>？

（三）语义重心

"X + 得慌"的语义重心在"X"，对"X + 得慌吗""X + 不 + X + 得慌""X + 得慌不 + X + 得慌"的回答是"X""不 + X"或"X + 得慌""不 + X + 得慌"，而不是"慌"或"不慌"。

（5）a. A：领带勒得慌吗？

　　　　B：不勒 / [*]不慌。

　　　b. A：退休后在家闷不闷得慌？

　　　　B：不闷得慌 / [*]不慌。

（四）主语情况

"X + 得慌"的主语通常是人，或是产生某种生理、心理感受的身体部位，也可能是让人产生某种心理、生理感受的事物，"X + 得慌"描述的是该事物的性质。例如：

（6）a. 后来看你被人打得那个样，我又疼得慌。　　　　　　　有生主语

　　　b. 您说我冤枉不冤枉？所以一想起这事心里就酸得慌。"心里 + X + 得慌"

　　　c. 我说不出话来，好像我真的骗瓜吃，脸烧得慌。"身体部位 + X + 得慌"

　　　d. 进入市中心的街道，尘土飞扬，人车相杂，拥堵得慌。　　无生主语

（五）程度副词修饰情况

"X + 得慌"可以受程度副词修饰，这类程度副词主要有"怪、挺、太、有些、有点儿、特、特别、很"等。例如：

（7）a. 我把电视关了，啊。你们也不看，怪吵得慌的。

　　　b. 我觉得挺闹得慌，便起身去了卫生间。

　　　c. 可是我这个岁数穿着啊，有点儿不相当，受不了，太烧得慌。

　　　d. 看着大家滑得自由自在，并时常地玩着巧妙的花样，心里特别急得慌。

三、"X + 得慌"和"X + 得很"

在具体语境中，"X + 得慌"中的"得慌"表达的意义有实有虚。例如：

（8）a. 打这样大的仗，炮火那样猛，我是头一回，我的心跳得慌，枪也打不准了。

　　　　　　　　　　　（*我的心跳）（我的心跳得很慌）（*我的心很跳得慌）

　　　b. 我说你这么叫，不嫌干得慌啊？

　　　　　　　　　　　（不嫌干啊？）（不嫌特干得慌啊？）（*不嫌干得特慌啊？）

　　　例（8a）"心跳得慌"中的"慌"表达词汇义"心慌"，"得慌"不能省略；例（8b）"干得慌"中的"慌"作为附缀成分附着于"X"，语义重心在"X"，省略"得慌"不影响句子概念意义的表达。"得慌"表达实义时，"X + 得慌"结构

松散，"慌"前可以插入程度副词，如例（8a）"心跳得很慌"；"得慌"表达虚义时，格式凝固，整体表达"某个不如意的心理、生理感受"，程度副词修饰整个结构，如例（8b）"特干得慌"。

"X＋得慌"并不用来表达程度，"得慌"的程度解读来自动词"慌"所表达的"心慌、慌张"的词汇义。事态发展到一定程度才会使感受主体产生"心慌、慌张"的生理、心理反应。因此，在"累得慌""想得慌"中，"得慌"会给"累""想"带上一定的程度意义。但是，"X＋得慌"整体表达的是"某个不如意的心理、生理感受"，非心理、生理谓词进入"X＋得慌"后也可以获得这一格式意义。这种"不如意的心理、生理感受"具有性状性，可以受程度副词修饰，包括受低量级程度副词"有点儿、有些"修饰。这并不会造成低量级与高量级的语义矛盾，也不会造成程度副词的叠加重复，这一点与"X＋得很"形成对比。例如：

（9）a. 有点儿闷得慌。

　　　*有点儿闷得很。

　　b. 太愧得慌

　　　*太愧得很。

例（9）中，"X＋得很"表示高程度，"X"与"得很"结构松散，当"X＋得很"前接低量级程度副词"有点儿"时，会造成"有点儿"与高量级的"得很"的量级矛盾，接高量级程度副词"太"又容易造成语义叠加重复，因此句子不成立。

36. 怎么理解"高兴＋X"？

一、"高兴"的形容词和动词用法

"高兴"可以用作形容词，例如：

（1）a. 遇到高兴的事情，有时也会唱上两句。　　　　　加"的"做定语

　　b. 他高兴地打着招呼。　　　　　　　　　　　　加"地"做状语

　　　　c. 高高兴兴去，安安全全回。　　　　　　形容词重叠式 AABB

"高兴"也可以用作动词，《现代汉语八百词》将用作动词的"高兴"分为两类：

　　Ⅰ. 感到愉快而兴奋。

　　Ⅱ. 带着愉快的心情去做某事；愿意做某事。

（2）a. 白高兴了一场。　　　　　　　　　　加体标记"了"

　　　b. 正高兴着，船主回来了。　　　　　　加体标记"正""着"

　　　c. 他一高兴，就放开了酒量。　　　　　接时间副词"一"

　　　d. 大家都替我高兴。　　　　　　　　　接介词短语

　　　e. 这大喜的日子，应该高兴。　　　　　接助动词

　　　f. 跟我们说说，也让我们高兴高兴。　　动词重叠式 ABAB

　　　g. 路太远我们不高兴去。　　　　　　　带谓词宾语

例（2a～2f）为"感到愉悦而兴奋"，例（2g）为"愿意做某事"。

二、动词"高兴"用作"愉快"

动词"高兴"用作Ⅰ"感到愉快而兴奋"时，可以带上谓词宾语或小句宾语表示"原因"。例如：

（3）a. 我非常高兴见到你。　　　　　　　　谓词宾语

　　　b. 他很高兴小萍邀请了他。　　　　　　小句宾语

例（3）中，"见到你""小萍邀请了他"分别是"我非常高兴"和"他很高兴"的原因。这一点与其他心理动词如"后悔""生气"等表现一致。下面例（4）"当年太莽撞了""他一直瞒着我"分别是"他十分后悔""我生气"的原因。例如：

（4）a. 他十分后悔当年太莽撞了。

　　　b. 我生气他一直瞒着我。

"愉快"义"高兴＋X"通常用于肯定句，用于否定句时句子自然度降低，如果将宾语前置，则否定句是自然的，试比较例（5a）、例（5b）。

（5）a. 大家很不高兴工资降低了。

　　　b. 工资降低了，大家很不高兴。

"愉快"义"主语 + 高兴"在句中位置比较灵活，具有评注性插入语的性质。例如：

（6）a. 我们很高兴第一场比赛就遇到了冠军队。

　　b. 第一场比赛就遇到了冠军队，我们很高兴。

　　c. 第一场比赛我们很高兴就遇到了冠军队。

三、动词"高兴"用作"愿意"

动词"高兴"用作Ⅱ"愿意做某事"时，带对象宾语。例如：

（7）a. 不要以为我高兴管闲事。

　　b. 他们能干也高兴干。

　　c. 这是我高兴做的工作。

　　d. 正如多年以前我说过的那样，我高兴如此。

　　e. 我为什么有时候会得这样的坏成绩？反正不是因为我高兴这样，或者打心眼儿里愿意这样的。

例（7a）"管闲事"是"高兴"关涉的对象，理解为"我喜欢管闲事"，例（7b）"高兴干"理解为"愿意干"。在"高兴 + X"结构中，"高兴"主要接动词宾语 [如例（7a～7c）]，也可以接谓词性的代词宾语 [如例（7d）、例（7e）]，"如此""这样"用来指代一个行为。此时，能进入"高兴 + X"的动词都为自主动词，例（7）"管闲事""干""做"是动作主体可以支配的行为。

"愿意"义"高兴"不能重叠（如"*高兴高兴管闲事"），不能带"了、着、过"体标记（如"*高兴了管闲事、*高兴过管闲事"），语义上表达"意愿"，具有类似助动词的性质。

"愿意"义"高兴"不能被程度副词修饰，"我高兴去"变成"我很高兴去"后，"高兴"就变成了"愉快"义。同样表达意愿的"愿意""乐意"则可以受程度副词修饰，如"我很乐意去"。

"愿意"义"高兴 + X"可以用于否定句和各类疑问句。例如：

（8）a. 路太远我们不高兴去。　　　　　　　　　　　否定句

　　b. 许多人不高兴排队，就想了个办法。　　　　　否定句

　　c. 你<u>高兴不高兴</u>到我这儿工作?　　　　　　　　正反问

　　d. 你<u>高兴</u>学吗? 将来我带你到法国去学。　　　　是非问

　　e. 你以为我<u>高兴</u>拖下去?　　　　　　　　　　　反诘问

　　"愿意"义"高兴"在句中以"主语 + 高兴 + 宾语"形式出现, 位置固定, "我管闲事高兴""许多人排队不高兴"不成立。

　　"愿意"义"高兴 + X"可以和其他"意愿/喜好类动词 + X"并列叠加使用, 强调自己的意愿与他人无关, 不受他人干涉或支配。例如:

　　(9) a. 我<u>喜欢哭</u>, 我<u>高兴哭</u>, 我<u>愿意哭</u>, 你管不着!

　　　　 b. 他恼怒地叫:"我<u>高兴踢</u>, 我<u>爱踢</u>, 你管我?"

四、"高兴 + X + 就 + X"

　　"愿意"义"高兴"常常构成条件句的紧缩形式"高兴 + X + 就 + X", 表达"如果愿意 + X, 就 + X", 同样强调了"X"是动作主体在自己的意愿支配下自主实施的行为, 该行为与他人意志无关, 带有浓厚的主观情感色彩。例如:

　　(10) a. 有些学生, <u>高兴来就来, 不高兴来就不来</u>。

　　　　　 b. 把服兵役混同于打工, <u>高兴干就去干, 不高兴干就拉倒</u>, 那国家成什么了?

　　"高兴 + X + 就 + X"格式中"X"也可以是一个疑问词〔如例(11a)、例(11b)〕或者是动词和疑问词构成的短语〔如例(11c～11e)〕。

　　(11) a. 你<u>高兴什么时候就什么时候</u>。

　　　　　 b. 你<u>高兴怎样就怎样</u>。

　　　　　 c. 我可以晚起, <u>高兴去哪里就去哪里</u>。

　　　　　 d. 老师没有教画画基本功, <u>高兴画什么就画什么</u>。

　　　　　 e. 我<u>高兴在那儿待多久就待多久</u>。

　　"高兴 + X + 就 + X"与"想 + X + 就 + X""爱 + X + 就 + X"等构成了近义格式, 都可以表达不受他人支配的"随心所欲"。"想 + X + 就 + X""爱 + X + 就 + X"的格式固化程度相对更高, "爱 + X + 就 + X"还可以构成"爱谁谁""爱咋地咋地""爱哪儿哪儿"等高度紧缩的习语。

在较正式的语言环境中，近似语义下通常使用"想＋X＋就＋X"，而不使用主观任性色彩浓厚的"高兴＋X＋就＋X""爱＋X＋就＋X"。例如：

（12）"超级女声"的口号是"想唱就唱"（如"*高兴唱就唱、*爱唱就唱"），应聘者从一些海选选手身上最值得借鉴的，就是他们勇于展示自我个性的勇气。

此外，在表达"要、希望"而不是"愿意"义时，只能使用"想＋X＋就＋X"。例如：

（13）企业发展有其由小到大的内在规律，不是你想做大就做大，想变强就变强的。

37.　怎么理解"怀疑＋X"？

一、"疑为假"还是"疑为真"

"怀疑＋X"有两个几乎相反的义项：（一）不相信X，疑为假；（二）有点儿相信或猜测为X，疑为真。这两个义项分别记作怀疑$_1$、怀疑$_2$。例如：

（1）a. 报告发表不到两年，已有60%的美国人怀疑其可信性。　　　　怀疑$_1$

　　　b. 医生诊断是激素引起的，怀疑这和他们长期使用一个牌子的奶粉有关。

　　　　　　　　　　　　　　　　　　　　　　　　　　　　　怀疑$_2$

例（1a）"怀疑"可以替换为"不相信、质疑"，例（1b）"怀疑"可以替换为"猜测、觉得"。

在英语中，"疑为假"和"疑为真"分别对应两个动词——"doubt"和"suspect"，译为汉语后，都可以译为"怀疑"。例如：

（2）a. I never doubted that he would come.　　（我从不怀疑他会来。）

　　　b. She suspected him to be an impostor.　　（她怀疑他是个江湖骗子。）

二、"怀疑₁"和"怀疑₂"的句法语义差异

（一）句法功能差异

"怀疑"做定语、状语、宾语时，通常理解为"不相信"的怀疑₁。

怀疑对象	怀疑精神	怀疑态度	怀疑的眼神	怀疑的口吻
怀疑地说	怀疑地问	怀疑地看着我	怀疑地盯着他	怀疑地嗅了嗅
表示怀疑	产生怀疑	引起怀疑	消除怀疑	遭到怀疑

做宾语的"怀疑"也可理解为"猜测"的怀疑₂。例如：

（3）人们没有理由不产生这样一个怀疑，这场车祸是一次谋杀吗？

做谓语的"怀疑"通常区分怀疑₁和怀疑₂，两者都可以受程度副词修饰。例如：

（4）a. 我很怀疑一个整天想着当元帅的士兵会真正在战斗中奋不顾身。

怀疑₁

　　 b. 我们非常怀疑敌人正计划夺取这些岛屿，用作潜艇和飞机的基地。

怀疑₂

例（4a）表示"很不相信"，例（4b）表示"猜测极有可能"。怀疑₁受程度副词修饰更为常见。

（二）用作谓语的怀疑₁和怀疑₂

用作谓语的怀疑₁和怀疑₂在所带宾语类型、受否定词"不"修饰以及信息的定指性等方面存在如下差异：

1. 宾语类型

怀疑₁可以不带宾语，带宾语时则主要带体词性宾语（人或抽象事物），也可能带小句宾语。例如：

（5）a. 虽然有人怀疑，报名者还是蜂拥而至。　　　　不带宾语

　　 b. 他怀疑自己的能力。　　　　　　　　　　　体词性宾语

　　 c. 我十分怀疑她能看得懂那些东西。　　　　　小句宾语

怀疑₁接对象宾语，可以变换为"对……怀疑"，如"对自己的能力表示怀

疑""对她能看得懂那些东西（这件事）表示怀疑"。宾语用"谁"或"什么"进行提问（如"你怀疑谁""他怀疑什么"）。

怀疑$_2$必须带宾语，且所带宾语为谓词性宾语或小句宾语，表示"内容"。例如：

（6）a. 怀疑和他们长期使用一个牌子的奶粉有关。　　　　　谓词性宾语

　　　b. 怀疑因为油门踏板故障，车失控冲出了马路掉下河堤。　　小句宾语

怀疑$_2$接内容宾语时，要采用陈述性的"什么""怎么（了）"或"会怎么样"提问。例如：

（7）a. A：你怀疑什么？

　　　B：我怀疑他虚构了这个情节。

　　b. A：医生怀疑这个病是怎么了？

　　　B：医生诊断是激素引起的，怀疑这和他们长期使用一个牌子的奶粉有关。

　　c. A：你怀疑会怎么样？

　　　B：我怀疑这种遍地开花地投入时间和精力会带来不良后果。

怀疑$_1$的宾语可以在"怀疑"之后，也可以提至"怀疑"之前，如"你连我都怀疑""对他的说法很怀疑"。怀疑$_2$的宾语通常只能在"怀疑"之后。

这样，当"怀疑"不带宾语，带体词性宾语，或所带宾语位于"怀疑"之前时，"怀疑"可以理解为怀疑$_1$；当"怀疑"带小句宾语时，"怀疑"可能是怀疑$_1$，也可能是怀疑$_2$。

2. 受否定词"不"修饰

怀疑$_1$常常受否定词"不"修饰，构成"不怀疑 + X"。怀疑$_1$受"不"修饰时，可以不带宾语，也可以带体词性宾语或小句宾语。例如：

（8）a. 尽管遇到不少波折，我们却毫不怀疑。　　　　　不带宾语

　　　b. 高丰文从不怀疑自己的选择。　　　　　　　　体词性宾语

　　　c. 吴兰幸福过吗？我不怀疑她曾经幸福过。　　　小句宾语

怀疑$_2$较少受否定词"不"修饰（如"*不怀疑因为油门踏板故障，车失控冲出了马路"），但怀疑$_1$和怀疑$_2$都可以受"没（有）"否定。例如：

（9）a. 我丝毫没有怀疑这件事的真实程度。　　　怀疑₁

　　　　b. 我都没有怀疑过这里面有猫腻。　　　　怀疑₂

　3. 宾语是新信息还是已知的信息

　怀疑₁的对象宾语是一个定指性很高的语义成分，通常是已知的信息。怀疑₂的内容宾语则往往是听话人未知的、经过说话人思考或推理后得出的新信息。例如：

（10）a. 每逢有德国队，球迷都愿意看看"神奇章鱼"保罗的预测。保罗能在印有两队国旗的盒子中选取自己喜欢的食物，而选中哪个盒子，相对应的国家就会取得胜利。本次世界杯，德国队与西班牙队开战在即，而这次预测中，保罗选择的不是德国队，而是西班牙队，这让德国球迷开始怀疑<u>保罗的预测能力</u>。

　　　　b. 跳成这样，我都怀疑<u>你之前确实排练过</u>。

　　　　c. 大火波及邻近的七间店铺，怀疑<u>是电焊引起的</u>。

　　　　d. 宝马车主撞死与其争执的农民而被从轻处理，媒体怀疑<u>是权贵在起作用</u>。

　例（10a）怀疑的对象"保罗的预测能力"是上文已经交代的信息，例（10b）副词"确实"表明怀疑的对象"你之前排练过"是听说双方共知的前提信息；例（10c）、例（10d）怀疑的内容"火灾是由电焊引起""权贵在起作用"则是一个新的或然性推断。

　宾语的定指性差异表现在语言形式上，怀疑₁的宾语可以添加"这个人、那个人""这件事、那件事"等同指性成分，显示该对象宾语是上文已经提及的人或事，而怀疑₂的宾语后面不能添加这样的同指性成分。例如：

（11）a. 我十分怀疑她能看得懂那些东西。

　　　　　我十分怀疑她能看得懂那些东西（这件事）。

　　　　b. 我们非常怀疑敌人正计划夺取这些岛屿。

　　　　　*我们非常怀疑敌人正计划夺取这些岛屿（这件事）。

　例（11a）可以添加同指性成分"这件事"，表示"怀疑"是"不相信"的怀疑₁；例（11b）如果添加同指性成分"这件事"，怀疑₂就会自动带上"不相信"的意味，变成怀疑₁。

三、"怀疑＋疑问小句"的语用特点

"怀疑"常常后接疑问小句做宾语，此时对"怀疑"的解读要考虑其"不如意""反预期"的语用特点。

对于具有"如意、不如意""积极、消极"之分的事态，"怀疑＋疑问小句"不是无偏向的疑问，通常被自动解读为"不如意"的事态。例如：

（12）a. 我很怀疑他们是<u>不是</u>看得懂这些东西。

　　　b. 我很怀疑他们能看得懂这些东西。　　　　　　怀疑$_1$

　　　c. 我很怀疑他们<u>看不懂</u>这些东西。　　　　　　怀疑$_2$

（13）a. 跳成这样，我都怀疑你之前<u>排练过吗</u>。

　　　b. 跳成这样，我都怀疑你之前排练过。　　　　　怀疑$_1$

　　　c. 跳成这样，我都怀疑你之前<u>没排练过</u>。　　　怀疑$_2$

例（12）中，"看得懂这些东西"和"看不懂这些东西"构成了如意与不如意的对立，根据"怀疑"的"不如意"的评价色彩，例（12a）可以解读为例（12b）和例（12c），其中，例（12b）是表达"不相信"的怀疑$_1$，例（12c）是表达"猜测"的怀疑$_2$，两者都符合"怀疑"的不如意解读。语音上，例（12a）重音在"是不是"，例（12b）重音在"怀疑"，例（12c）重音在"看不懂"。

同样，例（13a）可以解读为不如意的例（13b）和例（13c），例（13b）为"不相信"的怀疑$_1$，例（13c）为"猜测"的怀疑$_2$。例（12a）、例（13a）都不会解读为如意的事态——"我怀疑$_2$（猜测）他们是看得懂这些东西的""我怀疑$_2$（觉得）你之前排练过"。

语用上，例（12b）、例（13b）怀疑$_1$的对象宾语常常提至动词之前，如"我对他们看得懂这些东西表示怀疑""我对你之前排练过很怀疑"。从宾语位置上对怀疑$_1$和怀疑$_2$做形式上的区分，可以减少语言理解上的歧义。

当事态本身并没有如意不如意之分时，对"怀疑＋疑问小句"的理解就要考虑该格式所具有的"反预期"的特点。怀疑$_1$直接否定预期，怀疑$_2$提出一个与预期相反的新信息。例如：

（14）a. 他俩长得一点儿都不像，我真怀疑他们<u>是不是</u>父子俩。

预设前提：他们是父子俩

他俩长得一点儿都不像，我真怀疑他们<u>会是</u>父子俩。　　　　怀疑₁

他俩长得一点儿都不像，我真怀疑他们<u>不是</u>父子俩。　　　　怀疑₂

b. 他俩长这么像，我真怀疑他们<u>是不是</u>父子俩。

预设前提：他们不是父子俩

他俩长这么像，我真怀疑他们<u>会不是</u>父子俩。　　　　怀疑₁

他俩长这么像，我真怀疑他们<u>是</u>父子俩。　　　　怀疑₂

例（14）中，"他们是不是父子俩"的解读与"如意不如意"无关，只和听说双方的预设相关。当听话人和说话人预设的前提是"他们是父子俩"时，"怀疑+疑问小句"所质疑的就是这一预设的前提。例（14a）以"他俩长得一点儿都不像"为依据，得出质疑"怀疑₁他们是父子俩"，或得出猜测"怀疑₂他们不是父子俩"。

反之，当听说双方预设的前提是"他们不是父子俩"时，"怀疑+疑问小句"是对该预设的前提进行了质疑。例（14b）以"他俩长得这么像"为依据，得出质疑"怀疑₁他们会不是父子俩"，或得出猜测"怀疑₂他们是父子俩"。

四、从怀疑到相信

对事物真实性的相信程度从"完全不相信"到"完全相信"是一个渐进的过程，详见表37-1。

表 37-1　相信程度的划分

完全不相信	几乎不相信	有点儿不相信 有点儿相信	几乎相信	完全相信
不相信	怀疑₁	摸不准	怀疑₂	相信

怀疑₁处于序列左端，疑大于信，重在质疑。怀疑₂处于序列右端，信大于疑，重在提出一个猜测。使用"怀疑"总是有倾向性的，对于处于信疑之间完全没有倾向性的事态，可以使用"摸不准""不明白"等中性意义词表达。例如：

（15）a. 我怀疑这个数据是否真实。

　　　　b. 我摸不准这个数据是否真实。

例（15a）通常做不如意的解读"我怀疑₁这个数据的真实性"或"我怀疑₂这个数据不是真实的"。例（15b）则没有倾向性。

怀疑₂只用于提出一个不确定的猜测，对于说话人高度确信的事态，不适用怀疑₂，而适用表达确定判断的"认为""相信"。例如：

（16）a. 我很怀疑一个整天想着当元帅的士兵会真正在战斗中奋不顾身。 怀疑₁

　　　　b.ʔ我怀疑一个整天想着当元帅的士兵不会真正在战斗中奋不顾身。 怀疑₂

　　　　c. 我认为一个整天想着当元帅的士兵不会真正在战斗中奋不顾身。

当说话人表述一个已经确信的事态时，应直接使用例（16c）。

38. 怎么理解"想＋N＋V"？

一、"想酒喝"类"想＋N＋V"的结构特点

一部分"想＋V＋N"可以变换为"想＋N＋V"，意义不变。

（1）a. 想喝酒　　　　　想酒喝

　　　b. 想吃糖　　　　　想糖吃

　　　c. 想抽烟　　　　　想烟抽

　　　d. 想住大房子　　　想大房子住

"想喝酒"中，"想"与"喝酒"组合，构成动宾关系，"喝酒"是"想"的动词性宾语。在"想酒喝"中，"想"与"酒"组合，"想酒"与"喝"构成连动关系。句法结构如下：

左边"想＋V＋N"结构中，"想"表达"希望"，后接谓词性宾语，具有助动词的性质。广泛用于各种意愿（如"想去北京、想洗把脸、想买衣服、想换手机、想提醒他"）。

右边"想＋N＋V"结构中，"想"聚焦于"希望拥有"，后接名词，名词"N"既是"想"的宾语，也是"V"的受事（如"想咖啡喝、想钱花、想漂亮衣服穿、想麻将打、想小车开"）。

有两类"想＋N＋V"格式需要与"想酒喝"类"想＋N＋V"区别开来。

第一类："想办法解决"类。例如：

（2）想办法解决　想方法弥补　想计策应对　想法子改善　想花样玩儿

这一类"想＋N＋V"中，"想"表达"思考"。"想"与"N"先组合为动宾短语，再与"V"构成连动关系，可以变换为"想＋V（的）＋N"。此时，"V（的）＋N"先组合成偏正关系的名词短语，再充当"想"的宾语。句法结构如下：

第二类："想妈妈抱"类。例如：

（3）a. 想孙子抱

　　　b. 想妈妈抱

例（3a）"想"表达"希望拥有"，"孙子"联系了动词"想"和"抱"，既是"想"的宾语，也是"抱"的受事。"想孙子抱"可以变换为"想抱孙子"，语义不变，同"想酒喝"。例（3b）"想"表达"希望"，"妈妈"是"想"的宾语，同时也是"抱"的动作主体，"妈妈抱"为主谓关系，"想妈妈抱"构成兼语式。变换为"想抱妈妈"后，"妈妈"从"抱"的施事变成"抱"的受事，语义发生了改变。结构差异如下：

同样的例子还有：

（4）a. 想父母陪着　　　想陪着父母

　　　b. 想小王帮一帮　　想帮一帮小王

　　　c. 想小王答应　　　想答应小王

　　　d. 想朋友安慰　　　想安慰朋友

例（4）中，"想＋N＋V"变成"想＋V＋N"后，都发生了与"想妈妈抱、想抱妈妈"一样的语义改变。"想妈妈抱"类"想＋N＋V"中，"N"通常是有生命的人，与"V"既可以构成主谓关系如"妈妈抱、父母陪着"，也可以构成动宾关系如"抱妈妈、陪着父母"。

二、"想酒喝"类"想＋N＋V"的句法语义限制

"想＋V＋N"在汉语中是自由的，"想＋N＋V"在"N""V"的选择上受较多限制。

（一）"N"的限制

"想＋N＋V"表达衣、食、住、行、娱乐等日常行为，且该行为具有积极意义。例如：

（5）a. 想酒喝　　　想咖啡喝　　　想紫菜汤喝　　＊想药喝

　　　b. 想大房子住　想别墅住　　　想总统套房住　＊想桥洞住

　　　c. 想肉吃　　　想螃蟹吃　　　想巧克力吃　　＊想剩饭吃

　　　d. 想新衣服穿　想漂亮衣服穿　想貂皮大衣穿　＊想破衣服穿

"想"表达"希望拥有"，希望拥有的事物应该反映一般的大众需要，例（5）中，"想吃药""想住桥洞""想吃剩饭""想穿破衣服"等违背人的一般需要的事物通常不能进入"想＋N＋V"格式。

"N"在语义上是"V"的受事或对象，受"V"支配（如"玩玩具—想玩具玩、打麻将—想麻将打"）。

"N"通常是表达具体事物的名词，可以是单音节名词（如"想酒喝、想肉吃、想烟抽"），也可以是双音节名词或名词短语（如"想茅台喝、想新手机用、想篮球赛看"）。

"N"前一般不出现量性成分（如"*想一瓶茅台喝、*想一部新手机用"），"N"前也不出现定指成分（如"*想这瓶酒喝、*想那场球看"）。

（二）"V"的限制

能进入"想酒喝"格式的"V"，形式上通常为单音节动词。例如：

（6）a. 想好书读。

　　　*想好书阅读。

　　b. 想别墅住。

　　　*想别墅居住。

从与"N"的搭配看，"V"只能选择某事物所对应的典型功能。例如：

（7）a. 想酒喝　　　　　*想酒买

　　b. 想烟抽　　　　　*想烟戒

　　c. 想好书读　　　　*想好书借

　　d. 想玩具玩　　　　*想玩具送

例（7）中，名词"酒""烟""好书""玩具"对于人的基本用途是"喝""抽""读""玩"，越是偏离该名词的典型功能，越无法进入"想 + N + V"格式。类似的例子还有：

（8）a. 想黄梅戏听　　?想黄梅戏看　　?想黄梅戏唱　　*想黄梅戏学

　　　想听黄梅戏　　想看黄梅戏　　想唱黄梅戏　　想学黄梅戏

　　b. 想钱花　　　　?想钱赚　　　　?想钱拿　　　　*想钱借

　　　想花钱　　　　想赚钱　　　　想拿钱　　　　想借钱

例（8）中，越偏离"黄梅戏""钱"的典型功能，"想 + N + V"的合格度越低，而这一点并不影响"想 + V + N"的合格度。

三、"想酒喝"类"想+N+V"表达的强烈意愿

"想+V+N"是汉语的自然语序，既可以出现在口语中，也可以出现在书面语中，对"N""V"的选择没有特殊的规约。

"想+N+V"则是汉语的特殊语序，通常只出现在口语中，"N"被提至动词之前作为"想"的语义重心，强调"希望拥有N"的强烈意愿。

"想+N+V"用于衣、食、住、行、娱乐等方面的需要，该需要往往是说话人在较长一段时间内未得到满足，或是本身就不易得到满足的需要。例如：

（9）a. 田子君说"我们一年里难得吃上一回肉，有时弟弟妹妹<u>想肉吃想得哭</u>，我就到集上买一点儿便宜肉回家，煮一锅萝卜。"

b. 这时候，傻三儿跑得又累又渴，<u>正想水喝</u>，一见曾九没喝，他一伸手端起来了："您不喝，我喝！"一扬脖儿喝了。

例（9）中，"想肉吃""想水喝"是在"一年难得吃上一回肉""跑得又累又渴"的情况下的意愿表达，负载了心理活动主体的强烈渴望。"想+N+V"通过句法上的易位，达到了语用上强调的效果。

39. "讨厌""嫌弃""嫌"有什么不同?

一、"讨厌""嫌弃""嫌"的词典释义与误用

动词"讨厌"的词典释义为"厌恶、不喜欢"；"嫌弃"的词典释义为"厌恶，而不愿接近"；"嫌"的词典释义为"厌恶，不满意"，都属于"厌恶"类心理动词，容易出现近义词的误用。如例（1a）、例（1c）应为"讨厌"，例（1b）应为"嫌"，例（1d）应为"嫌弃"。

（1）a.*我嫌吃肉。

b.*我讨厌远，没去。

c.*他嫌弃那些拐弯抹角又客套半天的人。

d.*这样的名门世家，我们还怕人家讨厌呢。

二、"讨厌""嫌弃""嫌"的句法差异

（一）带宾语情况

从带不带宾语来看，"讨厌""嫌弃"是自由心理动词，能带宾语，但宾语可以不出现。而"嫌"为黏宾心理动词，必须带宾语。例如：

（2）a. 司马懿阻止了诸葛亮，因此很多人很<u>讨厌他</u>。　　　宾语出现

　　　b. 在股市上人家抛出，他偏吃进，人家<u>讨厌</u>，他偏喜欢。　宾语不出现

　　　c. 谁<u>嫌弃你</u>了？你不<u>嫌弃我</u>就是好的。　　　　宾语出现

　　　d. 你要不<u>嫌弃</u>，就到我家躲一阵子。　　　　　宾语不出现

　　　e. 我<u>嫌贵</u>没买。　　　　　　　　　　　　　必须带宾语

从带什么宾语来看，"讨厌"可以带体词性宾语［如例（2a）］、谓词性宾语［如例（3a）］或小句宾语［如例（3b）］；"嫌弃"可以带体词性宾语［如例（2c）］或小句宾语［如例（3c）］；"嫌"主要带形容词性宾语［如例（3d）］或小句宾语［如例（3e）］。

（3）a. 他<u>讨厌陪客人吃饭</u>。

　　　b. 大伙儿都<u>讨厌他满嘴脏字</u>。

　　　c. 你要不<u>嫌弃我的厂小</u>，你就到我这里来吧。

　　　d. 减一分<u>嫌瘦</u>，增一分<u>嫌肥</u>。

　　　e. 家长<u>嫌学校的寄宿条件太差</u>。

（二）与程度副词的组合能力

从与程度副词的组合能力来看，"讨厌""嫌弃"既可以受低量级程度副词"有点儿""有些"修饰，也可以受"很""特别"等高量级程度副词修饰，"嫌"则只能受低量级程度副词"有点儿""有些""略"修饰。例如：

（4）a. 他身上穿的衣服，还是两年前妈妈给他缝的，现在穿起来仍<u>有点儿嫌大</u>。

　　　b. 薇薇见她的第一句话便是：还当你不来了呢！口气里是<u>有些嫌她来</u>的意思。

　　　c. 藏獒以凶猛著称，高大健壮而<u>略嫌笨拙</u>。

例（4）中，高量级的"*很嫌大""*特别嫌他来""*非常嫌笨拙"不成立。

（三）语法功能

从语法功能来看，"讨厌""嫌弃"可以做谓语［如例（2a～2d）、例（3a～3c）］、定语［如例（5a）、例（5b）］、状语［如例（5c）、例（5d）］，"嫌"只做谓语［如例（3d）、例（3e）］，没有"嫌的""嫌地"的形式。

（5）a.她在接待客人的时候总是一副随和模样，即使是她讨厌的客人，她仍然可以露几丝笑意在脸上。

b.他们不得不经常搬迁，以躲避邻居嫌弃的眼光和刻薄的话语。

c.被我碰掉的这几本书显然在他眼里是非常珍贵的东西。他讨厌地吼了一声，转身就走了。

d.母亲拿出香喷喷的手帕，手很重很嫌弃地为穗子擦泪。

三、"讨厌""嫌弃""嫌"的语义差异

（一）"讨厌""嫌弃""嫌"的基本语义特点

"讨厌"指因对某人、某事、某物不满而厌恶，宾语指向"人、事、物"（如"讨厌他、讨厌拍照片"）或者"人、事、物的某一性状"（如"讨厌他满嘴脏字、讨厌他光说不做"）。"嫌弃"指因对某一具体性状不满，而导致对人、事、物本身的厌恶和鄙弃（如"嫌弃他口吃、嫌弃他"）。"嫌"指因对人、事、物的具体性状不满而厌恶，宾语指向"具体性状"（如"嫌远、嫌他话太多"）。

接小句宾语时，"讨厌/嫌弃＋NP＋VP"中的"NP"是一个体词性成分，如"讨厌他光说不做""嫌弃他口吃"中的"他"，而"嫌＋NP＋VP"中的"NP"可以是一个指称化了的谓词性成分，如"嫌逛街太累"中的"逛街"，"嫌开车太堵"中的"开车"。

（二）"讨厌""嫌弃""嫌"的宾语的积极、消极色彩

当"讨厌""嫌弃"指向人、事、物本身时，宾语只是对人、事、物的指称，

无所谓积极或消极。如"讨厌他""讨厌运动"中"讨厌"的体词性或谓词性宾语"他""运动","嫌弃他"中"嫌弃"的体词性宾语"他"本身没有褒贬色彩。当"讨厌""嫌弃"指向人、事、物的某一性状时，宾语通常是消极的，如"讨厌他满口脏话""讨厌他光说不做""嫌弃我厂子小""嫌弃他口吃"中的小句宾语"他满口脏话""他光说不做""我厂子小""他口吃"为消极事态。

"嫌"本身指向某一具体性状，其所带的形容词性宾语或小句宾语都是消极意义的。例如：

（6）a. 有的人可以找到工作，但嫌工资低，宁可闲着也不愿意工作。

b. 他买来一套新家具，嫌颜色不好，便提来两桶黑漆给全部重刷了一遍。

c. 吃了两顿猪蹄，她嫌太腻，就算了。

d. 人们每天不嫌麻烦，排队叫号也要等着品尝。

例（6）中，"嫌"的宾语"工资低""颜色不好""太腻""麻烦"都为消极事态。

（三）"讨厌""嫌弃""嫌"的宾语的指称性和陈述性

"讨厌"带体词性或谓词性宾语时，宾语具有较强的指称性，如"我讨厌喝牛奶"可以理解为"我讨厌喝牛奶这件事"。"讨厌"带小句宾语时，宾语具有陈述性。

"嫌弃"带体词性宾语时，宾语具有指称性；带小句宾语时，宾语具有陈述性。

"嫌"带形容词性宾语或小句宾语时，宾语只具有陈述性。

宾语的指称性和陈述性差异也体现在对"讨厌""嫌弃""嫌"的宾语提问方式上的差异。试比较例（7）、例（8）和例（9）：

（7）a. A：你讨厌什么？／你讨厌干什么？

B：我讨厌逛街。

b. A：你讨厌谁？

B：我讨厌小王。

A：讨厌他什么？／为什么讨厌他？

B：讨厌他光说不做。

（8）a. A：你嫌弃<u>谁</u>?

　　　 B：嫌弃小王。

　　　 A：嫌弃<u>小王什么</u>? / <u>为什么嫌弃他</u>?

　　　 B：嫌弃他光说不做。

　b. A：[*]你嫌弃<u>干什么</u>?

　　　 B：[*]我嫌弃逛街。

（9）a. A：你嫌<u>小王什么</u>?

　　　 B：嫌小王光说不做。

　b. A：[*]你嫌<u>谁</u>?

　　　 B：[*]我嫌小王。

　c. A：[*]你嫌<u>干什么</u>?

　　　 B：[*]我嫌逛街。

例（7）中，由于"讨厌"的宾语具有指称性，因此可以用"什么""谁""干什么"对宾语进行提问，也可以询问"讨厌 NP 什么"或"为什么讨厌 NP"。例（8）中，"嫌弃"后的"NP"是一个具体的人或物，可以用"谁""什么"提问，不能用"干什么"提问。也可以询问"嫌弃 NP 什么"或"为什么嫌弃 NP"。例（9）中，由于"嫌"的宾语只具有陈述性，因此不能用"谁""什么""干什么"对宾语进行提问，只能询问"嫌 NP 什么"。

四、"讨厌""嫌弃""嫌"的语用差异

"嫌"在上下文中的自足性相对较低，一般不单独使用，往往采用并举，然后进一步说明，或用于上下文有因果关系的语境中。例如：

（10）a. <u>儿子</u>三番五次地提出抗议，<u>丈夫也</u>嫌她小气。

　　　b. 侯老先生并不喜欢他，<u>嫌他调皮，一点儿也不稳当</u>。

　　　c. 他原来是厂里的车工，<u>嫌累，前几年辞了职</u>。

例（10a）并举了"儿子与丈夫的反应"，例（10b）"一点儿也不稳当"是关于"嫌他调皮"的补充说明，例（10c）因为"嫌累"所以"辞职"，连续的动作之间具有因果关系。

　　"讨厌"表达一种主观情感，自足性高。"嫌弃"除了指向具体性状外，也可以表达对人、事、物的厌恶，自足性也比"嫌"高。

　　语体上，"嫌""嫌弃"口语色彩浓，"讨厌"语体选择性更大。但是，"嫌"可以与程度副词"稍""略""尚"组合，用于正式语体。例如：

（11）a. 制作略嫌粗糙。

　　　　b. 晚会一直在稍嫌沉闷的气氛中进行。

　　　　c. 工作过于庞杂，力量尚嫌不足。

　　"讨厌""嫌弃""嫌"的句法、语义、语用差异，详见表39-1。

表39-1　"讨厌""嫌弃""嫌"的句法、语义、语用差异

	比较项目	讨厌	嫌弃	嫌
句法差异	带宾语情况	带宾语自由 体宾、谓宾、小句宾语	带宾语自由 体宾、小句宾语	黏宾 形宾、小句宾语
	与程度副词的组合能力	可以受低量级或高量级程度副词修饰	可以受低量级或高量级程度副词修饰	只受低量级程度副词修饰
	语法功能	可以做谓语、定语、状语	可以做谓语、定语、状语	只做谓语
语义差异	基本语义特点	因对人、事、物不满而厌恶，宾语指向"人、事、物"或"人、事、物的某一性状"	因对具体性状不满，而导致对人、事、物本身的厌恶和鄙弃	因对人、事、物的具体性状不满而厌恶，宾语指向"具体性状"
	宾语的积极、消极色彩	积极、消极意义宾语	积极、消极意义宾语	消极意义宾语
	宾语的指称性、陈述性	带体词性或谓词性宾语时，宾语具有指称性。带小句宾语时，宾语具有陈述性 可以用"谁、什么、干什么"对宾语提问，也可以询问"为什么讨厌NP"或"讨厌NP什么"	带体词性宾语时，宾语具有指称性；带小句宾语时，宾语具有陈述性 可以用"谁、什么"对宾语提问，也可以询问"为什么嫌弃NP"或"嫌弃NP什么"	带形容词性宾语或小句宾语，宾语只具有陈述性，只能询问"嫌NP什么"

	比较项目	讨厌	嫌弃	嫌
语用差异	自足性	自足性高	自足性介于"讨厌""嫌"之间	自足性相对较低，常并举，或后接进一步说明，或用于上下文有因果关系的语境中
	语体色彩	语体选择性大	口语色彩浓	口语色彩浓，当与副词"稍、略、尚"组合时，可用于正式语体

40. "恨不得""巴不得"有什么不同?

一、"恨不得""巴不得"的词典释义

"恨不得"也说"恨不能"，词典释义为"急切希望（实现某事），巴不得"。"巴不得"释义为"迫切盼望"，两者语义接近，句法上都可以带动词性宾语或小句宾语。例如：

（1）a. 他恨不得让地球都围绕他的意愿转。　　　　　　动词性宾语

　　　b. 那窟窿就像一个地缝，我恨不得整个人都钻进去。　小句宾语

　　　c. 我巴不得天天到校，怎么会无缘无故地逃学呢？　　动词性宾语

　　　d. 小时候巴不得时钟走得快一点儿，好快些长大。　　小句宾语

二、"恨不得""巴不得"的句法差异

"恨不得"和"巴不得"的句法差异表现在以下五个方面：

Ⅰ."巴不得"可以不带宾语，常常接语气词"呢""的"，"恨不得"则必须带宾语。例如：

（2）a. 你给她画肖像，阿妹替她做事情，她才巴不得呢。

　　　b. 见儿子好学求进，当然是巴不得的。

Ⅱ."巴不得"可以带指示代词、数量词、名词做宾语，"恨不得"只能带动

词性宾语或小句宾语。例如：

（3）a. 你巴不得这样，好另娶。　　　　　　　　指示代词做宾语

　　　b. 棉农们正巴不得如此，立刻改种别的作物。　　指示代词做宾语

　　　c. 冯继永正巴不得这一声，立刻爬了上来。

　　　　　　　　　　　　　　　　　　　指示代词＋数量词短语做宾语

　　　d. 王福升巴不得这句话。　　　　　　指示代词＋名词短语做宾语

　　　e. 孩子们就巴不得落雨天，阴云漫漫几个雨点已使他们的灵魂得到了滋润。

　　　　　　　　　　　　　　　　　　　　　　名词短语做宾语

　　Ⅲ. "巴不得"可以做定语，一般出现在"是……"判断句中，"恨不得"只能做谓语，"恨不得的＋N"不成立。例如：

（4）a. 好像也没有一个适当的契机欣赏到这些画，如今有幸目睹，当然是巴不得的事。

　　　b. 现在金旺回去跟她说要斗小芹，这才是巴不得的机会。

　　Ⅳ. 在与副词的组合上，"巴不得"可以受副词"正"修饰，表示正合心意，"恨不得"不能受副词修饰。例如：

（5）a. 陈一平正巴不得马上离开这里呢。

　　　b. 周局长正巴不得如此，立即招手唤来两名护士，搀着夫人就走。

　　Ⅴ. "巴不得"可以接否定式宾语，"恨不得"只能接肯定式宾语。例如：

（6）a. 你是巴不得我不回来。

　　　b. 我巴不得不参加这种事情。

三、"恨不得"的语义特点

"恨不得""巴不得"都有"迫切希望"的意义，语义上既有交叉也有差异。

"恨不得"由"恨"和"不得"组合而来，语义上包含两个要素：某种强烈的情绪下的迫切愿望，并且该愿望具有夸张性，主观上不会真去实施或客观上无法实现。例如：

（7）a. 他时常感到有些力不从心，有时恨不得就此不练了。

　　　b. 孩子所犯的错误，有时的确让父母十分生气，（父母）恨不得痛骂他

一顿。

　　c. 有些女性因为两人正好穿了相同花色的服装，就<u>恨不得</u>飞奔到化妆室去把它脱掉。

　　d. 看到最后一句话，不由火冒三丈，<u>恨不得</u>马上去找他拼命。

　　例（7）都表达了某种强烈的情绪，这些情绪在上下文中或有明示，或可以推导。如例（7a）表达"力不从心"的灰心，例（7b）表达"十分生气"的恼怒，例（7c）表达发觉撞衫后的尴尬，例（7d）表达"火冒三丈"的愤怒。"恨不得"通过描述在某种情绪的驱动下，迫切希望实现某个愿望，从而形象地展现了情绪的强烈程度。

　　从愿望实现的可能性来看，"恨不得"所描述的愿望都带有夸张色彩，主观上不会真正去实施。例（7a~7d）"他恨不得就此不练了""恨不得痛骂孩子一顿""恨不得去化妆室把衣服脱掉""恨不得去拼命"，句中采用了"恨不得"，表示事态是未实施的，也不会真正去实施。下面例（8）将"恨不得"所隐含的"主观上希望，但实际上不会真正去实施"的语义特点进行了明示。

　　（8）原来，萨尼亚把格列布的乐曲不加修改地抄袭在自己的交响乐中，卑鄙的抄袭！塔玛拉<u>恨不得</u>向整个大厅狂喊起来。她愤怒地跑向音乐厅的大门，急忙叫了辆车，回到家中。

　　例（8）中，塔玛拉"恨不得向整个大厅狂喊起来"，但这只止于愿望，这个愿望并不会真正去实施。事实上，塔玛拉叫了一辆车回家了。使用"恨不得"只是形象地描述了塔玛拉发现抄袭后的愤怒情绪。

　　"恨不得"所表达的迫切愿望除了主观上不会真正去实施外，有些愿望夸张到客观上也无法实现。例如：

　　（9）a. 他遥望南天，泪流满面，痛思亲人，<u>恨不得</u>一下子就飞到亲人身边。

　　b. 他<u>恨不得</u>让你坐电话线过去帮他解决困难。

　　c. 冀朝铸好似被当头浇了一桶凉水，强烈的反差使他<u>恨不得</u>钻到地缝里去。

　　d. 她哪儿不舒服了，父母<u>恨不得</u>让自己生病，换来她的健康。

　　例（9）中，"飞到亲人身边""坐电话线去帮助他""钻到地缝里去""自己生病换孩子健康"客观上实现不了。

"恨不得"句中，常常会有"一下子""立刻""马上""一口气"等表达短时的字眼，一方面突出了愿望的迫切程度，另一方面，也暗示了愿望客观上很难实现。例如：

（10）a. 他性子很急，想到了恨不得<u>马上</u>去做。

b. 天老爷下起雪来没日没夜地往下倒，恨不得<u>一口气</u>把地上的一切全变白。

c. 一些家长恨不得孩子<u>在一夜之间</u>贯通所有知识和技能，成为天下"神童"。

d. 他抱着照相机跑前跑后，恨不得把沙漠<u>一股脑儿</u>全装进自己的相机里去。

四、"巴不得"的语义特点

"巴不得"由"巴"和"不得"组合而成，"巴"表示盼望，方言色彩浓，如"老早就巴着这一天了"，可以用于两种情况：

（一）表达事态的发展正合心意

"巴不得"可以表达"事态的发展正合心意"，用于已经实现或正在实现的事态。例如：

（11）a. 春枝看他那尴尬样子，托嘴笑了，说道："张顺哥，你下地去吧！"张顺巴不得离开富贵老头家，春枝的话解脱了他，他走出院外，一阵春风迎面吹来，真清爽啊！

b. 庄大鹏说，谁叫你那么傻，要自己辞职，老孔早就巴不得换掉你，你这样做正好是自投罗网。

c. 妻反问道："我为什么要开溜呢？我都巴不得<u>早点儿回去了呢</u>，出来十几天，我早就想家了！"

例（11a）"离开富贵老头家"，例（11b）"换掉你"，例（11c）"早点儿回去"已经成为现实或正在成为现实，这一点与"恨不得"只用于未实现或不会实现的愿望形成对比。

（二）表达对未然事态的迫切愿望

"巴不得"可以表达"迫切的愿望"，用于未然的事态。例如：

（12）a.外边的鸟儿希望飞进去，而里边的鸟儿却<u>巴不得飞出来</u>。

　　　b.然而，在我看来竟是一刻如年，心中<u>巴不得车子开快一点儿</u>。

　　　c.特鲁西埃信心十足，<u>巴不得世界杯早日开球</u>。

　　　d.他们当着你的面假装对你好，背地里却<u>巴不得你早点儿完蛋</u>。

例（12）中，"巴不得"单纯表达希望实现某一个未然事态的迫切愿望。

五、"恨不得""巴不得"的主动性差异

无论用于（一）还是（二），"巴不得"常常带有浓厚的"受动"色彩，即愿望的实现不取决于或不仅仅取决于自己，需要等待事件其他参与者将其变成现实，如例（11a）"张顺"等待"春枝的话"让其实现了巴不得实现的"离开富贵老头家"的强烈愿望；例（11b）"老孔"等待"你自己辞职"使其实现了巴不得实现的"换掉你"的强烈愿望；例（11c）虽然没有明示，但也需要一个"得以早点儿回家"的契机。同样，例（12）"里边的鸟儿飞出来""车子开快一点儿""世界杯早日开球""你早点儿完蛋"这些愿望的实现都不取决于或不仅仅取决于自己。

"巴不得"这一被动观望的立场与"恨不得"主动实现的态度形成对比。"恨不得"所描述的愿望即便主观上不会真的去实现或客观上实现不了，但是愿望的实现只取决于自己的意志，无须等待或借助外力。例（7）"恨不得就此不练""恨不得早点儿飞回去"中，"恨不得"不存在对事件其他参与者的观望或依赖，主要接意志性、自主性动作，而"巴不得"后面可以接自己的意志所无法支配的行为。例如：

（13）a.慢慢地不再觉得它是一种负担，而是一次展现风采的机会，总<u>巴不得快点儿轮到自己讲</u>。

　　　b.许多中国记者和大部分圈外人士看球时，都<u>巴不得中国选手快点儿赢下来</u>，紧张得捏着一把汗。

例（13a）"快点儿轮到自己"，例（13b）"中国选手快点儿赢下来"都不是主体意志可以支配的行为。

"巴不得""恨不得"的差异，详见表40-1。

表40-1 "巴不得""恨不得"的句法、语义差异

	比较项目	巴不得	恨不得
句法差异	是否带宾语	可以不带宾语，接语气词"呢""的"结句	必须带宾语
	带什么宾语	除可以带动词或小句宾语之外，还可以带指示代词、数量词、名词做宾语	只能带动词宾语或小句宾语
	语法功能	除做谓语之外，还可以做定语	只能做谓语
	与副词的组合能力	可以受副词"正"修饰	不能受副词修饰
	宾语的极性	接肯定式或否定式宾语	只能接肯定式宾语
语义差异	语义特点	用于两种情形： A. 表达事态的发展正合心意 B. 表达对未然事态的迫切愿望	包含两个语义要素： A. 某种强烈情绪下的迫切愿望 B. 该愿望具有夸张性，主观上不会真的去实现，或客观上无法实现
	主动性差异	常常带有浓厚的"受动"色彩，愿望的实现不取决于或不仅仅取决于自己，需要等待事件其他参与者将其变成现实	主动实现。即便主观上不会真的去实现，或客观上实现不了，但是愿望的实现只取决于自己的意志，无须等待外力

41. "以为""当"有什么不同？

一、以为₁和以为₂

"以为"有两个义项：Ⅰ. 违实判断，记作"以为₁"；Ⅱ. 确定判断，记作"以为₂"。例如：

（1）a. 我以为要两三个月才能通车，没想到两三天就通车了。　　　以为₁

b. 笔者以为，这才是新闻立法的最大困难。　　　以为₂

例（1a）宾语"两三个月才能通车"与事实"两三天就通车了"不符，是有违事实的判断。例（1b）表达对某事物确定的认识，与"认为"语义接近，较之"认为"，以为$_2$语气较为谦和，因此可以与谦辞组合构成"拙见以为""愚见以为""窃以为""私以为"。

以为$_1$与以为$_2$的句法差异主要体现在：

Ⅰ. 主语人称上，以为$_1$没有人称限制，以为$_2$通常限定主语为第一人称，构成"我以为""我们以为""笔者以为""余以为"。

Ⅱ. 语气类型上，以为$_1$可以用于疑问句，往往用于无疑而问的反诘、责难，如"你以为呢？""你以为你是谁啊？"以为$_2$通常不用于疑问句。

二、当$_1$和当$_2$

"当"作为心理动词使用时有两个义项：Ⅰ. 以为，记作当$_1$；Ⅱ. 当作，记作当$_2$。例如：

（2）a. 三蔫爷连呕数次，还当是自己病了。　　　　　当$_1$

　　　b. 他当我是妹妹，好，我就当他是哥哥。　　　当$_2$

例（2）中，"当"的宾语"自己病了""我是妹妹""他是哥哥"都与现实情况不符，但当$_1$和当$_2$所表达的有违事实的判断有消极与积极之分。例（2a）主体做出了错误判断是因为某些认识上的偏差，例（2b）则是主体主动做出一个与事实不符的判断。前者是消极的，后者是积极主动的。

当$_1$和当$_2$都可以带体词性宾语、谓词性宾语或小句宾语。例如：

（3）a. 我当<u>什么事儿呢</u>，原来就为这个。　　　　　体词性宾语

　　　b. 我当<u>没救了</u>，谢天谢地，手术成功了。　　　谓词性宾语

　　　c. 小鸾还当<u>他闹着玩呢</u>，又是哭又是笑，紧往炕角落里躲。　小句宾语

（4）a. 你当年不是把30多块的半导体还当$_2$<u>宝贝</u>吗？　　体词性宾语

　　　b. 让我们都忘掉身份，只当$_2$<u>是隔壁邻人</u>，谈谈生活、家庭。

　　　　　　　　　　　　　　　　　　　　　　　　　　　谓词性宾语

　　　c. 你就当$_2$<u>我什么都不知道</u>。　　　　　　　　　小句宾语

当$_1$和当$_2$都常常以"当是"形式出现。当$_1$接体词性宾语时理解为"以为

是 NP"，如例（3a）"我当是什么事儿呢"理解为"我以为是什么事儿呢"。当₂
接体词性宾语时则表达"当作是 NP"，如例（4a）"还当是宝贝"理解为"还当
作是宝贝"。

当₁和当₂的主要形式差异有：

（一）与副词的组合能力

当₁常常与副词"还"共现，当₂常常与副词"就""权"共现，构成"就
当""权当""就权当"。例如：

（5）a.老袁坚持要上秤，小陈还当₁老袁嫌少，想再添两勺。老袁制止了他，
说："就这么多，够了。"

b.看他又哭又闹，我还当₁他冤枉呢，要不是这个小兄弟聪明，我们都
被他耍了。

c.员工可以自愿放弃，放弃多少您自己定，就当₂是借给公司的发展
资金。

d.看电影时，电影不如自己预期的好，就权当₂是一次休息。

（二）与句末语气词共现的情况

当₁常常与语气词"呢"共现，当₂常常与语气词"好了"共现。例如：
（6）a.没关系，承认就好。早上一来我还当是窗子没关好，被风摔碰掉
的呢。

b.老船夫激动地说："真是你们啊，我当这辈子你们回不来了呢！"
c.你们在牌桌上只管谈，就当我们不在面前好了。
d.天还没亮。我们决定去试试，只当是一次演习好了。

（三）疑问代词是否做宾语

当₁表达的对事物的认识有"猜测"的意味，所带的复杂宾语可以出现疑
问代词，表达先前有所疑惑，但说话时有了正确的认识，消除了先前的疑惑，
常常与"原来"引导的后句共现。当₂没有"猜测"的意味，表达"主观上当

作"，后接有定成分（如"当是宝贝、当是一次演习"），通常不会出现疑问代词。例如：

（7）a.我当是<u>谁</u>，原来是那解甲归田的高老头子。

　　b.我当你们躲到<u>哪里</u>去了，原来在这里。

　　c.我当是<u>什么</u>稀罕东西，原来是颗地雷。

　　d.我当是<u>怎么</u>了，就这事儿啊？

（四）用于反诘、责难的无疑而问情况

当$_1$用于疑问句时，可以表达有疑而问（如"你是不是当他不管你们了？"），也可以表达无疑而问。表达无疑而问时，带有强烈的反诘、责难语气，旨在纠正对方的某一个错误判断。例如：

（8）a.你当我愿意啊？　　　　——我并不愿意。

　　b.你当我怕你吗？　　　　——我并不怕你。

　　c.你当我没看见吗？　　　——我看见了。

　　d.他当我们林家没人了吗？　——我们林家有人。

例（8）是当$_1$构成的反诘问，疑问小句是肯定的，则陈述句是否定的；疑问小句是否定的，则陈述句是肯定的。

当$_2$则往往需要借助"不是吗"等标记来表达反问语气，如"你<u>不是</u>把30多块的半导体还当宝贝<u>吗</u>"。

三、以为$_1$和当$_1$

以为$_1$、以为$_2$、当$_1$、当$_2$都表达主体对某事的认识。"以为$_2$＋X"中，主体认为"X"为真；"以为$_1$＋X""当$_1$＋X""当$_2$＋X"中，主体知道"X"与现实不符。其中，以为$_1$和当$_1$构成近义关系。例如：

（9）a.起先还当／以为是真的，仔细想了想，还是觉得不对劲。

　　b.我当／以为他是开玩笑，谁知不久以后就发现，他的话是非常有分量的。

积极主动做出某个违实认识的当$_2$则不能替换为"以为"。例如：

（10）a. 你就当 / *以为我胡说八道好了。

　　　b. 开张那天，远乡近邻都当 / *以为是自个儿的喜事，赶去道贺，花炮燃放到深夜。

以为₁和当₁的主要句法及语体差异体现在：

（一）黏宾性

与当₁相比较，以为₁对宾语的黏附性相对较低，表现在当₁强制性要求后接宾语，"我还当呢""你当呢"不成立。以为₁则可以不带宾语［如例（11a）］。此外，以为₁所带宾语的位置也比较灵活，可以提至动词之前［如例（11b）、例（11c）］。

（11）a. 你以为呢？

　　　b. 秦妈妈早就认为韩工程师会了解一些，余静也这样以为，她更加肯定了。

　　　c. 他不会真一走了之，她一直这样以为。

（二）与宾语之间的语音停顿

当₁与宾语之间没有停顿，以为₁与宾语之间允许存在语音停顿，书面语中可以用逗号隔开。例如：

（12）a. "我还以为"，我继续说："桑菲尔德是你的呢。"

　　　b. *我还当，他是在开玩笑。

（三）语法功能

当₁在句中只能充当谓语，而以为₁除了可以充当谓语，还可以充当定语、状语。例如：

（13）a. 她以为的爱情原来竟是一场欺骗。　　　　　　　　　　做定语

　　　b. 世界虽然不像我们希望的那么完美，也绝不像我们以为的那么坏。

　　　　　　　　　　　　　　　　　　　　　　　　　　　　　　做状语

（四）与副词的组合能力

当₁的修饰语是有限的，主要有"还当"，也有"只当""一直当"；以为₁的修饰语则更为广泛，如"还以为""只以为""一直以为""原（来）以为""本（来）以为""原本以为""原先以为""误以为""自以为""曾以为"等。例如：

（14）a. 姚志兰只当她爹爹出了事，空袭过后气急败坏地向大坝跑来，不见爹爹，却救起了李春三。

b. 我们分手的那天是愚人节，所以我一直当她是开玩笑。

c. 原以为是赔本生意，想不到这么红火。

d. 把船的外观漆上醒目的新颜色，不知底细的人误以为是条刚下水的新船呢。

例（14a）、例（14b）"当"可以替换为"以为"，而例（14c）、例（14d）的"以为"不能替换为"当"。

（五）宾语复杂度

"当₁ + X"中，"X"是违实判断的直接内容，宾语复杂度低，长度相对较短。以为₁则允许带较长的宾语。例如：

（15）a. 日语的书面语使用一些汉字，很多人以为日语和汉语相近，日语好学，其实这是误解。

b. 日语的书面语使用一些汉字，很多人当日语好学，其实这是误解。

例（15a）以为₁的宾语可以内嵌原因"日语和汉语相近"，例（15b）当₁需要直接引出判断的内容"很多人当日语好学"。

（六）语体色彩

当₁口语色彩浓厚，以为₁是中性的，既可以用于口语语体，也可以用于书面语语体。例如：

（16）科学主义企图以科学为出发点和方法论来解释一切社会问题，并以为 /
*当科学可以解决包括道德问题在内的所有社会问题和人类危机。

例（16）为书面语语体，只能使用"以为"。

"以为₁"和"以为₂"、"当₁"和"当₂"、"以为₁"和"当₁"的差异，详见表41-1、表41-2、表41-3。

表41-1　"以为₁"和"以为₂"的辨析

比较项目		以为₁	以为₂
语义差异		违实判断	确定判断
句法差异	主语人称	无人称限制	限第一人称
	语气制约	无语气制约	只用于陈述语气

表41-2　"当₁"和"当₂"的辨析

比较项目		当₁	当₂
语义差异		误做出违实的判断，以为	主动做出违实的判断，当作
句法差异	与副词的组合能力	常与副词"还"共现	常与副词"就""权"共现
	与句末语气词的共现情况	常与"呢"共现	常与"好了"共现
	疑问代词是否做宾语	疑问代词可以做宾语	疑问代词不能做宾语
	是否用于反诘问	可以用于反诘问	一般不用于反诘问

表41-3　"以为₁"和"当₁"的辨析

比较项目		以为₁	当₁
句法差异	黏宾性	自由带宾语	必须带宾语
	与宾语之间的语音停顿	允许存在语音停顿，书面语中可以用逗号隔开	没有停顿
	语法功能	除可以充当谓语外，还可以充当定语、状语	只能充当谓语
	与副词的组合能力	"还、只、一直、原、本、误、自"等	"还、只、一直"
	宾语复杂度	允许带较长宾语	宾语复杂度低，宾语长度相对较短
	语体色彩	既用于口语，也用于书面语	口语色彩浓厚

42. 怎么理解话语中的"你知道"？

一、表达概念意义的"你知道"

口语交际中，"你知道"有多个变体形式：

你知道   你知道的   你是知道的   你也知道   你也知道的

你知道吗   知道吗   你知道吧   你知道不   你知（道）不知道

第二人称代词"你"还可以变为"您""你们""我们"。

"你知道"可以表达命题真值意义，可以带宾语，也可以不带宾语。例如：

（1）a. A：你知道这件事儿吗？   名词性宾语

　　　 B：不知道。

　　 b. A：你知道在哪儿买票吗？   动词性宾语

　　　 B：三教 102。

　　 c. A：你知道小王要被调走了吗？   小句宾语

　　　 B：我刚知道。

　　 d. A：如果你知道，一定要告诉我。   不带宾语

　　　 B：好的。

例（1）中，"知道"作为实义动词发挥句法语义作用，语音上，与所带宾语之间不存在语音停顿；句法上，与宾语结合，构成一个句法单位；语义上，承担了与命题真值相关的概念意义；与听话人的互动上，听话人有必要针对说话人关于"知道"的疑问或陈述做出反应或回答。表达命题真值意义的"你知道"在句中不能省略。

二、不表达概念意义的"你知道"

"你知道"逐渐习语化，在话语中可能并不总是表达命题真值意义。例如：

（2）a. 杨澜：拍《龙门飞甲》的时候，这种感受特别明显，在屏幕上出现的陈坤不一样了。

陈坤：我现在也很高兴，<u>你知道吗</u>？当你在做一件你真心想做的事情的时候，再难，你都会觉得你的眼睛在放光。

　　b.陈坤：我现在不是没有这个能量，但我不奢望这个事情。<u>你知道</u>，人是这样的，当你太想证明你在这部电影里的重要性的时候，你就无形中给自己设定了障碍。

　　杨澜：嗯，而且你会表现过度，是吧？

　　陈坤：会over，对对对。杰哥在，杰哥你顶着，这不是我的事儿；周迅你顶着。你们是男女主角，我该怎么演就怎么演吧。<u>你知道</u>，在轻松的状态中，把你的注意力放在该放的事情上面，在整个过程中你都会非常地愉悦。

　　例（2）中，"你知道"已经习语化，具有插入语的性质。语音上，"你知道"构成一个独立的韵律单位，与后面的叙述之间允许存在或长或短的语音停顿；句法上，"你知道"不参与前后语句句法成分的构建，不依附于某一个句法成分；语义上，"你知道"的词汇意义发生虚化，在话语中可以省略。同时，这种用法不需要听话人就"是否知道"做出反应或回答。

三、"你知道"在话语中的交际互动功能

　　不表达概念意义的"你知道"在话语中发挥着交际互动作用。言语交际过程是两人或多人之间创造意义的过程，交际双方需要默契合作，关注谈话对象对于话语信息的理解以及话题的跟随情况，并传达自己的情感和立场。"你知道"的交际互动功能主要体现在以下三个方面：

（一）调动听话人的注意力，开启下文

　　说话人在谈话过程中，可以使用"你知道吗"将听话人的注意力调动到当前要说的话题，引出下文信息，包括：Ⅰ.开始一个新话题［如例（3）］；Ⅱ.针对当前的话题进行说明或叙述［如例（4）］。

　　（3）A：也就是说，若所有人都猛吃肉的话，要14个地球才够。现在没有14个地球，所以这个地球开始发烧，发热。

　　　　B：<u>你知道吗</u>？他们说一磅肉，需要两万公升的水才能够生产出来。你

要想到它们要喝很多的水，它们要洗澡，它们还有排泄物，你都要用水去处理。

例（3）中，说话人使用"你知道吗"成功获取话轮，使自己处于当前话语的主导地位，并将听话人的注意力或兴趣点调动起来，开启了一个新话题。

（4）霍德明：第一，它的确很贵，在 2008 年房价最高的时候，你知道吗？大概也就这么大，30 平方厘米，要卖到 2700 美元。

　　　　主持人：哇！

例（4）中，说话人使用"你知道吗"延续话轮，仍然占据当前话语的主导地位，并调动听话人的注意力或兴趣点，使听话人紧随自己的话题，引出下文进一步的叙述。例（3）、例（4）"你知道吗"都用来开启下文。

"你知道吗"用来调动听话人的注意力，开启下文的语用功能在与疑问小句的组合中更为明显。例如：

（5）a. 主持人：一分钱没有了？

　　　　彭小龙：我住的什么房子，你知道吗？ 10 平方不到，就一张床、一条毯子、一张席铺在上面，吃快餐面。

　　　　b. 老先生、老太太没有事干，白天五六点就到公园去散步，到了公园以后，你知道怎么着？很多人说，台湾东部一日游，台湾北部一日游，五百块、六百块就上游览车，一大堆人没事干，想五六百块可以在台北玩儿一天，太好了。

例（5a）"疑问 + 你知道吗"引出下文对经济窘迫情况的叙述，例（5b）"你知道 + 疑问"引出下文对老人听信宣传，参加低价旅行团现象的叙述。

（二）确认听话人的信息状态，寻求一致立场

交谈双方需要拥有一些共知的知识，以此作为交际的背景或前提。说话人在谈话过程中，可以使用"你知道吗""你知道吧""你知道""你知道的"等语用指示语，对听话人的信息知晓或信息理解情况进行确认。例如：

（6）杨澜：没有这么想过吗，那所以徐克……

　　　　陈坤：我这么想会有压力，我想的是这是周迅和杰哥的事儿，你知道吗？（笑）我喜欢用配角的思维想事情，不存在电影票房的压力，其实我是在逃避。

例（6）中，"你知道吗"语音上读轻声，紧跟前句，与后句间隔了说话人的笑声，有明显的语音停顿；语义上，"你知道吗"指向前面的信息，说话人在阐述自己的观点或叙述一件事情时，就一些对听话人而言不易理解或不太熟悉的信息，可以使用"你知道吗"随时与听话人进行信息状态确认，以促成与听话人的协调互动，扩大共知信息，推动谈话顺畅进行。

当说话人认为前面或后面提到的是听话人知道的信息，或者是听话人应该知道的常识性信息，就可以使用"你知道吧""你知道"等语用指示语，对听话人的知识拥有情况进行确认。例如：

（7）a. 那小时候摘槐树花，槐树花很香，<u>你知道吧</u>？阴历四月，槐树花都开了，那时候满大街飘得都是槐树花的香。

　　b. 而且拍电影，<u>你知道</u>，都是一出去就是几辆卡车这样子的。你不可能说偷偷摸摸，不可以，做不到的。你只拿一个摄录机，这不可以的，要架灯，又要打光等，但是我们还是都走过来了。

例（7a）"你知道吧"指向前面的信息，例（7b）"你知道"指向后面的信息。两者都通过对听话人背景信息知晓情况的确认，将听话人置于与自己共同的信息背景下，哪怕听话人对某个信息并不知晓或并不熟悉。说话人通过假设信息共知，缩短与听话人的心理距离，以寻求与听话人拥有共同的交际立场，从而使自己的观点或叙述更容易被听话人接受和理解，同时，引导听话人紧随自己的话题，为听话人的话语理解指引方向。

（三）情感表达功能

"你知道吗"在一些语境下，还可以传递说话人对信息内容或听话人的情感态度。例如：

（8）a. 女人最终的责任，你有这点儿责任感吗你？对爱情也不负责任，<u>你知道吗</u>？

　　b. 他一见到中国公安部来的人，哭了，可见着亲人了！他有这样一种感觉，<u>你知道吗</u>？

　　c. 你怎么就知道她们都没嫁出去？这很多是替闺女来的，<u>你知道吗</u>？

d. 媒体广泛质疑以后，告诉大家说，就是这些开发商在屯地，但是，<u>你知道吗</u>？这后面还有机关单位也在圈地。

例（8a～8d）分别凸显了说话人的叱责、感慨、反驳、意外等情感或立场。

四、语言中的语用指示语

语言中存在一些语用指示语，又称为"话语标记"，它们的概念意义已经弱化，不直接构成话语的命题内容，但是在交际中起着组织和管理会话的作用，可以调节和推动交谈双方的交际互动。和汉语中的"你知道"一样，英语中"you know"同样具有话语指示语的性质，说话人通过关注听话人的信息状态，确认或假设信息共知，从而寻求与听话人进行互动。"你知道""you know"等的习语化是交际顺应的结果。

除了"知道"外，常见的表达认知的心理动词"明白""懂"也都出现了类似的习语化用法，构成"（你）明白吗""（你）明白吧""你明白的""（你）懂吗""（你）懂吧""你懂我的意思吧""你懂的"等习语形式，这些形式在话语中常常并不参与命题意义的构建，只是以插入语的形式发挥交际互动的语用功能。例如：

（9）a. 我最后发现他们这个筛子选出来的是什么人呢？积极有为的人。积极的人，<u>你明白吗</u>？去做义工，敢想敢干，能够自己解决问题，碰到问题能自己查资料。

b. 他说因为这个赔偿不是一个标准，水涨船高，<u>你懂吗</u>？越赔越高，也可以说你越来越重视公民利益了，可是问题在于，过去拿了钱的人，又不干了，又找政府了。

43. 怎么理解话语中的"我想"？

一、多义动词"想"

"想"是多义动词，可以概括为四个义项：

A. 思考、思想　　　想了半天，想不出一个好主意。

B. 想念、惦记　　　出了门特别想孩子。

C. 希望、打算　　　他非常想去。

D. 认为、觉得　　　他想小华肯定会来。

用作 A "思考"义时，"想"的动作性较强，满足动词的较多典型特征。例如：

（1）a. 想了各种办法

　　　　她正想着心事呢

　　　　你想过这样做的危害性吗　　带"了""着""过"体标记

　　　b. 想个办法　　　　　　　　带体词性宾语

　　　c. 你再想（一）想　　　　　动词重叠

　　　d. 我什么也没想　　　　　　被"没"否定

　　　e. 想了半天 / 想了一下儿　　带时量、动量补语

　　　f. 想明白 / 想不通 / 想清楚　带结果补语

用作 B "想念"义时，"想"失去了动词的部分典型特征，较少带体标记，不能重叠，通常不接时量、动量补语，可以被程度副词修饰，带程度补语。例如：

（2）a. 海外侨胞日夜想着祖国

　　　　在外时间长了也想过家　　带"了""着""过"体标记

　　　b. 想家　　　　　　　　　　带体词性宾语

　　　c. 没想家　　　　　　　　　被"没"否定

　　　d. 特别想家　　　　　　　　受程度副词修饰

　　　e. 想死你了　　　　　　　　带程度补语

用作 C "希望"义时，"想"不接体词性宾语，不接"了""着""过"体标记，不能重叠，通常不接时量、动量补语，可以受程度副词修饰，带程度补语。例如：

（3）a. 男人想在家当大爷　　　　谓词性宾语

　　　我也不想这样　　　　　　谓词义代词做宾语

　　　b. 我没想骗他　　　　　　被"没"否定

　　　c. 我很想去　　　　　　　受程度副词修饰

　　　d. 我想去得要命　　　　　"得"字短语做补语

用作 D "认为"义时，"想"不接体词性宾语，不接"了""着""过"体标记，不能重叠，不被"没"否定，不受程度副词修饰，不带各类补语。"想"成为一个光杆形式。例如：

（4）我想他已经知道这件事了。　带小句宾语

二、表达"认为"的"我想"

"想"与第一人称组合构成"我想"，"我想"表达"思考""想念""希望"义时，用于"陈述我的行为"。此时，"想"的动作性较强，动宾联系紧密，如"我来想办法、我想孩子了、我想去"。

"我想"表达"认为"义时，用于"表述我的认识"，动词"想"对宾语小句的主语没有支配作用，与宾语小句联系松散。

认为义"我想"由动词的动作行为义发展为表达说话人的主观判断或推论，具有如下句法特点：

（一）位置上的灵活性

"我想"凝固成一个整体，具有评注性插入语的性质，作为句法结构以外的成分，松散地附着于句子命题之上，可以居句首、句中或句末，位置灵活。例如：

（5）a. 我想句法语义的接口问题，是否可以有不同的研究、探索的思路。

　　　b. 句法语义的接口问题，我想是否可以有不同的研究、探索的思路。

　　　c. 句法语义的接口问题，是否可以有不同的研究、探索的思路，我想。

（二）结构上的独立性

形式上，"我想"不是前后语句的句法成分，不与相邻成分组合成更大的句法单位，整个结构在句子中相对独立。删略"我想"不影响句子的合法性。例如：

（6）（我想）句法语义的接口问题，是否可以有不同的研究、探索的思路。

（三）韵律上的独立性

"我想"构成一个独立的韵律单位，与后面的叙述之间允许存在语音上的停顿，可以用逗号隔开，也可以用语气词隔开。例如：

（7）a. 我想啊，现在两边都等钱用，你们这边亚平爸爸看病也不能没钱，我们那边你哥哥新房子地址都选好了。我看，这次索性连红利带钞票一起拿回来吧！你们看呢？

　　b. 我想呢，也许很多人在第一次接触这样的新闻的时候，可能心中都会有这样的疑惑：192名飞行员的资历涉嫌造假，那我们乘坐的飞机还安全吗？

　　c. 我想呀，石梯和暖暖也都到了该成家的年龄，要是你和婶子都同意的话，就择个日子让他们把喜事办了。这不也了了你们一桩心事？

　　d. 他现在讲的，我想吧，他讲的以药补医，是不是主要指那个药品批零差价的15%部分，就是医院角度给药品加成了15%？

（四）不参与句子概念意义的构建

"想"用作A、B、C意义时，都可以用于疑问句，答句需要针对"想"来回答，用作D意义时，答句不能针对"想"来回答。例如：

（8）a. A：你想过这个问题吗？　　思考义"想"

　　　 B：想过。

　　b. A：你想家吗？　　　　　　想念义"想"

　　　 B：想。

　　c. A：你想参加吗？　　　　　　希望义"想"

　　　B：想。

　　d. A：你想他会来吗？　　　　　认为义"想"

　　　B：*想。

例（8d）"想"不是句子的主要谓词，不参与句子命题意义的构建，删略后对句子的概念意义没有影响。例（8d）的回答应为"会"或"不会"，是对小句宾语的谓语部分做出回答。

三、"我想"的语用功能

作为松散地附着于句子外围的选择性成分，"我想"在话语中主要发挥"弱化断言"的交际功能，以及"组织话语"的语篇功能。

（一）弱化断言

我们做出一个陈述时，常常会带上一些成分表明所做陈述的"知识来源"，如该信息是亲历的、听说的，还是推理的；也可能带上说话人对命题可能性或必然性的判断，表明说话人对该陈述真实性的相信程度。例如：

（9）a. 明天下雨。

　　b. 小王说明天下雨。

　　c. 看样子明天要下雨。

　　d. 明天肯定要下雨。

例（9a）无添加成分，例（9b）表明信息来源于听说，例（9c）表明信息来源于推理，例（9d）表明说话人对信息确定性的判断。与有标记的［如例（9b～9d）］比较，例（9a）相当于一个事实断言，语气高度确定，例（9d）即便用了高确定性的"肯定"，其对命题事实性的认识也弱于例（9a）的事实断言。这是因为事实断言表达的不是确定性或盖然性，而是陈述一个事实，最确定的认识判断也不同于事实断言，因为再强的认识判断也只是说话人假定有事实性，存在于说话人的主观判断中，而事实断言是说话人已经确认的事实。

"我想"的功能在于避开事实断言，它是说话人在命题之外添加的成分，表明后面陈述的知识来源于自己的主观判断。"我想"隐含了命题的某种不确定性，听话人可能同意，也可能不同意，为可能发生的观点冲突留下了回旋空间。

（二）组织话语

"我想"在话语中，可以用来操控一个话题的进程，引起听话人的注意和参与，指引听话人进入自己的思维轨道。例如：

（10）我在想为什么要去图书馆，七岁看什么书。他说不是，等一下儿地震来了，她一个人在家怎么办。他们对于小孩的这种防灾意识和教育，每天都在进行，不管自己多忙，也不把小孩一个人扔在家里……

例（10）中，"我想"后接"为什么"疑问句，引出下文，开启了一个新话题"日本人对日常防灾的重视"。

在会话进程中，说话人既需要考虑话题的操控，也需要考虑与听话人进行互动。"我想"在引入说话人的主观判断的同时，也构建了与听话人商谈的语境空间。例如：

（11）好好好，你的事情轮不到我管，上面有婆婆，下面有老公。我今天来，是突然想起一件事，赶过来问一下儿。去年存的 10 万块好像下个月要分红利了吧？我来提醒一下儿，不要这边忙起来忘记了。我想啊，现在两边都等钱用，你们这边亚平爸爸看病也不能没钱，我们那边你哥哥新房子地址都选好了。我看，这次索性连红利带钞票一起拿回来吧！你们看呢？

例（11）中，说话人在交谈过程中开始了一个新话题"10 万块钱下个月要分红了"，并试图说服听话人连本带利取出这笔钱，于是插入"我想啊"引导听话人进入自己的思维轨道，并留下了商讨的语境空间。交谈结束时，说话人采用了"你们看呢"，寻求听话人的认同。与此类似，上文例（7b）、例（7c）、例（7d）说话人使用"我想"引出自己的主观判断或建议后，也都采用疑问的形式，邀请对方参与话题或寻求对方的认同。

"我想"是话语衔接的手段之一，引导听话人进入自己的思维轨道，并留下商讨的空间。"我想"存在较多的变体形式，如"我在想""我就想""我总想""依我想""我猜想""我料想""我估计""我觉得""我看""我认为"等，都可以用来引出说话人的主观观点，具有插入语的性质，省略后不影响概念意义的表达。

例如：

（12）a. <u>我就想</u>你看我们那个时候，就是三反五反的时候，你贪污了五百块钱那就叫大老虎，这是一个非常量化的问题。

　　b. 这个试点是成功的，但是<u>我总想</u>咱们的城市这么多，面积这么大，这一个点能不能说明问题。

　　c. <u>依我想来</u>，既然自古就有爱情这么一种东西，那么，它那最恒定的内核，一定是单纯而质朴的。

　　d. <u>我猜想</u>，过去会不会有很多形式性的东西，因为咱们看西方，像古罗马什么的，古时候打仗，就有很多礼仪性的东西。

44. 怎么教"了解"和"理解"？

一、"了解"和"理解"的偏误

《现汉》对"了解""理解"的释义为：

了解：①知道得清楚　　只有眼睛向下，才能真正<u>了解</u>群众的愿望和要求。

　　　②打听；调查　　这究竟是怎么一回事，你去<u>了解</u>一下儿。

理解：懂；了解　　　你的意思我完全<u>理解</u>。

"了解"和"理解"都是"知道"类心理动词，有共同语素"解"，词义接近，容易发生偏误。如例（1a）该用"了解"，误用了"理解"；例（1b）该用"理解"，误用了"了解"。

（1）a.[*]通过各项活动，我们会更深刻地<u>理解</u>中国。

　　b.[*]我实在不<u>了解</u>他为什么把好好的工作辞了。

二、引入辨析

词典释义具有概括性，对母语人群而言是凝练高效的。我们查词典只需要词典提供一个模糊的理性意义，而有关词的情感意义、语体意义，近义词的互补分工，母语人群具有潜在的可以借助的百科知识。但是，对于非母语人群而言，词典释义是有关这个词的全部知识。上面有关"了解""理解"的释义显然是模糊而缺乏区别性的，教师需要在教学中提供区别性语境，引导学生将词汇知识和语境知识联系起来，通过语境的解释功能使语义明确化，帮助学生掌握近义词用法。教师不妨先让学生对以下语境中的"了解"和"理解"进行辨析。

了解 VS 理解

1. 这道题老师已经讲了好几遍，但我还是不 ＿＿＿＿＿＿＿。
2. 我不是很 ＿＿＿＿＿＿＿ 这个专业要学什么。
3. 你怎么 ＿＿＿＿＿＿＿ 这句话？
4. 一些学生建议成立一个品酒俱乐部，目的是让学生们对酒的知识有所 ＿＿＿＿＿＿＿。
5. 希望取长补短，多一些 ＿＿＿＿＿＿＿ 和宽容，少一些斤斤计较。
6. 对这个人你 ＿＿＿＿＿＿＿ 多少？
7. 你认识他才多久，你 ＿＿＿＿＿＿＿ 他吗？
8. 到一个地方旅游，先 ＿＿＿＿＿＿＿ 一下儿这个地方的情况，如风土人情。
9. 这个该怎么 ＿＿＿＿＿＿＿ 呢？是英文字母 O，还是阿拉伯数字 0？
10. 我特别能 ＿＿＿＿＿＿＿ 他为什么那样做。

三、分析

（一）核心语义差异

"了解"表达"拥有或获取信息"。未知信息只需要从外界直接获取，不需要认知者进行深入加工。

"理解"表达"把握规律或认同立场"。认知者要对已知信息进行分析思考以厘清关系，认识本质，掌握规律或达成立场认同，该过程需要认知主体的思维加工和情感带入。

教师可以将"了解""理解"放在同一语法环境下，帮助学生对比两类思维活动的差异。以例（2）"难以+X"，例（3）"怎么、如何"为例：

（2）a. 中国的发展如此迅速，不实地来看看是<u>难以了解</u>的。

　　　b. 我们能够了解到普通企业<u>难以了解</u>到的市场信息。

　　　c. 没有心理学的基础知识，则<u>难以理解</u>该课程的基本心理学概念。

　　　d. 她急切地想当婆婆的心情是常人所<u>难以理解</u>的。

（3）a.<u>怎么了解</u>企业的经营情况？方法多了，上网查、看新闻、跟客户聊天……

　　　b. 我们应该<u>如何理解</u>这一说法？

例（2a）、例（2b）"难以了解"只涉及未知信息的获得，"难以"难在"不实地看"或者作为"普通企业"难以接触到信息，与信息的认知加工无关，事实上，只要来看，只要咨询就可以"了解到"信息。例（2c）"难以理解"难在"知识、概念的把握"，需要认知者付出认知努力；例（2d）"难以理解"难在"不能认同对方的想法"，需要认知者的情感带入。

例（3a）"怎么了解"询问的是"获取信息的途径"，停留在较浅的认识层面；例（3b）"如何理解"询问的是"把握内在思想的方法"，需要付出较多的认知努力。

（二）带宾语差异

"了解"用于"拥有或获取信息"，可以带指人宾语（如"了解他、了解一个人、了解女人、了解对方"），也可以带指物宾语（如"了解情况、了解动态、了解原因、了解真相"）。与"理解"相比较，"了解某人、了解某事物"指拥有或获取许多关于某人或某事物的信息，该信息并不需要认知者进行深度的理性加工。

"理解"用于"把握规律或认同立场"，可以带指人宾语（如"理解他、理解对方、理解父母、理解孩子"），表示"认同立场"；也可以带指物宾语，包括理解言语（如"理解一个词、理解一句话、理解一种说法、理解一部作品"）、理解行为（如"理解某个做法、理解某个想法、理解某种苦心、理解某个难处"）、理解某种自然或社会现象（如"理解某个现象、理解某个定理、理解某种精神、理解某种文化"）。"理解"是认知者透过外在的言语、行为把握内在的思想、动机，透过外在的自然、社会现象把握内在的逻辑联系、事物本质或运行规律。

（三）形式差异

可以使用"了解到"表达"获得了某信息"，使用"理解为""理解成""对……的理解是"表达理解的内容。例如：

（4）a. 调查中也<u>了解到</u>有极少数孩子在父母外出打工后，变得自理能力更强。

b. 一种经常性的误解是把声母<u>理解为</u>辅音，其实，辅音未必是声母。

c. 不能把配合老师的工作简单地<u>理解成</u>"老师怎么说，家长就怎么做"。

d. <u>对腐败的理解就是</u>，一个统治集团，为了自己的利益，危害了民族国家，一个人利用公权谋私利。

"了解"可以充当"有所、颇有"的宾语，表示拥有某信息；"理解"可以充当"表示、得到、获得、给予"的宾语，表示认同。"了解""理解"都可以充当"加深、增进"等动词的宾语。例如：

（5）a. 共事已有一年半，他对此人<u>颇有了解</u>。

b. 多年后谈起旧事，林加却对后母的做法<u>表示理解</u>。他说："一个女人拉扯4个孩子不容易，所有女人都更疼自己的孩子。"

"了解"的内容前面常常出现"通过……""在……中""从……""（根）据……"等成分表达信息获取的途径。"理解"的内容前面则常常出现"按（照）我的理解""从这个角度理解""往这方面理解""换个角度理解""可以/要/应该这样理解""能不能/可不可以这样理解"等评注性插入语，提示认知的加工过程。例如：

（6）a. 我们知道了该项目的网址，进而又<u>从网上了解到</u>更详细的情况。

b. 对用户近期的搜索历史进行记录和分析，<u>据此了解</u>用户的喜好和需求。

c. <u>按照我们一般人的理解</u>，太空的范围是非常大的。

　　d. 可不可以这样理解，没有严格就没有教育？

　　关于"了解、理解"的过程和结果，这两个词都可以使用"全面、片面、深入、深刻、充分、正确、准确、互相"进行描述。"了解"还常常构成"初步了解""大致了解"，"理解"则可以构成"独到的理解""个人的理解""错误的理解"[如例（7a）、例（7b）]。

　　"了解、理解"都可以进入"容易/不难/难以/可以/能+X"对行为的难易度进行评价。"理解"可以添加程度副词构成"很好理解""特别能理解"[如例（7c）、例（7d）]，但不能说"特别能了解"。例如：

　　（7）a. 据初步了解，无人员伤亡，火灾原因正在调查中。

　　　　b. 许多人对这句话有错误的理解。

　　　　c. 这个道理很好理解。

　　　　d. 同样是为人之母，所以特别能理解那些走失儿童母亲的肝肠寸断。

　　结束对"了解""理解"句法语义特点的分析后，教师可以让学生重新审视课前的 10 道辨析题，自行纠错，并让学生说出每一题为什么这样选择，促进学生自主总结。详见表 44-1。

表 44-1　"了解"和"理解"

心理动词	核心语义	做宾语	后续成分	前附成分
了解	拥有或获取信息，不需要认知者进行深度加工	（颇有、有所、加深、增进）了解	了解到	"通过……""在……中""从……""（根）据……"
理解	把握规律或认同立场，需要认知者的思维加工和情感带入	（表示、得到、获得、给予、加深、增进）理解	理解成理解为	"按（照）我的理解""从这个角度理解""往这方面理解""换个角度理解""可以这样理解"

45. 怎么教"感到"和"觉得"？

一、"感到"和"觉得"

"感到"和"觉得"都可以表达"产生某种生理感觉或心理情绪"，《现汉》的释义为：

感到：觉得 　　　　　　　从他的话里感到事情有点儿不妙。

觉得：①产生某种感觉 　　游兴很浓，一点儿不觉得疲倦。

　　　②认为（语气较不肯定）　我觉得应该先跟他商量一下儿。

在表达感官或心理感受时，"感到"和"觉得"语义接近，互为释义，容易发生偏误。例如：

（1）a.* 我感到跟您在一起很愉快。

　　　b.* 家人都为我觉得担心。

二、引入辨析

感到 VS 觉得

1. 你 _____ 可笑不可笑？

2. 竞争加剧，她时常 _____ 压力。

3. 年轻时他对许多问题 _____ 困惑。

4. 现在的人，我 _____ 太挑剔了。

5. 最近发生的一件事，使我 _____ 校方这样安排的意义确实不寻常。

三、分析

（一）核心语义差异

"感到"的语义重心在于"主体经由外部事物引发，感受到某种生理感觉或心理情绪"。"到"表明感受从无到有的过程。

"觉得"的语义重心在于"主体经由自己感官感受和认知思考，产生某种感觉或得出某个认识"。该感受可能是由外部事物引发，也可能是自发的。例如：

（2）a. 现在也有很多人在为租房问题感到烦恼。

b. 能参与这次直播，我感到非常兴奋和荣幸。

c. 你觉得有意思吗？

d. 就连得票最靠后的几名候选人都觉得自己的票数有些高得离谱。

例（2a）、例（2b）"租房问题""参与这次直播"成为引发感受者产生某种心理情绪的原因。例（2c）、例（2d）"觉得"重在表达自己得出某个感受或判断。

"感到"常常进入两个句式：

Ⅰ. 感受者＋对／为＋外部事物＋感到＋X

Ⅱ. 外部事物＋让／使＋感受者＋感到＋X

（3）a. 一些院长对这个官司都感到非常紧张。

b. 我们为有机会举办这一盛会而感到自豪。

c. 当消息真来到时，还是让人感到伤感和遗憾。

d. 这种设计使顾客感到舒适自然，又富有情趣。

Ⅰ、Ⅱ两类句式都包含了外部事物的存在，由外部事物引发心理、生理感受是"感到"的核心语义。

"觉得"常常用于"我／你／他（们）觉得"直接表达主语的感受或认识，也可以用于外界事物引发的"外部事物＋让／使＋感受者＋觉得＋X"，但一般不用于"感受者＋对／为＋外部事物＋觉得＋X"。例如：

（4）a. 他觉得太贵，准备等打了折再买。

b. 今天的比赛没有对手，你觉得寂寞吗？

c. 长期在一个部门重复干单调的工作，不免会使人觉得乏味。

d. 我不愿回忆过去，这样会让我觉得很累。

在表达外部事物引发的心理、生理感受时，"感到"和"觉得"语义接近，常常可以互相替换。"感到"偏情感，"觉得"偏情绪，"觉得"郑重程度略轻。例如：

（5）a. 各种琐事的应酬耗费了大量的时间和精力，因此常使他们感到／觉得压力太大。

　　　b. 刚到地方机关工作感到／觉得不习惯，有点儿适应不了。

（二）所带宾语

"感到＋X"中，宾语"X"主要是心理感受义谓词，如"高兴、开心、惊喜、愉快、兴奋、满意、满足、欣慰、幸福、得意、骄傲、自豪、有趣、安心、放心、庆幸、荣幸、钦佩、不安、担心、担忧、生气、气愤、愤慨、恼火、不满、不悦、不爽、苦恼、烦恼、厌倦、厌烦、焦虑、别扭、扫兴、悲哀、委屈、灰心、失望、沮丧、孤单、寂寞、奇怪、诧异、惊讶、震惊、羞愧、内疚、遗憾、害怕、恐惧、心虚、困惑、为难、意外、紧张、不可思议"等。另外，宾语"X"也可以是生理感受义谓词如"冷、热、暖和、温暖、凉快、饿、累、疼、重、沉、头晕、刺眼、刺耳、刺鼻、硌脚、眩晕、苦涩、疼痛、悦耳、柔和"等。

"感到"也可以接名词性宾语。例如：

（6）a. 最低气温达到零下三度，出行的市民都感到了几分寒意。

　　　b. 在这个生活了一年依旧陌生的城市，收到唯一的祝福，还是感到一丝温暖。

"感到＋X"也可以接谓词性宾语或小句宾语表达"得出一个认识"，该意义用例相对较少。例如：

（7）a. 随着两方面斗争的加剧，他越来越感到，自己的立场倾向不仅关系到顶戴，甚至关系到身家性命。

　　　b. 听她这么一说，我感到女儿打算学金融，还真不是脑袋一热做出的决定。

"觉得＋X"中，"X"可以是谓词性宾语或小句宾语，不会是名词性宾语。例如：

（8）a. 治病这段时间，他们能在一起，她觉得特幸福。

　　　b. 走来走去觉得不对，就向着一条小路拐过去了。

　　c. 还有一个现象，我觉得非常值得注意。

　　d. 您觉得这次活动的意义在哪里？

例（8）中，"X"可以是心理生理谓词，表达某种感受［如例（8a）］；也可以是谓词性宾语或小句宾语，表达某个认识或评价［如例（8b～8d）］。后者用例更多。

与"感到"比较，"觉得"重在通过内在思维得出一个认识，该认识的确定程度比"认为"弱。

（三）形式差异

"感到"可以接"了"，表示受外部因素引发，从无到有形成了某种感受，"了"表明变化的实现。"感到"还可以接"过"，表示经历。"觉得"陈述一个当下的感受或认识，不接"了""过"。例如：

（9）a. 大家的期盼更让当选者感到了肩上的责任。

　　b. 救援人员的悉心照顾，让刚刚经历过生死劫难的灾民感到了温暖。

　　c. 地震发生后，虽然面临着断电、断水、食物短缺等困难，但他们始终没有感到过孤单。

　　d. 这次测试中，罗阳曾经感到过不舒服。

"感到"和"觉得"的形式差异，详见表45-1。

表45-1　"感到"和"觉得"

心理动词	核心语义	常见句法环境	宾语	体标记
感到	由外部事物引发，主体感受到某种生理感觉或心理情绪	Ⅰ. 感受者＋对／为＋外部事物＋感到＋X Ⅱ. 外部事物＋让／使＋感受者＋感到＋X	Ⅰ. 带谓词性宾语或体词性宾语表达"得到某个感受" Ⅱ. 带谓词性宾语或小句宾语表达"得出某个认识" Ⅰ为主，Ⅱ为辅	能接"了、过"
觉得	经自己感官感受和思考，主体产生某种感觉或得出某个认识	Ⅰ. 我／你／他（们）＋觉得 Ⅱ. 外部事物＋让／使＋感受者＋觉得＋X	Ⅰ. 带谓词性宾语或小句宾语表达"得出某个认识" Ⅱ. 带谓词性宾语表达"得到某个感受" Ⅰ为主，Ⅱ为辅	不能接"了、过"

参考文献

曹秀玲（2010）从主谓结构到话语标记——"我／你 V"的语法化及相关问题,《汉语学习》第 5 期。

常娜（2015）体貌义构式"V 上了"研究,《汉语学习》第 3 期。

陈昌来（2002）《现代汉语动词的句法语义属性研究》,上海:学林出版社。

陈平（1988）论现代汉语时间系统的三元结构,《中国语文》第 6 期。

成镇权（2007）再谈"兼语式",《语言教学与研究》第 6 期。

储泽祥、程书秋（2008）制约"想 NV"格式成立的若干因素——兼谈与其相关格式"想 VN"的比较,《汉语学习》第 1 期。

戴耀晶（2000）试论现代汉语的否定范畴,《语言教学与研究》第 3 期。

戴耀晶（2004a）汉语否定句的语义确定性,《世界汉语教学》第 1 期。

戴耀晶（2004b）试说"冗余否定",《修辞学习》第 2 期。

邓川林（2021）动词重叠的使用模式与表义机制研究,《汉语学习》第 3 期。

邓守信（1985）汉语动词的时间结构,《语言教学与研究》第 4 期。

邓思颖（2004）作格化和汉语被动句,《中国语文》第 4 期。

刁晏斌（2007）试论"程度副词＋一般动词"形式,《世界汉语教学》第 1 期。

范晓、杜高印、陈光磊（1987）《汉语动词概述》,上海:上海教育出版社。

方梅（2000）自然口语中弱化连词的话语标记功能,《中国语文》第 5 期。

丰竞（2003）现代汉语心理动词的语义分析,《淮北煤炭师范学院学报（哲学社会科学版）》第 1 期。

付玉萍（2006）"老大"从形容词到副词的语法化历程及其句法表现,《首都师范大学学报（社会科学版）》第 5 期。

高增霞（2003）汉语担心—认识情态词"怕""看""别"的语法化,《中国社会科学院研究生院学报》第 1 期。

关键（2010）"V/A 得慌"的语法化和词汇化,《南开语言学刊》第 1 期。

郭锐（1993）汉语动词的过程结构,《中国语文》第 6 期。

郭锐（2003）"把"字句的语义构造和论元结构,载《语言学论丛》（第二十八辑）,北京:商务印书馆。

郭熙（1986）"放到桌子上""放在桌子上""放桌子上",《中国语文》第 1 期。

郭昭军（2004）现代汉语中的弱断言谓词"我想"，《语言研究》第 2 期。

韩蕾（2001）"怀疑"的词义、宾语和句义，《徐州师范大学学报》第 1 期。

何元建（2004）论使役句的类型学特征，《语言科学》第 1 期。

侯国金（2008）冗余否定的语用条件——以"差一点 +（没）V、小心 +（别）V"为例，《语言教学与研究》第 5 期。

胡裕树、范晓（1995）《动词研究》，开封：河南大学出版社。

华玉明（2010）主观意愿和动词重叠及其语法行为，《语文研究》第 4 期。

黄伯荣、廖序东（2002）《现代汉语》（下），北京：高等教育出版社。

及轶嵘（2000）"想死我了"和"想死你了"，《天津师大学报（社会科学版）》第 2 期。

季安锋（2012）"感到""觉得""感觉"的语义功能差异，《语文学刊》第 19 期。

金钟赞（2004）试论"双音节 + 于"的句子成分，《语言研究》第 3 期。

兰佳睿（2007）"发 + X"式心理动词的认知语义考察，《语言科学》第 5 期。

兰佳睿（2013）心理动词时间量研究综述，《现代语文（语言研究版）》第 8 期。

劳勍（2007）现代汉语心理动词语义、句法研究，上海师范大学硕士学位论文。

李丹（2007）"P 得慌"的小三角验察，吉林大学硕士学位论文。

李劲荣（2007）"很雪白"类结构形成的动因与基础，《汉语学习》第 3 期。

李临定（1990）《现代汉语动词》，北京：中国社会科学出版社。

李茉莉（1996）"恨不得"与"巴不得"，《南京大学学报（哲学社会科学版）》第 4 期。

李宇凤（2016）祈使与陈述：动词重叠的差异表现，《语言教学与研究》第 6 期。

李宇明（1998a）动词重叠的若十句法问题，《中国语文》第 2 期。

李宇明（1998b）形容词否定的不平行性，《汉语学习》第 3 期。

刘彬、袁毓林（2018）"怀疑"的词汇歧义和意义识解策略，《外语教学与研究》第 1 期。

刘彬、袁毓林（2021）从概念极性与信息结构看"怀疑"的义项分布及意义识解，《外国语（上海外国语大学学报）》第 5 期。

刘东怿（2017）"奇了怪了"的多角度分析，《世界华文教学》第 1 期。

刘俊（2007）"想 + N + V"格式的多角度考察，华中师范大学硕士学位论文。

刘兰民（2003）现代汉语极性程度补语初探，《北京师范大学学报（社会科学版）》第 6 期。

刘丽艳（2006）话语标记"你知道"，《中国语文》第 5 期。

刘月华（1998）《趋向补语通释》，北京：北京语言文化大学出版社。

刘月华、潘文娱、故桦（2001）《实用现代汉语语法》（增订本），北京：商务印书馆。

卢福波（1994）心理动词的分类及其组合特点，《天津教育学院学报》第 1 期。

卢福波（2004）《对外汉语教学语法研究》，北京：北京语言大学出版社。

鲁承发（2016）"怀疑"意义的引申机制与识解策略新探——兼谈"表达省力"与"理解省力"博弈对句法的影响，《语言教学与研究》第 3 期。

陆俭明（2004）有关被动句的几个问题，《汉语学报》第 2 期。

吕冀平（1984）现代汉语的意动句式，《求是学刊》第 1 期。

吕叔湘（1953）《语法学习》，北京：中国青年出版社。

吕叔湘（1982）《中国文法要略》，北京：商务印书馆。

吕叔湘（1999）《现代汉语八百词》（增订本），北京：商务印书馆。

马庆株（1981）时量宾语和动词的类，《中国语文》第 2 期。

马庆株（1992）《汉语动词和动词性结构》，北京：北京语言学院出版社。

马真（1986）"很不一"补说，《语言教学与研究》第 2 期。

马真、陆俭明（1997a）形容词作结果补语情况考察（一），《汉语学习》第 1 期。

马真、陆俭明（1997b）形容词作结果补语情况考察（二），《汉语学习》第 4 期。

马真、陆俭明（1997c）形容词作结果补语情况考察（三），《汉语学习》第 6 期。

孟琮、郑怀德、孟庆海等（1987）《动词用法词典》，上海：上海辞书出版社。

孟琮、郑怀德、孟庆海等（1999）《汉语动词用法词典》，北京：商务印书馆。

彭利贞（1993）论使宾动词，《杭州大学学报（哲学社会科学版）》第 2 期。

彭利贞（1996）论使役语义的语法表现层次，《杭州大学学报（哲学社会科学版）》第 4 期。

齐冲、张未然（2020）汉语前加否定成分"不、非、无、零"，《华文教学与研究》第 4 期。

齐菲（2015）"可 X"形容词的共时历时考察，华中师范大学硕士学位论文。

齐沪扬（2005）《对外汉语教学语法》，上海：复旦大学出版社。

乔丽彩（2006）现代汉语心理动词研究，河北师范大学硕士学位论文。

任鹰（2001）主宾可换位动结式述语结构分析，《中国语文》第 4 期。

杉村博文（1998）论现代汉语表"难事实现"的被动句，《世界汉语教学》第 4 期。

单谊（2014）汉语话语标记语"你知道"的语用分析，《浙江外国语学院学报》第 2 期。

邵敬敏、周娟（2008）"动 + 介 + 宾"结构的语义模式及认知场景，《语言教学与研究》第 3 期。

沈阳、郑定欧（1995）《现代汉语配价语法研究》，北京：北京大学出版社。

施春宏（2001）名词的描述性语义特征与副名组合的可能性，《中国语文》第 3 期。

施春宏（2010）从句式群看"把"字句及相关句式的语法意义，《世界汉语教学》第 3 期。

施春宏（2017）汉语词法和句法的结构异同及相关词法化、词汇化问题，《世界汉语教学》第 2 期。

石毓智（1992）论现代汉语的"体"范畴，《中国社会科学》第 6 期。

石毓智（1993）对"差点儿"类羡余否定句式的分化，《汉语学习》第 4 期。

石毓智（2001）《肯定与否定的对称与不对称》，北京：北京语言文化大学出版社。

孙德金（1997）汉语助动词的范围，载《词类问题考察》，北京：北京语言文化大学出版社。

谭景春（1998）名形词类转变的语义基础及相关问题，《中国语文》第 5 期。

陶红印（2003）从语音、语法和话语特征看"知道"格式在谈话中的演化，《中国语文》第 4 期。

陶炼（2004）也说"恨不得"与"巴不得"，《暨南大学华文学院学报》第 3 期。

宛新政（2005）《汉语致使句研究》，杭州：浙江大学出版社。

王灿龙（2000）试论小句补语句，《语言教学与研究》第 2 期。

王红斌（1998）绝对程度副词与心理动词组合后所出现的程度义空范畴，《烟台师范学院学报（哲学社会科学版）》第 1 期。

王红斌（2002）现代汉语心理动词的范围和类别，《晋东南师范专科学校学报》第 4 期。

王珏（1992）可受程度副词修饰的动词短语，《解放军外语学院学报》第 1 期。

王连盛、吴春相（2019）现代汉语"V 心理 + 死"句的主宾可易位分析，《语言教学与研究》第 6 期。

王楠（2016）单音节动词非自主用法与消极结果义，《中国语文》第 2 期。

王希杰（1992）"想"类动词的句法多义性，《汉语学习》第 2 期。

王志英（2014）强化否定构式"小心别 VP"，《汉语学习》第 4 期。

文雅丽（2007）现代汉语心理动词研究，北京语言大学博士学位论文。

吴长安（1997）口语句式"W 死了"的语义、语法特点，《东北师大学报》第 1 期。

吴怀成（2013）构式强制与"感到 + X"构式，《汉语学习》第 3 期。

吴继峰（2014）现代汉语新兴极性程度补语试析，《海外华文教育》第 1 期。

吴立红（2005）状态形容词在使用过程中的程度磨损，《修辞学习》第 6 期。

谢雯瑾（2009）"X 于"中"于"进一步语法化对"X"配价增值的影响，《南开语言学刊》第 1 期。

谢晓明、王宇波（2006）"很不……"和"不很……"对形容词的量性规约，《湘潭大学学报（哲学社会科学版）》第 5 期。

熊仲儒（2003）汉语被动句句法结构分析，《当代语言学》第 3 期。

熊仲儒（2004）《现代汉语中的致使句式》，合肥：安徽大学出版社。

徐睿、王文斌（2005）心理动词也析，《宁波大学学报（人文科学版）》第 3 期。

徐通锵（1998）自动和使动——汉语语义句法的两种基本句式及其历史演变，《世界汉语教学》第 1 期。

许光灿（2014）也谈"认为"和"以为"，《汉语学习》第 1 期。

杨德峰（2014）程度副词修饰动词再考察，《汉语学习》第 4 期。

杨华（1994）试论心理状态动词及其宾语的类型，《汉语学习》第 3 期。

杨平（2003）动词重叠式的基本意义，《语言教学与研究》第 5 期。

杨素英（2000）当代动貌理论与汉语，载《语法研究和探索》（九），北京：商务印书馆。

姚占龙（2008）"说、想、看"的主观化及其诱因，《语言教学与研究》第 5 期。

叶向阳（2004）"把"字句的致使性解释，《世界汉语教学》第 2 期。

伊藤大辅（2007）叙实谓词"高兴"及其虚化，《世界汉语教学》第 3 期。

弋丹阳（2010）类词缀"可"的构形和虚化，《现代语文（语言研究版）》第 6 期。

易洪川（1986）爱恨类动词的名动后续成分论析——兼论小句作宾语的标准，《湖北大学学报》第 2 期。

尹海良（2011）《现代汉语类词缀研究》，石家庄：河北大学出版社。

袁明军（1998）非自主动词的分类补议，《中国语文》第 4 期。

袁明军（2008）与 "V 于 NP" 结构有关的句法语义问题，《汉语学习》第 4 期。

袁毓林（1991）祈使句式与动词的类，《中国语文》第 1 期。

袁毓林（2014）"怀疑" 的意义引申机制和语义识解策略，《语言研究》第 3 期。

曾立英（2009）《现代汉语作格现象研究》，北京：中央民族大学出版社。

展飞（2013）基于偏误分析的对外汉语 "知道" 类动词研究，山东大学硕士学位论文。

张伯江（1994）词类活用的功能解释，《中国语文》第 5 期。

张伯江（2000）论 "把" 字句的句式语义，《语言研究》第 1 期。

张伯江（2016）《从施受关系到句式意义》，上海：学林出版社。

张伯江、方梅（1996）《汉语功能语法研究》，南昌：江西教育出版社。

张国宪（2006）《现代汉语形容词功能与认知研究》，北京：商务印书馆。

张积家、陆爱桃（2007）汉语心理动词的组织和分类研究，《华南师范大学学报（社会科学版）》第 1 期。

张京鱼（2001）英汉心理使役动词应用对比研究，《外语研究》第 3 期。

张京鱼（2004）心理动词与英语典型使役化结构，《四川外语学院学报》第 5 期。

张邱林（1999）动词 "以为" 的考察，《语言研究》第 1 期。

张树铮（1987）再论 "兼语式"，《山东大学学报（哲学社会科学版）》第 1 期。

张先亮、唐善生（2002）试论 "巴不得" 与 "恨不得"，《语言教学与研究》第 6 期。

张新华（2010）"发" 的系词功能研究，《世界汉语教学》第 3 期。

张谊生（2010）从错配到脱落：附缀 "于" 的零形化后果与形容词、动词的及物化，《中国语文》第 2 期。

张谊生（2018）当代汉语 "X 得慌" 的演化趋势与性质转化，《汉语学报》第 1 期。

张幼军（1998）反向心理动词初探，《湖南师范大学社会科学学报》第 6 期。

张豫峰（2002）"得" 字句补语的语义指向，《山西师大学报（社会科学版）》第 1 期。

张豫峰、郑薇（2008）现代汉语表致使态的使成句分析，《汉语学习》第 4 期。

周国光（2011）《现代汉语配价语法研究》，北京：高等教育出版社。

周时挺（1988）也说 "很不一"，《语言教学与研究》第 4 期。

周小兵（1992）"不太 A" 析，《世界汉语教学》第 3 期。

周有斌、邵敬敏（1993）汉语心理动词及其句型，《语文研究》第 3 期。

朱德熙（1982）《语法讲义》，北京：商务印书馆。

朱琳（2011）《汉语使役现象的类型学和历时认知研究》，上海：学林出版社。

宗守云（2021）积极反叙实动词与消极反叙实动词——以 "当" 为例，《世界汉语教学》第 3 期。

后　　记

　　本书是齐沪扬教授国家社科基金重大项目"对外汉语教学语法大纲研制和教学参考语法书系（多卷本）"（17ZDA307）的成果之一。2020年5月中旬我从齐老师手中接下任务，历时两年多，本书终于成型，有一种总算卸下担子的轻松，也有一种未能尽善尽美的惴惴不安。

　　书系要求从对外汉语教学大纲所囊括的诸多语法项目中选择一个题目来写。"心理动词"的选题过程带有很大的偶然性，当时我正在写一篇与动词的句法语义相关的文章，于是看到心理动词的第一眼，题目就定下了。现在想想学术选题也是一种缘分，此后两年多的时间里，我电脑桌面的醒目位置，以及书桌上的资料袋里，就都存放着一个文件夹"心理动词"。

　　心理动词作为动词的一个边缘小类，目前并没有一本书专门来讨论，作为教学语法参考书，本书尽可能将议题限定在已有较多讨论、结论清晰，且少有争议的领域。通过宏观理论篇15问和微观分析篇30问，本书试图为读者呈现汉语心理动词的大致轮廓，帮助读者了解心理动词的基本语言事实，并对一些微观的心理动词问题进行探讨。对于学界讨论较少或者结论较不成熟的议题，本书暂不做纠缠。

　　写作本书的过程让我想起了当年在齐老师指导下写博士论文的岁月，虽苦犹甜。感谢恩师齐沪扬教授！回顾语言学之路，我是幸运的：在接触语言学之初就遇见了齐老师，齐老师治学严谨，待人真诚；齐老师对语法研究的热情，一直指引着我，鞭策着我，使我勤于思考，小心论证，积极求索。多年来，对于学术研究上取得的每一个小小的进步，我第一个想要汇报的人总是齐老师。

　　在齐老师的带领下，课题组成员线上线下交流心得，汇报进度，项目有条不綮地进行。各位同行、老师展现出来的专业高度和敬业精神，也鞭策着我，让我不敢懈怠。

最后，本书是心理动词探索路上的一小段旅程，无法也无意提供一套可以解开心理动词所有疑问的标准答案。衷心希望每一位读者能从书中发掘出更多的问题，探索出更好的答案。愿我们一起开启美妙的语言学之旅。

叶琼

2022 年 11 月